野中郁次郎

ナレッジ・フォーラム

講義録

東洋経済新報社

まえがき――私の人生と編み出した理論を凝縮させたプログラム

ナレッジ・フォーラムは二〇〇八年一月に開講した次世代の経営リーダー育成を目的とした学びの「場」である。毎月一回、第二土曜日に、東京・一ツ橋で開催され、日本を代表する企業三〇社からの派遣生を対象にした一四カ月間のプログラムで構成される。

最初に東京・八王子の野外研修施設で、チームビルディング研修が行われる。海兵隊におけるブートキャンプ（新兵訓練）と同じで、共同作業を通じ、受講生の結束がこれで固まる。

次に「教養・経営セッション」として、月に一度、哲学や歴史、経済学、文学、政治学、経営、軍事といった分野の第一線の研究者や実務家による講義と対話がある。それらを通じて、リベラルアーツとマネジメントへの理解を深めてもらうのだ。

講義が終わると、私のコメントを挟み、全体セッションの時間となる。最後のグループ・ディスカッションの時間は、ワインと簡単なつまみも供し、居酒屋的雰囲気の中で、話し合いがさらに活性化する。

◆経験を共有し、グループワークに取り組む

リーダー向けの経営塾は日本でも他にもあるが、こういった講義にとどまるところが多い。ところが、ナレッジ・フォーラムには柱がもう二つあるのだ。

一つは「経験の共有セッション」という。仕事とプライベートに関係なく、これまでの人生で最も感動した体験、その後の生き方に決定的な影響を与えた出来事や成功談、失敗談を、質疑応答も含め、三〇分で発表してもらう。これはリーダーに不可欠な他者への共感力と信頼力の向上、それに、各自が自らの歴史をつくる物語創生力の涵養を目的としている。

もう一つが「グループワーク」としての論文の執筆だ。何回か講義が進んだ後、約三〇人の受講生を所属企業の業種が偏らないよう、六つのチームに分けておく。一月から一二月まで、一二回の講義が終わったら、翌年一月から二月末までに、チーム単位で論文を執筆してもらうのだ。

テーマは毎年共通で「日本独創経営コンセプトの提言」であり、『ハーバード・ビジネス・レビュー』誌に投稿できるくらいのグローバルなインパクトを持つ内容に仕上げてほしい、と伝えている。

運営はしばらく私と、当時の一橋大学大学院国際企業戦略研究科（ＩＣＳ）のトップ、竹内弘高の二人でやっていたが、竹内がハーバード・ビジネススクールに赴任したため、途中からＩＣＳの仲間、一條和生に加わってもらった。最初のチームビルディング研修のファシリテーターは、私のＩＣＳ時代の教え子、川田英樹が担当する。

◆アメリカへのリベンジの念が尊敬に変わった

いま簡単に紹介したプログラムは、実はこれまでの私の人生と大きく関連している。

まず、私自身が純粋なアカデミシャンではなく、富士電機という民間企業に九年間在籍していたことだ。その間、人事、労務、教育、組合の執行委員、経営者教育やマーケティング、財務、企画とさまざまな仕事を担当した。

私は、経営学はアートとサイエンスを総合する実践知の学問だと思っている。企業経験を積んだ人にこそ学んでほしいし、それによって職業人、企業人として、さらに高みに上ることができるはずだ、と信じている。

もう一つは、富士電機を辞めて留学したカリフォルニア大学バークレー校での経験だ。

二〇一七年一一月三日、私は妻とともに懐かしいそのバークレー校にいた。「Lifetime Achievement Award（生涯功労賞）」受賞の栄誉に浴し、授与式に出席するためだった。同賞は同校における最高の賞であり、プロフェッショナルな功績を挙げ、社会に影響を与えた卓越したリーダーに捧げられる。過去四名の受賞者はいずれもアメリカ人の実業家で、私が学者、そして外国人としては初めての受賞者となった。

私が同校に留学したのは一九六七年のことで、実に半世紀以上も昔のことになる。私は受賞スピーチで以下のように述べた。

「この賞の受賞のニュースは、私を初心に戻してくれました。すべては、太平洋戦争中のある出来事から始まりました。私にはアメリカの艦上戦闘機であるグラマンF6Fに爆撃され、九死に一生を得た経験があります。

当時、私はまだ小学生でした。その日は何十機ものグラマンが私の住む町を機銃掃射していました。私は小学校の校庭にあった大きな松の木の陰に身を隠しました。低空飛行したグラマンの爆音がどんどん近づいてくる中、私は直感的に隠れていた木から飛び出したのです。爆撃された木は一瞬のうちに炎に包まれました。

私にはパイロットの顔が笑っているように見えました。そのとき痛切に感じた無力感と怒りを決して忘れることはできません。その瞬間、私はいつの日か必ず米国にリベンジし、次回こそは日本人が勝つために精進しなければならないと誓ったのです。

しかしながら、その後富士電機で働くようになって、米国の経営理論や実践が大変優れていることに驚きました。私は徐々に米国の経営に尊敬の念を覚えるようになり、ついにはUCバークレー校ハース・スクールに入学願書を送ったのです。

その日から考えれば、今ここに私が立っているのはまさに奇跡です。米国に対する復讐に燃えていた男が、米国の先進的な大学機関からこのような素晴らしい賞をもらえるようになるとは、誰が想像したでしょうか。ハース・スクールで学び得たことすべてに、私は大変感謝しています。ハース・スクールを選んだのは、たまたま最初に入学を許可してくれたからですが、結果として私の人生における最も賢い決断となりました」(後略)

◆バークレーでの学びを再現する

このバークレーで学んだことは大きく分けて二つある。

一つは理論構築の方法論だ。詳しくは後で述べるが、ナレッジ・フォーラムでそれを実践してもらうのが、論文を共同執筆するグループワークである。

もう一つは教養の大切さだ。それがこのフォーラムにおける教養セッションでの講師の人選に結びついている。

私の留学当時から、バークレー校は州立でありながらグローバル志向が強かった。教育内容も質が高く、教授陣は一流どころが揃っており、ノーベル賞受賞学者をすでに七名も輩出していた。しかも、われわれ学生はそういった有名教授の講義を学部の垣根を越えて自由に聴講することができた。

そもそもバークレーという校名は、一八世紀のイギリスの哲学者ジョージ・バークレーから取られたもので、「(サンフランシスコ湾の向こうに広がる)太平洋のアテネ」になろうというビジョンの下に設立された大学であった。アテネといえばリベラルアーツとは切っても切れない、プラトンやアリストテレスを輩出した古代ギリシャの都だ。そんな知的な雰囲気に私も大いに感化されたものだ。

◆私のわがままから始まり、そのわがままが叶う

実は、このフォーラムは私の「わがまま」から始まった。二〇〇〇年に竹内から招聘され、北陸先端科学技術大学院大学から、できたばかりのＩＣＳに移ってきて、社会人学生を相手にしたＭＢＡの授業を持つことになった。社会人といっても二十代、三十代だから、私から見れば息子や娘みたいな年齢だ。「こうした若い人たちに教えても、その効果がなかなか表に出てこないんだよ。彼らが第一線の経営者になる頃、オレはくたばっているだろうなあ」という愚痴を竹内にこぼしたところ、「じゃあ、トップマネジメントを対象にする講座をつくりましょう。会員企業を三〇社集め、三年契約で毎年一人ずつ派遣してもらう形にしたらいい」と竹内が応じ、実際に会員企業の獲得にも奔走してくれた。思えば、生涯の盟友ともいえるこの竹内と出会ったのもバークレー校だった。同校には、誠に大きな恩を私は負っているというわけだ。

ナレッジ・フォーラムの受講生にも、人との出会いの大切さを実感してほしいと願った。われわれ（野中・竹内・一條）も含め、さまざまな講師と触れ合い、本音の対話を重ねる。あるいは、異業種の仲間たちと経験を共有しつつ切磋琢磨し、スクラムを組んで論文を執筆する。その材料を集めるために、他企業への取材も積極的に奨励し、われわれがアレンジもしている。ナレッジ・フォーラムの一四カ月を通じ、受講生たちはそれまで接したことがなかった相当数のリーダーたちと会い、真剣な対話を繰り広げているのだ。

卒業生は三〇〇人以上にのぼり、その中から、それぞれの会社のトップに就いた人が何人もいる。その他にも、卒業生の大半が執行役員もしくは管理職になっているだろう。私のわがままは首尾良く叶えられたのだ。

◆卒業後も受講生同士の親交が続く

卒業生同士も公私にわたる交流が続き、なかには定期的な勉強会や飲み会、はたまたゴルフコンペなどを開いているチームもある。われわれも呼ばれることがあるが、その親密さや盛り上がりぶりには毎回、感動してしまう。

なぜこんなに卒業生の結束力が強いのか。幸いなことに、異質な他者や知と触れ合い、知的経験を深めてもらいながら、論文の執筆によって新たなコンセプトを創造できる力を磨いてもらいたい、というわれわれの目論見が成功しているからではないか。そのプロセスを経て、多くの人たちが、社会人になってからはなかなかできにくい、オープンイノベーションを生む異業種間の無二の親友関係を結ぶことができたのだろう。

もう一つ言えるのは、一連のプログラムの根幹に一つの「筋」が入っていることだ。言うまでもない、それはわれわれの知識創造理論である。リーダー向けの経営塾というと、主宰者の興味関心の赴くまま、オムニバス形式で講義を並べる場合が多いが、ナレッジ・フォーラムはそうではないのだ。

この知識創造理論も先ほど述べた、バークレーで学んだ理論構築の方法論を使ってつくり上げたものにほかならない。私も講義を担当するので、教えないわけにはいかない。もちろん、永遠不変の真理などではなく、意義や反論があったらどしどし寄せてほしいと話しているが、論文執筆にあたっては、知識創造理論をベースにしたものが多くなっている。

◆プログラム自体が知識創造プロセスになっている

その知識創造は、次の四つのフェーズで構成される。

①共同化（Socialization）……他者と直接対面し、会話、共通の体験、場の共有といった相互作用を通じて暗黙知を共有する。

②表出化（Externalization）……そうして共有された暗黙知の意味の本質を、対話や思索、メタファー（喩え）などを通じて、概念や図像、仮説生成《アブダクション》などで表現される形式知に置き換える。

③連結化（Combination）……集団や組織のレベルで共有された形式知を組み合わせ、モデルや物語などにまとめ上げる。

④内面化（Internalization）……そうやってつくられたモデルや物語を試行錯誤という実践を通じて具体化し、新たな価値を創出するとともに、その過程で生み出された新たな暗黙知を、個人、集団、組織のレベルで知恵へと深めていく。

これをわれわれはそれぞれの頭文字を取って、「SECI《セキ》モデル」と呼んでいる。よりシンプルにいえば、「各人の思いや暗黙知に共感し共有する」のが共同化、「共有した思いを概念に変える」のが表出化、「概念をモデルや物語に変換する」のが連結化、「そのモデルを実践することで新たな暗黙知を獲得、深化させる」のが内面化ということになる。

こう並べてみると、何か気づかないだろうか。

そう、このナレッジ・フォーラム自体が、図らずも、この知識創造プロセスの推進を企図したものとなっているのだ。すなわち、教養・経営セッションおよび経験の共有セッションが共同化に、グループワークの論文執筆が表出化と連結化に対応する。最後の内面化は、それこそ卒業後の知識を実践知（知恵）に変換するわけだ。

コロンビア大学教授で、ノーベル経済学賞受賞者のエドマンド・フェルプスは、その著作『なぜ近代は繁栄したのか――草の根が生みだすイノベーション』（みすず書房）において、近代史をひもとくと、文明や国家の繁栄がごく少数の天才政治家や企業家によってもたらされた例はないと断じている。そうではなく、ある国家や地域が繁栄できたのは、挑戦や自己実現、人間的成長という価値観が草の根のように広がっていたことが大きいというのである。その結果、イノベーター的人材が増え、現に無数のイノベーションが成し遂げられたことが繁栄の苗床になった、というのだ。

このナレッジ・フォーラムも、経営者教育を通じて、そんな草の根イノベーションを日本に広げようという試みの一つになればと考えている。

本書はナレッジ・フォーラムがスタートして一〇年が経過したのを機に、われわれのプログラムおよび成果物をまとめたものである。ナレッジ・フォーラムは非公開の場であるため、いくら珠玉の講義が行われても、あるいは独創的な論文が生まれても、その場限りのものとなってしまう。それはあまりにもったいない、という声が卒業生ならびに事務局の野際法子から上がった。その野際が東洋経済新報社の編集者の佐藤敬氏に相談したところ、出版と編集を快く引き受けてくれ、一緒に『史上最大の決断』(ダイヤモンド社)を手がけた文筆家、荻野進介氏の協力も得て完成にこぎつけることができた。

本書は、実際のプログラムに沿って、講義篇、経験の共有篇、そして論文篇に分かれている。読者におかれては、それぞれのコンテンツの背後にダイナミックな知識創造プロセスが存在することを頭に置きながら読み進めていただきたい。そうすれば、ナレッジ・フォーラムという場に通うことができなくても、リーダーに不可欠な知識創造力を反芻してシミュレーション的に磨けるはずである。

経営学の修士課程生向けにはMBAという完成した教育体系が存在するが、経営者教育にはそういう意味での完成形は存在しない。われわれのプログラムも、未来に向け、より一層の進化を遂げるべきだと考えている。

最後に、このわれわれの一〇年にわたる活動を支えてくださった、協賛企業の関係者の皆さま、ゲストとして登場していただいた多くの講師や経営者の皆さま、調査に協力してくださった企業の皆さま、そして、われわれに絶えず大きな刺激を与え続けてくれている受講生の皆さまに、心から御礼申し上げたい。

二〇一八年初夏

野中郁次郎

第1章 Knowledge Forum 講義篇

経営者のためのリベラルアーツ

【政治】【戦略】【AI】【経済】【歴史】【文学】【哲学】

第 1 章

Knowledge Forum

講義篇

経営者のためのリベラルアーツ

Knowledge Forum

Introduction

リベラルアーツとマネジメントは車の両輪

野中郁次郎（一橋大学名誉教授）

ナレッジ・フォーラムでは「教養・経営セッション」を設けている。講師の人選にあたっては、私のバークレー校での体験に加え、富士ゼロックスのトップを長く務めた小林陽太郎氏が主宰し、二〇年以上続いた経営者向けの勉強会「キャンプ・ニドム」の企画運営に参加させてもらったことが大いに役立った。

日本には数少ない国際派のビジネスマンとして知られた小林氏は若い頃、米コロラド州アスペンに全米から実業家、学者、芸術家が集まり、古典的名著を題材に思索や対話を繰り広げる「アスペン・エグゼクティブ・セミナー」に参加して大きな感銘を受け、日本でも同じような場をつくりたいと考え、始めたのがキャンプ・ニドムであった。一九九一年が初回で、開催地となった北海道のスキーリゾート地ニドムにちなんで、そう命名された。

実際には毎年、夏休み期間中に四泊五日あるいは二泊三日で開催された。初回はウシオ電機の牛尾治郎氏、セゾングループの堤清二氏、元日本銀行総裁の速見優氏、資生堂の福原義春氏など、日本を代表する経済界の重鎮と学者が夫婦同伴で集まった。毎回、哲学や歴史、文学などのテーマを決め、講師を招いて話を聞き、対話した。講師は哲学者の今道友信氏、文学者の小西甚一氏、昭和天皇の御用係を務めた岡野弘彦氏など、錚々たる顔ぶれだった。

私は小林氏から依頼され、テーマの設定や講師の人選にかかわった。その経験を通じ、リベラルアーツ全般に関する興味関心が広がったのと同時に、経営と教養、なかんずく哲学との関係性を探る新たな視点を得ることができた。

◆時代に左右されない根源的思考を哲学から学ぶ

リベラルアーツと一言でいっても、文学から哲学、科学、歴史、音楽、美術まで幅広いが、われわれが特に重視するのが哲学と歴史だ。なぜか。

知識経済が訪れ、企業にとって知識こそが価値創造の最大の源泉になったからである。その結果として、知識とは何か、という問題をわれわれは真剣に考えざるをえない。

西洋の伝統的哲学においては、知識は「正当化された真なる信念」と定義されてきた。それを持つ（得た）人にとっては、正しいもの、真なるものと信じられるもの、それが知識なのだ。その場合の「正しい」とはどういう意味なのか、「真なるもの」とは何を指すのか。これらの問いに対する答えを人類は数千年にもわたって追い求めてきた。その集大成が哲学なのである。それを学ぶことによって、われわれは時代に左右されない根源的な思考や知力を身に付けることができるだろう。

しかも、その過程で生み出されたさまざまな概念に目を向けると、マネジメントの世界でも役立つ「知の方法論」、すなわち前に述べた理論構築の方法論も抽出できる。哲学の中身だけではなく、その中身をつくり上げた枠組みや創出方法からも大いに学ぶことができるのだ。残念ながら、こうした知の方法論は日本からは生まれなかった。日本の企業人が西洋哲学を学ぶ意味がそこにもある。その場合、学びの対象は真についてだけではない。人間の理想としての普遍妥当な価値である善や美も重要であることが見えてくる。

◆現象学を通じ意味生成のプロセスを学ぶ

ナレッジ・フォーラムでは、哲学の中でも、アリストテレスのいうフロネシス（実践知）と、フッサールが提唱する現象学に着目し、学んでもらっている。前者の詳しい中身については講義篇の冒頭、荻野弘之氏による「哲学」をお読みいただくとして、後者について少し解説しておこう。

現象学が教えてくれる鍵概念のひとつに「意味の発生」がある。われわれは日常の中で、自身の中で異なる感覚や、同じ現象に接した他者と自分との感覚の違いを実感することがある。そのときに、意味が生まれるのだ。たとえば、乳児は音と運動感覚の区別ができない。乳児の言葉にならない段階の声を喃語《なんご》といい、母親はよく真似をする。乳児は自分が発する言葉によく似た言葉を耳にすることになるが、何度も繰り返していくうち、二度目に聞こえる声が、自分が喉を震わして発しなくても聞こえてくることに気づく。喉を使うという運動感覚抜きで聞こえてくることを初めて悟る。その瞬間、乳幼児は自分というものの他に、他者という存在があることを思い知るのだ。

他者とのかかわりを通じて、人間は他者という「意味」を発見する。つまり、意味とは、他者や外界を通して、何かにおける違い（contrast）と類似（similarity）が判別したときに発生するのだ。こうした現象学のエッセンスは、ナレッジ・フォーラムでも何度か講義していただいた現象学の泰斗、山口一郎氏から学んだ。

そして、そうした意味づけや価値づけを行うことは、物事の本質を洞察することと同義である。人間の本質直観力は他者とかかわることによって生まれるのだ。そうした力が経営者に必須であることはいうまでもない。しかも、それによって相互主観が広がるので、真・善・美の普遍化がより進むことになる。こう見てくると、現象学が経営という実践行為と決して無関係でないことがおわかりになるはずである。

◆各自の「生き方」を問う経営道場

われわれのSECI《セキ》モデルを別の言葉で言い表すと、思い(belief)や感情(emotion)、感覚(feeling)を言葉(concept)に、言葉を物語(narrative)に、物語を実践(practice)に転換するプロセスといってもよい。そのbeliefは確固たる信念だけではなく、もやもやした思いも含んでいる。重要なことは、「思い」という主観が最初にあり、それを言語化するプロセスから普遍的知識という客観が生成されるということだ。断じて逆ではない。

それは、相互主観性を媒介として、一人一人のいきいきとした直接経験(これが主観の素になる)の、より普遍的かつ正当的な客観化を探究するダイナミックなプロセスなのだ。現象学でいう意味づけ、価値づけを、個人ではなく組織として推進し、新たな知識をつくり上げる起承転結の物語、それこそがSECIモデルにほかならない。そこでは各自の「生き方」がプロセスの成否に大きく影響する。

しかも、現実は常に変化しているから、直接経験も思いも、常に変わり続けている。唯一絶対の解はなく、常に最善を求め、そのプロセスを廻し続けなければならない。その場合、何かを切り捨て、何かを選択するという「白か黒か」の二項対立(dualism)ではなく、「あれもこれも」の二項動態(dynamic duality)を志向しなければならない。実利を追いつつ、理想も忘れないという理想主義的プラグマティズムがその典型である。

数値というゴールが明確なROE(株主資本利益率)経営とは次元が違うのだ。そして、この「思い」という主観は、他者や環境とかかわるところから生まれてくる。

さらにいえば、起承転結の「物語」であるというところも重要だ。それは変化の只中で自分たちの思いや行為を意味づけし、あるいは価値づける行為から生まれるので、サイエンスというよりは人間くさいアートの世界だ。しかもドラマと違い、中身をコントロールできない。その一方で、サイエンスのような緻密な思考も必要になってくる。だから難しく、面白いのだ。ナレッジ・フォーラムの本質は数値経営の教えが氾濫する通常のビジネススクールでは実現しえない、各自の生き方を問う経営道場ではないだろうか。

◆未来をつくるために歴史を学べ

もう一つ、われわれが重視するのが歴史だ。誤解されがちなことだが、歴史とは過去の事実を時間軸に沿って単純に羅列したものではない。過去におけるどんな事実を抽出し、それらをどう関係づけて説明して記載するか。何を取り上げて、何を取り上げないのか。歴史の中身は、歴史家がどういう未来をつくりたいのか、という物語によって変わってくる。

たとえば、原爆投下という歴史的事実を記述する場合、アメリカ側と日本側では中身が大きく変わる。未来に向けて自分たちはどうありたいか、あるべきかという、それぞれの主観や価値観による解釈が入ってくるはずだ。未来に向けた過去の意味づけなくして歴史は形成されない。ナレッジ・フォーラムでは、これからの企業を背負って立つ次世代のリーダーに、自分たちのより良い未来をつくるために、歴史を学んでもらっているのだ。

そのためにはまず自分の歴史をしっかりと描いてもらう必要がある。その方法論として、やまだようこ氏による物語論（講義篇「文学」）を入れてある。これはわれわれのプログラムの重要な柱である「経験の共有セッション」と密接に関係しており、この講義を入れてからは、セッションで話される内容が大きく変わった。それまでは、三〇分で自分の過去を話してくださいと言われても、所属する企業の説明が過半を占める場合が多かったが、そうした人はほとんどいなくなり、一人一人が自分固有の物語を言葉豊かに語るようになったのだ。

しかも、そうした他者の経験を疑似体験として共有することで自分の経験の質量も上げることができる。経験を相互に共有し合うことで、学びの質が高まるのだ。

安全保障に関する講義も、できるだけ含ませるようにしている。それには私が防衛大学校で教鞭を執ったという経験が影響している。さらにいえば、撃墜王と呼ばれ、ゼロ戦の名パイロットだった坂井三郎氏が生前、私に遺してくれた次の言葉が真理だと考えるからだ。「安全保障と経済は車の両輪であり、いささかでも安全保障が危機に瀕すれば、市場経済は一挙に崩壊する」。企業経営が円滑にまわるのも、一国において平和と安全が保たれてこそ、なのである。だとしたら、過酷なグローバル競争を勝ち抜くべく、日々奮闘している企業人が安全保障に無関心であってよいはずがない。

◆普遍的スキルとしてのマネジメント

ナレッジ・フォーラムでは「教養・経営セッション」という名のとおり、リベラルアーツだけではなく、毎年必ず現役の経営者も講師に迎えている。たとえば、セブン&アイ・ホールディングスの伊藤雅俊氏、オリックスの宮内義彦氏、コマツの坂根正弘氏、ＹＫＫの吉田忠裕氏、東レの日覺昭廣氏などである。

われわれはマネジメントを企業経営はもちろん、政治や軍事にも活用できる普遍的なスキルだと捉えている。そのスキルをきちんと身につけたうえで、リベラルアーツを学ぶのが経営者教育のあるべき姿だと考える。リベラルアーツとマネジメントは車の両輪なのだ。

さて、以下はこの九年間のナレッジ・フォーラムで行われたリベラルアーツに関する講義の中から、受講生の評判が特に良かったものを講義録という形でまとめたものだ。今回、講義録の最後に各講師から内容をさらに深く理解するために役立つ本を三冊ずつ紹介してもらった。リベラルアーツを学ぶことは本来、非常に楽しいものだ。「へえ、そうだったんだ」と心躍らせ、「ほう、面白い」と好奇心を満たしつつ、仕事の場面にも大いに役立てていただきたい。

［哲学］リーダーに求められるフロネーシス

荻野弘之（上智大学文学部教授）

◆哲学で企業経営を考える

フロネーシス（賢慮）という概念を提唱した古代ギリシアの哲学者アリストテレスを中心に、哲学についてお話しします。皆さんの中には、哲学は難しい、ちっとも手応えがないと感じている方がいるかもしれません。もちろん、哲学という学問の本質的な難しさがそうさせている面もありますが、抽象的な概念の積み重ねなどの余計なことで難解になってしまっている面もあります。この講義ではできるだけ専門的な術語には触れずに、組織のリーダーとして思考し、判断する際に軸となりうるような哲学について考えていきます。

「哲学」といっても多様な見方や側面がありますが、大きく二つの種類に分かれます。一つは、時間、存在、知識など、あまりにも常識的であるがゆえに、普段は考えもしないような基本的な概念を緻密に言葉で表現してゆく「記述的な」（descriptive）哲学。もう一つは、日常的なものの見方をひっくり返して、「君たちは間違っている。本当の世界はこうなっているのだ」と、私たちの常識に挑戦し、生き方の変更を迫ってくるような「改作的な」（re-visioning）哲学です。これはイギリスの哲学者ピーター・フレデリック・ストローソンの整理によるものですが、今回は主に前者についてお話しします。

経営や経済が果たして哲学の対象になるのか、と疑問に感じる方がいるかもしれませんが、むしろ対象領域が限定されていない点こそ、学問としての哲学の特徴です。普段はあまり考えないような次元まで深めていけば、何事でも哲学の対象になるわけで、企業経営の問題も当然そこに含まれます。今回は、経済学や経営学とは違う切り口で企業経営を考えてみましょう。その視点がどういうものか、簡単にお話しいたします。

◆経営者に求められる徳目

最初に、いずれ日本の産業界、経済界を担っていくことになる皆さんにお伺いします。企業や社会のリーダーに求められる「徳目」とはどんなものだとお考えでしょうか。少なくとも以下の四種類くらいが考えられるかと思います。

①部分最適ではなく、全体の利益を考慮すること……自部門や自身が統括するプロジェクトだけを優先するセクショナリズムを排し、どうすれば全体の利益を最大化できるかを考える。ただし、部分を犠牲にするだけではいけません。部分を生かしながら、最大多数の効用を追求する功利主義的な思考が必要です。

②人心を掌握する力……これは人望といってもよいと思います。組織のトップは、有能な人材を見抜いてうまく配置すれば、それで十分だという人もいるくらいです。暴君にもならず、ポピュリズムにも陥らず、自分が動くのではなく優秀な部下を使って全体をうまく動かしていくことを考えます。

③熟慮を重ねて最終的な機関決定を行う決断力……未来は不確実で、大きな組織になるほど

OGINO Hiroyuki
1957年東京都生まれ。81年東京大学文学部哲学科卒業、85年同大学院博士課程中退。東京大学教養学部助手、東京女子大学助教授などを経て、99年より現職。専門は西洋古代・中世哲学。主な著作：『哲学の原風景——古代ギリシアの知恵とことば』『哲学の饗宴——ソクラテス・プラトン・アリストテレス』（ともに日本放送出版協会）、『マルクス・アウレリウス「自省録」——精神の城塞』（岩波書店）、『神秘の前に立つ人間——キリスト教東方の霊性を拓く』（編、新世社）など。

ステークホルダーが増えてきます。多様な関係者の利害やリスクを考慮したうえで、場合によれば限られた時間の中で、重大な決断を下さなければなりません。最終的な判断の場面において、トップは常に孤独です。

④組織として最終的に何をめざすのか、目標を設定する力……場合によっては、逆にそれを変更しなければならない場面もあるでしょう。設定するにせよ変更するにせよ、説得力のある言葉と行動でそれを伝え、チームを一つにまとめて統率していく力量と、全人格的な魅力が求められます。

エキスパートとして働く現場から、組織のリーダーになるのに伴って変化するこうした課題をクリアしていくことで、経営者としての視点が得られることになります。

◆推論と説明――二つの理性の働き

先述のように、普段は取り立てて考えもしない常識そのものを疑ってみることは、哲学の入り口になります。自明の前提を「なぜか?」と原理にさかのぼって考えるわけです。ここで大事なのは結論や正解を得ることではなく、問題の設定、問い方そのものです。ここでは、そのために不可欠な思考を整理するための道具である概念（concepts）を示していきましょう。

アリストテレスの『分析論』によれば、人間が「ものを考える」際の基本的な構造は「推論」（reasoning）です。これは一種の演算であり、小前提と大前提を組み合わせることで結論を導く三段論法（syllogism）こそ、人間の思考の基本となる形式なのです。

- ソクラテス（A）は人間（B）である【小前提】

• 人間（B）はすべて死ぬ（C）【大前提】
• だから、ソクラテス（A）は死ぬ（C）【結論】

このように、命題を二つ組み合わせることで別の命題を得ます。Aは小項、Bが中項、Cが大項で、小項には「ソクラテス」のように具体的な名辞（名詞や形容詞など）が入るのが一般的です。A－Bは個別的な状況の認知にかかわることが多いのに対して、B－Cは主に普遍的な前提が置かれます。このように個別的な事例と大きな前提を組み合わせることで、結論を得ていく推論の方法が「三段論法」です。

別の要素がさらに加わることもあります。先ほどの例は「人間である」と肯定形でしたが、否定が入る場合もあります。「AでないならBでない」「BでないならCでない」というような形式です。

また、適用される量を指定する「量化」が入ることもあります。このうち「すべてのAはBである」のが「全称命題」で、「AであるBがいる」というように、少なくともそれに該当する対象が一つ以上は存在するというのが「特称命題」です。

必然と蓋然、可能と不可能などの「様相」が加わる場合もあります。「2＋2は4である」の場合は、「4」以外はありえないので「必然」ですが、「気温が下がれば、雪が降る」の場合はそうならないこともあるので、必然ではなく「蓋然」か「可能」でしかないのです。

「AはB、BはC」という推論にこれらの要素が組み合わさると、全部で二五六通りの型があることを、アリストテレスは明らかにしました。人体を解剖して何本の骨があるかを明らかにするように、人間の思考が何種類の型の推論で構成されているのかを漏れなく書き出してみせたわけです。

以上が推論といわれる思考過程の構造ですが、私たちの理性の働きには、もう一つ別の方向があります。上から下に行く推論とは逆の方向、すなわち下から上に向かう「説明」です。たとえば「ソクラテスは死ぬ」という命題に対して、「なぜか」と問われたら、「(ソクラテスは)人間だから」と説明するでしょう。

このように「AはBである」という命題のうちに中項Mを発見して、「AはMである」と「MはBである」という二つの前提に分解するのが「説明」(logon didonai)です。「正当化」(justification)ともいえます。

幾何学の証明問題を考えてください。補助線がうまく引ければ証明問題が解けるように、適切な中項の発見が問題解決のカギです。「AはなぜMなのか」と問われたら、さらに別の中項Nを見つけて説明する。この過程を反復すると、どこかでこれ以上分割できない、つまり、中項を持たない命題にぶつかる。これが「公理」と呼ばれる無中項命題です。

公理は「真である」と直観的に把握でき、それ以上説明を受けつけない。たとえば「全体は部分より大きい」という命題は公理です。「全体」と「部分」「大きい」という言葉がわかれば、それが真であることは自明です。あえて「なぜか」と問う必要はないし、それ以上分解して説明することもできないから、もはや論証の対象になりえない。その意味で公理は、論証の出発点として前提に据えるべき知識の岩盤なのです。

◆人間の行為と実践的推論の構造

さて推論は「理論的」(theoretical)なものと、「実践的」(practical)なものとの二つに分かれます。数学の計算など前者では、推論を働かせた結果が行為として外部に現われないのに対して、後者は結論が直ちに行為に結びつく点が違います。日常生活の中で私たちが行っている思考は、圧倒的にこちらの方が多い。手帳やスマホを見ながら、ほとんど無意識のうちに(たとえば、東京・一ツ橋の如水会館まで行くには)「どうしたらよいか?」と考えているわけです。

アリストテレスによれば、この実践的な推論は、次のような構造を持っています。①まず初めに、目的を設定します。「私は何をしたいのか」という、欲求あるいは願望の対象です。②次に、どうすればその目的を実現できるのか、因果の連鎖をたどりながら熟慮を重ねます。③そして最後に、実行可能な手段が見つかったら、それを選択して行動に着手します。選択は思考の終点であり、また行為の始発点でもある。着手可能な手段が見つからなければ、断念して何も行わない場合も出てきます。

「正しい推論」とは、この三つのプロセスを正確にたどっているものであり、因果の連鎖を見落としてしまうと、着手してみたものの、途中で挫折してしまいます。

もう一つ重要な条件があります。それは手段の選択です。複数の選択可能な手段がある場合、「最も容易」であるのはもちろんのこと、「最も立派な」手段を選ぶべきであるとアリストテレスは述べています。「目的のためには手段を選ばない」のではなく、合理的であると同時に倫理的な高潔さも考慮されている点に注意しましょう。彼の人間観察眼の鋭さが窺われるところです。

◆ 理性は欲望の奴隷なのか

では、行為の合理性とは何でしょうか。「経済性」は確かに合理性の重要な一面ではありますが、それに尽きるわけではない。行為の合理性を考えるうえで参考になるのが自然界の法則です。人間の行為の合理性は、自然の合理性でもあるからです。

自然界では何事もでたらめには動かず、一定の法則に貫かれて運動変化します。たとえば光は、均一な物質の中では直進することが知られていますが、それはいったいなぜでしょうか。「無駄がないから」としか言いようがない。しかし、異なる物質(空気と水)の境界で屈折するのはなぜか。それは空気と水の密度が異なるために、実は屈折した方が光にとって速いからなのです。そうであれば、ここでも経済性の原則は貫徹しています。

それは人間にとって最短ルートを選択するのと同じ構造です。ただし、こうした目的論的説明には問題がないわけでもありません。というのは、「最短ルートの選択」には最初から目的地が設定されている必要があり、光という自然現象に対して「当初から目的地をめざす」という擬人化を施さない限り、こうした説明は成立しないのです。

いずれにせよ「自然は無駄を嫌う」とすれば、「わざわざ遠回りして進む光」のような非合理的な法則を自然界に見ることはできません。「非合理な自然」とは、もはや人間の認識の（ひいては科学の）対象にはならないでしょう。

これに対して人間は、遠回りすることが現にあります。一つには、最短ルートを知らないために結果的に遠回りになってしまった（無知の結果）。もう一つは、感情や気分の影響。今日は天気が良いから、少し遠回りだけど公園沿いの道を歩こうという選択。つまり人間の行動には、無知と感情とに由来する非合理性が時として見受けられるのです。

目的の設定にしても、人間の場合、必ずしも合理的な設定とは限りません。実践的推論の出発点である願望や欲望ですら、非合理的でありうる。これを実現するために働く思考は実行役で、いわば「下請け」にすぎません。

こうした事態を称して一八世紀のイギリスの哲学者デイヴィッド・ヒュームは『人間本性論』の中で、「理性（reason）は情念（desire）の奴隷である」と述べています。アリストテレスをはじめ古代・中世の哲学は、最初の目的設定にも合理性がかかわってくる余地があるとしましたが、近代になると、理性はひたすら人間の欲望に奉仕する単なる道具や手段に過ぎないと考えられるようになったのです。

二〇世紀のフランクフルト学派の哲学者、テオドール・アドルノとマックス・ホルクハイマーは、宗教的な動機から解放され、啓蒙された人間は自己利益を至上目的とするようになるとし、そうした啓蒙的理性の末路を「道具的理性」と述べています。

道具的理性は外的自然のみならず、感情や衝動などの人間の内的自然をも支配します。アウシュヴィッツや核兵器など巨大な負の遺産を生み落とした近代科学も、道具的理性の所産だと批判しました。「精神なき専門人」（マックス・ウェーバー）や「大衆としての専門家」（ホセ・オルテガ）といった一連の近代理性批判も同じ線上にあります。

◆選択とは、合理性を無視して「見切る」こと

ここで、行為と合理的な根拠の関係について考えてみましょう。「ビュリダンのロバ」という寓話をご存じでしょうか。分かれ道にさしかかった一頭のロバから見て、等距離に同量の干草が置いてあると、ロバはどちらの道を進めばよいか選択できず、考えあぐねた挙句にその場で餓死してしまうというお話です。これは事実というよりも、合理的な選択をしようと固執するあまり、行動できなくなってしまうことを示す、一種の思考実験です。

私たちは複数の選択肢があった場合、両者を比較することで合理的な選択をしていると思っています。しかし、本当に合理的な理由に基づいて意思決定しているでしょうか。たとえば、企業内で何らかの計画が立てられると、稟議書が下から上へ回覧されます。途中で多少の修正意見や疑問はあっても、下から上がってきた提案にそれなりの合理性があれば、上層部が独自の判断でひっくり返すことは基本的にはない。これは企業に限らず、多くの組織に共通して見られるやり方でしょう。

ただし、このように下から上がってきた案件をただ承認するのであれば「意思」の出番はなさそうです。逆に、下が承認してきたものを最後にトップがひっくり返してしまえば、今度は理性の役割はなくなってしまいます。

そもそも何かを選択するという場面は、それまでの思考の過程とは必ずしも連続しない、合理性とは切り離された瞬間かもしれないのです。初めて行く異国で、一人で列車に乗るのは誰しも不安でしょう。本当に目的地まで行くのか、駅の掲示板を見て、列車の行先表示を確認して、駅員や乗客にも聞いてみる。しかし、表示が間違っている？　駅員が勘違いしている？　疑い出すとキリがなく、どうしても「絶対確実」な保証は得られない。それでも蓋然性が高いと判断すれば、決断して列車に乗り込む。そうでなければ、ロバのように立ち尽くすしかありません。

「決断の瞬間はある種の狂気である」と言ったのは、実存主義の先駆者セーレン・キルケゴールです。また、イギリスの二〇世紀初頭の作家ギルバート・キース・チェスタートンの『正統とは何か』の中には、「狂人とは理性を

失った人のことではない。理性以外のすべてを失った人である」という一節があります。完全なる合理性、幾何学の論証のような百パーセントの確実さを求める理性は、実は狂気にほかならないことを逆説的に述べた名言です。

日常の「合理性」が実は適度な非合理的信念をも含んでいると考えられる状況は、私たちの周辺でも見ることができます。東日本大地震による大津波と原発事故を機に、「想定外」が問題になりました。何百年に一度、発生するかどうかわからない災害に備えた安全基準を満たすのが果たして現実的なのかどうかが議論されたのは、記憶に新しいところです。

現実に、安全上の規制や対策は「工学的判断」によって決められています。これは技術者のもつ、いわば「職人の勘」であり、経験と予測とに基づいて「このぐらいで大丈夫かな」と見切る、ということです。大震災直後、原子力安全委員会の委員長は「割り切らなければ(原発の)設計なんてできない」と発言しましたが、無限の可能性を追求して、百パーセント安全な構造物をつくることが不可能なのは事実でしょう。

◆集団の意思決定に潜む罠

ここまで「個人の行為と選択」についてお話ししました。では、集団の場合はどうなるでしょうか。皆さんも経験があるかもしれませんが、一人では責任を負いきれないような大きな問題の場合、当然ながら合議のうえで決めようという話になります。三人寄れば文殊の知恵、衆知を集めて、ひいては「みんなの責任で」決断しようというわけです。

その典型はお役所で、何か決めるときは必ず「審議会」が設けられます。誰かが独断で決めることはできないので、学識経験者や業界関係者などが集まって議論した結果を「答申」にまとめて、これを踏まえて政策が決定されるという手続きを踏むことになります。

民主主義の原則からすれば、ある意味で妥当なやり方なのですが、こうした合議制には大きく一つの問題がありまず。一つは、みんなの意見を聞いていると賛否両論・甲論乙駁で、無駄な議論ばかりが長引いて、意見が集約できず決断できないこと。「決められない政治」と言うように、判断を回避して、問題を先送りしがちです。

もう一つは、逆に参加者の間に同調圧力が働きやすいことです。この点は日本社会の特質とも言えるもので、評論家の山本七平は「空気の支配」と呼んでいます。日本が無謀な戦争に突入した背景に、日本社会あるいは日本文化に特有の集団的な意思決定システムがあった（もしくはシステムが最初からなかった）ことは、野中郁次郎先生たちの『失敗の本質——日本軍の組織論的研究』の中でも指摘されています。

独裁者が絶対的な権力を振るって強権的に決定を下す権威主義的国家とは違って、その場の空気、雰囲気が非人称的に力を振るうメカニズムは、ミシェル・フーコーが指摘するポスト・モダン的な権力論とも通じるものがあります。

しかし、このような集団の意思決定のあり方は、翻って考えてみると、実は個人の意思決定にも通じるものです。各人が自分の頭で考えているつもりの場合でも、心の中にはさまざまな欲望や感情、分別があり、それらがあたかも委員会を開いて互いに相談するようにして決断を下している——そのように考えることができるかもしれません。

◆フロネーシス——「公共善」のために熟慮する

個人の思考と行為、そして集団での意思決定において、さまざまな問題があることを見てきました。こうした問題を超えて、理性が欲望の奴隷になることなく、単線的に合理性を追求するのでもない、より柔軟で常識に即した適切な判断を下すために必要なのが「賢慮」(phronesis, practical wisdom）と呼ばれる知です。

経営学でも近年、このフロネーシスへの関心が高まっていますが、それは伝統的な「日本的経営」の評価と表裏をなしているようです。ではこの概念がどのように生まれてきたのか、源流にまで立ち返って見てみましょう。

フロネーシスとは「賢慮」あるいは「思慮」と訳されますが、元来は、胸と腹を仕切る弓状の膜を指すフレーン（横隔膜 phren）に由来します。精神分裂病あるいは統合失調症という病名（schizophrenia）に残っています。古代ギリシア人は、身体のそのあたりに人間の知性や感情の座があると考えていました。日本語でも「胸が痛む」とか「腹が立つ」と言うように、特定の身体の一部を精神的な機能と重ね合わせる考え方です。

ラテン語では、同根の語でプルデンチア（prudentia）と言います。ここから由来する英語（prudence）には、思慮分別、慎重、倹約、用心、警戒などに加えて、抜け目のなさという意味もあります。警戒を怠らず、注意深く考えをめぐらせて判断する、という概して良い意味が主ですが、ずる賢くて利にさといといった、あまり良くない意味も混じっている言葉なのです。

面白いことにアリストテレスは、フロネーシスが何であるかは「私たちが誰を『賢い人』（フロニモス）と呼ぶかによってわかる」と述べています。賢い人は誰かを把握して初めて、賢さとは何かを理解できる。つまり、フロネーシスという知はそれ自体としては定義できないという不思議な性格を持っているのです。

たとえば「医者」であれば、「医療の知識を持つ者」がそれだと思うでしょう。「医者が持っている知識が医術」だというのは、逆のように思われます。しかし、フロネーシスは通常の技術的な知とは違って、その持ち主の方から考えていくような知識だというのです。

では、誰がフロニモスなのか。アリストテレスがはっきりと名前を挙げているのは、世界遺産パルテノン神殿を建立したアテネの民主派の政治家ペリクレスです。ただし、「政治家」といっても、現在の職業的政治家とは違って、古代ギリシアの都市国家（ポリス）は人口数千から数万、大きくても十万人程度の血族的共同体。現在の日本でいえば、地方都市に相当する規模です。市民の大多数は直接に政治家の姿を目にし、言葉を交わし、当人の人柄も知られていた存在でした。現在の企業経営者と従業員の関係に似ているかもしれません。

アリストテレスはまた、「自己の善や利益に関して、部分的にではなく全体として、善く生きることに向けて、立派な仕方で熟慮できる能力が、賢い人に帰属する」とも説いています。「善く生きる」とは幸福とも言い換えられます。

つまり、「自分の利益をめざして、よく考えて、適切な手段を発見できる」のが、賢い人が持つ知の中核をなしています。ただし、ここでいう「自己」とは共同体全体を指しているため、「自己の善や利益」といっても全く個人的なものではありません。

「部分的ではなく全体として」というのも大事な点です。目先の利益ではなく、射程の長い、人間が生きるということ全体にかかわってくるような利益を問題としています。つまり、共同体の成員によって達成すべき普遍的な価値を持つ「公共善」のために、立派なやり方で熟慮できる人こそが「賢い人」の実質です。

確かに部分的な問題であれば、最善の利益に適う処置を見つけられるのは、個別の技術を持った専門家です。部屋の照明がつかないのなら電気工事士に見てもらえばよいし、車の調子が悪ければ自動車整備士に直してもらえばよいのです。しかし、個々の問題ではなく、もう少し大きな脈絡で捉えるべき問題の場合、専門の知識や技術とは違った次元での判断が必要となる。これがフロネーシスです。

◆真に「正しい人」であるために

フロネーシスにはどのような特徴があるか。アリストテレスはいくつか挙げています。一つは、フロネーシスには忘却がありません。外国語の知識や楽器の演奏技術などは、使わなければ忘れてしまったり錆びついたりしますが、フロネーシスには経年的な劣化がありません。

フロネーシスは年齢に従う、とも言われています。経験を通じて次第に熟成していくものです。また賢いのは何も人間だけには限らない。自己保存のための予知的能力を持つ限り、動物にも賢いものは存在するというのです。

知恵(sophia)との違いも指摘しています。知恵はすぐに役立つ実用的なものではないが、尊敬に値する知識です。人類の最先端の知に挑んでいるような研究者の知識は尊敬に値しますが、すぐに役立つような代物ではない。また昔気質の学者の中には、世間知らずで営利に疎く、自己の利益に全く無頓着な人がいますが、そうした人々は知者(ソポス)であっても、賢者(フロニモス)ではない。自分の興味関心に没頭して研究しているが、自身や公共の福利には無関心だからです。

賢くあるためには、普遍だけではなく、個別をも知らなければなりません。学問や技術は原理原則(普遍)のうえに成立するが、それと併せて個別をも知ることが求められるのです。そのためには熟練が必要で、年少者は知者ではあっても賢者とはなりえない、とも言っています。つまり、為政や企業経営で求められるような賢慮は、若者には獲得すべくもない。音楽や数学、囲碁・将棋には天才少年が出現しますが、「十代の天才経営者」などは聞いたことがないでしょう。

さらに「勘の良さ」や「鋭敏さ」とも違います。勘は瞬時にひらめくものなので、推論は含まれない。思考の過程が入らない直感やひらめきは、推論を経たうえでの判断を下す賢さとは違うのです。

最後に、もう一つ大事な点ですが、「正しい(もしくは公正な)人」(epieikes)という概念があります。フロニモスは当然のことながら正義の人ではありますが、決して杓子定規ではなく、各人の個別の事情をよく理解して、情状酌量することができる。人情の機微にも通じている。これが正しい人の持つ適切さや公正の要点なのです。

◆「徳」が欠ければ、邪知に陥る

フロネーシスは、「徳」と切り離せない関係にあります。徳はめざす標的を正しいものにし、フロネーシスは標的に向かうための手立てを適切なものにする。標的の設定とかみ合うことで初めて、賢慮は実現されるのです。

目的に向かう最適解だけを求めようとすると、どうしても歪んでしまう。だからアリストテレスは、首尾良く目的に到達する能力として「怜悧さ」(deinos, clever)は必要だけれど、仮に徳が欠けているとしたら、それは「邪知」(panurgia)つまり単なる目的合理性に成り下がってしまう、と警告しています。

今日、職業倫理や技術倫理、コンプライアンスの問題がさまざまに議論されていますが、それを担保するのに、従業員を監視したり法的に取り締まったりするのにも限界があるでしょう。そうした外的な働きかけだけに頼らず、人間の心の内から倫理をどう踏み外さないようにするのか、徳の育成と教育が重要な問題となってきます。

アリストテレスによれば、「本当の意味で善き人であることなしに賢い人ではありえない」。逆に、賢慮が欠けている限り美徳は生まれないのです。徳とは一種の「中庸」です。極端と極端を排した、ちょうど良いところを絶妙に射抜く力量です。反対に悪徳とは両極端の「過剰と不足」に相当します。

たとえば、他人の困難に対して敏感な共感能力を持っていなければ、「親切」という徳目があるとはいえません。しかし、親切も過剰になれば「お節介」になる。また、「気前がいい」といっても、必要もないのに過剰に支出すれば「浪費」になるし、逆に出し惜しみすれば「ケチ」と非難される。

要は「相場感覚」が大切で、しかも、一回ごとに事情が違う場面で適切に微調整しながら対応できるための分別(logos)がフロネーシスを支えているのです。このように、賢さと人柄の良さが相補的に絡み合うことで、真に善い人ができるのです。

ところが近代の倫理思想は、一番初めの出発点となる目標にあたるところを、理性の管轄外にしてしまったのです。その結果、賢さと人柄の良さは二つに分裂してしまいました。善意の塊のような人物だけれど、非常に愚かで自己利益を全く顧みない。反対に、誤った目標をただひたすら追求する悪賢さの塊のような人。ドストエフスキーの小説に登場する人物みたいですが、どちらも善い人とは言えないでしょう。では、どうすれば目的とは切り離された、手段の合理性だけを求めるような次元を超えられるかを、次に考えてみたいと思います。

◆浅い合理性を超えるための正義の徳

アリストテレスは、正義論（『ニコマコス倫理学』第五巻）の中で、「法的な正義の補訂」という意味でエピエイケイア（epieikeia）という言葉を用いています。その場の状況や個別の背景を考慮して、法の欠陥を補い、立法者の趣旨を生かすという意味での正義の徳です。

これは昨今流行の「コンプライアンス」にも、同じことが言えるのではないでしょうか。法規にこだわるあまり、マニュアルばかりが分厚くなって、その通りにしていたら全く仕事が進まない。逆にそこに書かれていないことは何をしても構わないという、一種の抜け道のようなものができてしまう。細かな規程や分厚いマニュアルは、そのときどきの状況の中で、人が適切な判断を下すというフロネーシスを涸らしてしまう恐れがあります。

皆さんは「囚人のジレンマ」をご存じでしょうか。別々の監獄で取り調べを受けている二人の囚人がいるが、嫌疑が不十分。そこで検察官が司法取引を持ちかける。一方が自白して、もう片方が黙秘した場合は、自白した者は釈放され、黙秘した者は懲役一〇年。二人とも自白した場合は懲役五年。二人とも黙秘なら懲役一年になるという設定です。全体の利益が最大になるのは二人とも黙秘する選択肢ですが、最適解を求めようとすると、相手の裏切りを恐れてどちらも自白してしまう。

これは、相手の選択肢を勘案しながら自分の行動を決める際に発生するジレンマを取りあげたモデルですが、実はこの話は、相手を信じるだけでなく、相手が自分を信じていると信じる「相互信頼」という一種の非合理的な信念を互いが持ったとき、利益が最大化する可能性を示唆してもいます。

そしてこれは、宗教にも通じるものがあります。経営者の中には宗教的信念に支えられた企業経営を実践する人が少なくありません。また、宗教には奇跡譚がつきものですが、実際に、自己犠牲的な行為によって予想もしなかったような益を得たことが、宗教の歴史上幾度も起こっています。それは必ずしも荒唐無稽な創作ではなく、「囚人のジレンマ」の中にその可能性を嗅ぎ取ることができるでしょう。

宗教的とまでは言わずとも、理想主義もこれに通じる部分があります。性善説に立って王に対して「仁義」を説いた孟子や、「利潤と道徳を調和させる」という経済人としての道を説いた渋沢栄一（『論語と算盤』）なども、一貫した理想を掲げることによって、短期的で浅薄な合理性を超える次元を打ち出した実例でしょう。

こうした問題は、企業の社会的責任（CSR）の問題にもつながっていきます。それぞれの企業が、日本あるいは世界にどんな貢献ができるのかを長期的視野に立って考える。ここにもフロネーシスがかかわってくる余地があると思います。

（講義日：二〇一五年二月一四日）

推薦図書

▼アリストテレス『ニコマコス倫理学　上・下』高田三郎訳、岩波文庫、一九七一年。
▼黒田亘『行為と規範』勁草書房、一九九二年。
▼荻野弘之『哲学の饗宴——ソクラテス・プラトン・アリストテレス』NHK出版、二〇〇三年。

［文学］ レジリエンスをはぐくむ「もの語り」の力

やまだようこ（京都大学名誉教授）

◆問いを変えると、ものの見方が変わる

私は、ナラティブ心理学を専門にしています。ナラティブ（narrative）は英語で、物語や語りの意味なので、もの語り心理学とも呼びます。ナラティブとは、日本語の「物語」よりも広い意味で、フィクションだけではなく、経験を組織化し編集し意味づける作業のことです。また、語るという行為を含みますので、「もの語り」と私は訳しています。今回は、その「もの語り」と「しなやかさ」という二つのテーマを取り上げますが、その前になぜこの二つの話をするのか、その背景を説明します。

皆さんは、これまでに多くのことを学んできたと思います。勉強してさまざまな知識やたくさんの情報を得ることはもちろん大切ですが、それ以上に重要なのは、問いを立てることだと私は考えています。正答を出すことよりも、知らないことについて、これは何だろうと考えたり、当たり前だと思っていることをなぜそうなるのかと問うてみるところから、学びが始まるのだと思います。

なぜ問いが重要かといえば、問いが変われればものの見方が変わるからです。たとえば、台湾新幹線を設計した島隆さんは、仲津英治さんとの対談の中で、「セキュリティの問い」について、次のように話しています。

「仲：台湾の場合は、それでも起きたらどうするか、という考え方なんですよね。セキュリティに関する感覚は非常に欧米に近い感じです。逆にわれわれ日本人のほうが世界の平均的な認識からすると、少しのほほんとしているかもしれません。

島：幸いなことに新幹線は四〇年間走ってきて、今まで火災なんか一回もないし、日本と同じような設計を持ってきた以上、本当はその設計をあまり変えてはいけないんですよ。日本では車両が燃え出したことはないから心配はないよ、と僕なんかは言いたいんですけど、誰かが火を付けたら設計が大丈夫でも燃えちゃうでしょうと反論されるんですね」

（『日本機械学会誌』一〇七巻一〇三〇号、二〇〇四年九月）

結局、台湾新幹線では現地の要望に応えて、ハンマーを備えつけ、もしものときは窓ガラスを割って脱出できるようにしたそうです。島さんは、「われわれも少し考え方を変えないといけないのかな、と思いますね」と言っていますが、その後二〇一五年に島さんの危惧が現実のものとなり、日本の新幹線でも、初めての火災事故が発生しました。

日本の新幹線は、どうすれば世界一安全な構造にできるかという目標に向かって、それを達成してきました。だから、簡単に窓ガラスが割れるようなつくりにはなっていないし、日本は平和な国なので乗客が自ら窓ガラスを割って車外に脱出するような事態は想定していません。それに対して台湾では、それでも何かあったらどうするのだと考えたのです。

この場合、どちらの見方が正しくて、どちらの見方が間違っているかというような問いは無意味でしょう。すべての事態を想定できるわけではないし、絶対的に正しいという解は誰にもわかりません。しかし、不透明さを増す世界情勢の中にあって、「まさか」という想定外のこ

YAMADA Yoko

1948年岐阜県生まれ。70年名古屋大学文学部卒業、76年同大学院教育学研究科教育心理学専攻博士課程退学。専門は、生涯発達心理学、ナラティブ心理学。教育学博士。愛知淑徳大学教授、京都大学大学院教育学研究科教授などを歴任。現在、立命館大学OIC総合研究機構上席研究員。主な著作：『ことばの前のことば（やまだようこ著作集 第1巻）』『喪失の語り（やまだようこ著作集 第8巻）』（新曜社）、『人生を物語る――生成のライフストーリー』（編著、ミネルヴァ書房）、『質的心理学の方法――語りをきく』（編、新曜社）など。

とが起こることを想定する想像力をはぐくむこと、そして、「まさか」の事態に柔軟に対処できるしなやかな思考力をはぐくむことは、とても重要でしょう。

◆レジリエンス――しなやかな復活力

私たちは今、問い方を変えてみる必要があるのかもしれません。今までは、これまでの経験から想定した目標を明確にして、どうしたら確実に達成できるかを考えてきました。しかし、想定外のことが起きたときに柔軟に対処し、弾力的に発想を転換して目標を見直し変化させるような発想も、また大事なのだと思います。

そうした柔軟さを考えるときに思い浮かぶのが、日本各地に昔からある「流れ橋」です。大雨や洪水があったときに、あえて「流される」橋をつくり、橋脚を残して修復を簡単にするという構造になっています。絶対に壊れないようなものをつくろうとすれば大工事になって費用もかかりますが、流れ橋のような柔らかな構造ならば、仮に流されても簡単に修復できます。巨大なコンクリートの防潮堤を建設して、どんな津波が来ても耐えられる頑健な構造物を多額の費用をかけてつくろうというのとは対照的な、こういうしなやかな発想が、日本には伝統的にあったのです。

しなやかなシステム、レジリエントなシステムとは、どういうものでしょうか。一つは、完璧ではないということがあると思います。一見、完璧なシステムが実は脆弱であることが多々あります。それは、完全に統御できるが壊れたら、そのままの「機械モデル」を想定してきたからでしょう。自ら再生して変容する「生き物モデル」のシステムを考えれば、発想は変わります。

さらに、環境が変化しても生き延びるためには、多様な変化に合わせられる「多様性」が必要です。そして、そのように再生あるいは生き延びていくうえでコアとなるのが、社会や地域、あるいは人と人の間にある深い信頼に根ざした「関係性」です。

レジリエンスとは、もとは、バネのような弾力性のことを意味しました。研究者によって定義も違いますが、ここでは、マイナスの出来事があっても、そこから弾力的に回復し、プラスの方向に変換できる「しなやかな復活力」を指すことにしましょう。

◆経験を組織化する「もの語り」

ここで改めて、もの語り、ナラティブとは何かについて述べようと思います。まず、図表1を見てください。これは十代で糖尿病を発症した増田さゆりさんが、「糖尿病部屋」に閉じ込められた自分と、医療者の姿を描いたものです。インシュリン注射を打ち、カロリー制限と運動を一生懸命やってヘトヘトになっている患者を、医師や看護師が外側から見ています。

増田さんは、もともと模範的な患者で、医師から指示されたとおりに生活をコントロールしていたのですが、あるとき「こんなふうに一生を生きていかなければならないのか」と何もかもどうでもよくなって、むちゃ食いをして、それまで毎日つけていた闘病日誌を

図表1｜糖尿病部屋の絵

出所：増田さゆり・瀧井正人『糖尿病　こころの絵物語』時事通信社、21ページ。

全部破り捨ててしまったことがあったそうです。

医療者も患者も「病気を良くしたい」という目標は同じです。医療者は、検査数値をもとに運動や食事について指示を与え、血糖値をコントロールする医療を行っています。しかし、患者は人生すべてを病気に支配され、自由のない狭い部屋に閉じ込められて希望のない人生を生きていくように感じています。

このように医療者は、疾患(disease)に基づいて患者を診ていますが、患者が経験している「病い(illness)のもの語り」は「医療者のもの語り」とは、大きく異なっています。この絵は立場によって「もの語り」が違うことを表しています。「もの語り論」では、どちらが正しいかではなく、立場が変われば多様な「もの語り」があると考え、当事者の多様な経験を大切にしようとしています。

もの語りとは、経験を組織化し、意味づける行為です。私たちは起こった出来事や周囲にあるもの全部を意識し、記憶しているわけではなく、その中で本当に意味のあるごく一部の経験を認知しているにすぎません。これが経験を組織化するということです。無意識にしているこの行為に目を向け、自分のもの語りに気づき、そこに別の見方を加える、つまり、ものの見方を変えようとするとき、もの語り論が非常に役に立ちます。

人は人生を生きるうえで、病気や災害、身近な人の死など、さまざまな困難に直面します。その不幸な出来事は変えられませんが、それをどう意味づけるかというもの語りは変えることができます。厳しい状況から立ち上がり、希望を生み出すレジリエンスをはぐくむうえで、もの語りが大きく寄与することになるわけです。

◆ 数値からもの語りへ

もの語りは、社会、特にビジネスの現場などで用いられる、いわゆる科学的な思考とは少し異なる部分があります。

私たちは「真実は一つ」だと教育されてきましたが、社会に出れば現実はそうでないことを、皆さんよくご存じだと思います。同じ出来事であっても、企業と顧客、上司と部下のように、立場が違えば、その意味づけは異なり、違ったもの語りになります。もの語り的な考え方では、どれが正しくてどれが間違っているかとは決めず、正しいもの語りが複数あるという多様性を大事にします。

また、原因があって、それが結果にむすびつく、といった一方向的な因果関係で捉えることも、もの語り論ではしません。原因を追求するだけではなく、双方向的に異なるもの語りを対話させる、それがたとえ矛盾するものであっても、インタラクションすることで、多様なもの語りを共存させるというのが、もの語り論の立場です。

数値よりも言葉を大切にします。有機栽培がどれほど健康と環境に良いか、多くのデータを並べて訴えても、なかなか人の記憶には残りませんが、たとえば、次のようなもの語りだったらどうでしょうか。

「昔、ふつうの農場で働いていた頃は、家に帰っても子どもたちにお帰りのハグをしてもらえなかった。まずシャワーを浴び、服を洗って消毒しないといけなかったからね。今はレタス畑から子どもたちの腕の中へ飛び込める。体に有害なものがついていないからね」

（カーマイン・ガロ『スティーブ・ジョブズ驚異のプレゼン――人々を惹きつける一八の法則』日経BP社）

いくつもの科学的なデータと、農民のもの語りのどちらが人の心に響くか、答えは明らかでしょう。同じ場面を切り取った、以下の二つの文章も比べてみてください。

①第一の男は、年齢二八歳、身長一メートル八〇センチ、体重七一キロの第二の男と三〇センチの距離にいた。第一の男は、直径二センチの丸いプラスチックを出し、一五の単語で声を発した。

②若い男が背の高い友人に、「取れたボタンをコートのどこにつけたらよいか」と話していた。

①は科学的で客観的で、正解のように思えますが、これだけでは何が起こったのかがわかりません。意味とは無関係に数値化できる情報だけを重視して、取り上げているからです。

極端に感じるかもしれませんが、私たちもまた、数量化できる情報のみを重視してとらわれているとはいえないでしょうか。

企業であれば売上高や市場シェア、医療現場であれば検査データ、マスコミでは視聴率などの数値のみを気にして、顧客や患者や聴衆の声が何を意味しているか、深く耳を傾けて聴こうとしていない場合があります。

目標の達成度を測る手段の一つにすぎないはずの数値そのものが目標になってしまう、そのようなことが、あらゆる場面で起こっているように思います。

◆文脈が異なる複数の現実に目を向ける

もの語り的世界観は、大げさに言うならば、これまでの世界観に革命を起こすものです。近代的な世界観では、主観と客観を分けてものを考えます。先ほどの医師と患者のように、見る者と見られる者がはっきり分かれ、医師は患者を外側から客観的に見ることこそが科学的な態度であると考えます。それに対して、もの語り的世界観では、インタラクション（相互作用）こそが重要だという考え方になります。

また、西洋哲学では、時間や空間や他の文脈から完全に独立した究極の実体としての「個（individual）」が基本的概念の一つとなってきましたが、経験を組織化するもの語り的世界観では、「コンテクスト（context）」すなわち文脈を重視します。文脈を抜きに、あるものが真実として独立して存在することはできないという考え方なのです。

文脈を大切にするということは、いつ、どこで、誰が見ても同じで変わらない「普遍的（universal）」なものを求めるよりも、文化・歴史的文脈や立場によって変わること、変化プロセスを重要と考えることです。したがって、唯一正しい事実や理論があるのではなく、むしろ複数の現実というものが構成されると考える。それが、もの語り的世界観といえます。

先ほどの例で言えば、台湾と日本の安全基準のどちらが正しいのかではなく、相手には相手の文脈があり、これまでの経験と知識があるのだから、折り合わないこともあると考えることです。相手のもの語りは自分とは違うかもしれないと思うだけで、少し耳を傾けてみようという気になり、そこから得るものがあるかもしれません。

また、多様なもの語りが同時共存するということは、仮にある種の支配的なもの語り、誰もが正しいと思うもの語りがあったとして、それに対して、オルタナティブなもの語り、別のもの語りを提示できるということになります。これも、もの語り的世界観の一つの強みです。

たとえマイナスの出来事や現象があっても、見方を柔軟に転換する。そうしたレジリエンスが、複雑な原因が絡む事象を理解したり、見通しが立たない不確定な未来に柔軟に対処するうえで非常に有効となります。今、企業経営や医療や環境などの領域において、もの語りによってものの見方を転換して、レジリエンスをどう育成するかが課題とされているのは、そのためです。

◆「負」を転換した運送会社

実際に、もの語りによって不幸な出来事を転換した事例を一つ紹介します。関西の若手起業家たちの集いで、運送会社の経営者の方から直接聞いた話です。あるとき自社のトラックが事故を起こして、相手の男性が亡くなってしまいました。搬送先の病院に駆けつけた社長は、男性の父親から「息子には子どもがいた。それだけはわかっておいてくれ」と言われたそうです。

日頃から安全運転を心がけていたつもりだったけれど、死亡事故を防げませんでした。一時は廃業することまで考えたそうですが、それで世の中から死亡事故がなくなるわけではありません。悩んだ末に思いついたのが、トラックのコンテナに子どもが描いた絵を印刷することでした。車や家族の姿が描かれた絵には、「おとうさん、だいすき」「きをつけてかえってきてね！」といった言葉が添えられています。事故が起これば悲しむ家族がいることを、子どもの絵で伝えようとしたのです。

変わったのは、ドライバーの安全に対する意識だけではありませんでした。取引先やサービスエリアで、絵について聞かれたり褒められたりすることが増えて、配送しているだけで何かいいことをしているような気がするようになったそうです。さらに、この取組みに共感する人が増えて、学校給食を運ぶなどの新しい仕事も手がけるようになったそうです。

それまで売上を増やそう、利益をあげようと懸命にやってきたのが、それよりも何よりも安全運転が大事なんだと転換して、トラックに広告ではなく子どもの絵を描いたことで、その絵を媒介にして輪が広がって、結果的に事業も広がった。もの語りによって、負を転換したのです。

◆ スティーブ・ジョブズのもの語り

もの語りによって負を転換するうえで非常に重要な役目を果たすのが経験談です。スティーブ・ジョブズが二〇〇五年にスタンフォード大学の学位授与式で行ったスピーチから、なぜ、そしてどのように経験談が力を発揮するのかを見ていきましょう。全部だと長すぎるので、所々抜き出したうえで訳して、ポイントとなる点にコメントを加えています。

「本日は皆さんに、私自身の人生から得たストーリーを三つお話しします。たった三つです。最初の話は、点と点をつなげる、ということです。

私はリード大学を六カ月でドロップアウトしましたが、あと一八カ月ドロップイン（居残り）しました。なぜ退学したのか。それは、私が生まれる前にさかのぼります」

→聴衆とのインタラクション。聴衆である大学生の今の時間軸から始めて、自分が生まれる前までさかのぼる。

「私の生みの母は未婚の大学院生で、私が生まれたらすぐに養子に出すと決めていました。養父母には、私を必ず将来、大学に行かせると約束させて。こうして私の人生はスタートしました」

→大学、生まれる前、人生、大学という時間軸の往還

「そして一七年後、私は本当に大学に入ったけれど、学費が高く、そこまでして大学に通う価値が見出せず、自分が何をやりたいのかまったくわからなかった。両親が生涯かけて蓄えたお金を使い果たす自分。だから退学を決めました。

そりゃ当時は怖かった。ただ今、こうして振り返ってみると、あれは人生最良の決断だった～思えます」

→マイナスのプラスへの転換。レジリエンス

「友達の部屋の床に寝泊まりさせてもらったし、コーラのビンを店に返すともらえる5セント玉を貯めて食費にあてたり。日曜の夜は七マイル歩いて街を抜けると、ハーレクリュナ寺院でやっとまともな飯にありつける。これがめちゃくちゃにうまくてね」

→貧しくつらい体験を、「つらかった」と言うのではなく、具体的なエピソードに代表させて語る。

「しかし、当時こうして自分の興味と直感の赴くままに身につけたことの多くは、のちに値札がつけられないくらい価値があるものだってわかってきたんだ。一つの具体的な話をしてみましょう。退学を決めて必須の授業を受ける必要がなくなったので、カリグラフィの講義で学び、科学では捉えきれない伝統的で芸術的な文字の世界のとりこになったのです。

一〇年後、最初のマッキントッシュを設計していたとき、カリグラフィの知識が急によみがえってきて、その知識をすべて、マックに注ぎ込みました。もし私がドロップアウトしていなかったら、あのカリグラフィのクラスにドロップインしていなかった。そしてパソコンには、今のような素晴らしいフォントが搭載されていなかったのです」

→「取り返し」の語り。マイナスからプラスへの転換。レジリエンス

「もちろん、大学にいた頃の私には、まだそんな先のことまで読んで点と点をつなげてみることはできなかった。しかし、振り返ってみると、これほどくっきり見えることもないわけです。

もう一度言います。未来に先回りして点と点をつなげて見ることはできません。できるのは、後から振り返ってつなげることだけです。だからこそ、バラバラの点であっても、将来それが何らかのかたちで必ずつながっていくと信じなくてはならない。そう信じることで、確信を持って自己の心の赴くまま生きていける。信じることですべてのことは、間違いなく変わるのです。

二つ目は、愛と喪失の話です。

自ら創業した会社からクビを言い渡され、ズタズタになりました。しかし、そのおかげで自由を得て、妻とも出会えたのです」

→マイナスからプラスに転換する「取り返し」の語り

「そのときはわかりませんでしたが、アップルをクビになったことは、人生最良の出来事だったことがわかってきました。

人生には時としてレンガで頭をぶん殴られるようなひどいことが起こるものです。だけど、信念を放り投げてはいけない。私が挫けずにやってこられたのはただ一つ、自分のやっている仕事が好きだという、その気持ちがあったからです」

→聞き手に向けた教訓。自分と聞き手のむすび。過去と現在のむすび

「三つ目は死に関する話です。

私は一七歳のときに、こんな言葉をどこかで読みました。『これが人生最後の一日と思って生きることにしよう』。自分もいつかは死ぬ。そのことを思い起こせば、自分が何かを失ってしまうのではないかという思考の落とし穴は回避できます。自分の心の赴くままに生きてはならない理由など、何一つないのです。

私が若い頃、全地球カタログ（Whole Earth Catalog）というとんでもない本があり、若者のバイブルの一つになっていました」

→時間軸の往還。自己と他者、世代の重ね合わせと世代を生成的に継承する語り

「スチュワート・ブランドという男性が、すべてタイプライターとハサミ、ポラロイドカメラで制作していたものです。いわばグーグルのペーパーバック版です。理想主義的で、素晴らしいアイディアで満ちあふれていました。

何度か発行した後、最終版が出たのは七〇年代半ば、私はちょうど今の皆さんと同じ年頃でした。背表紙にはまだ朝早い田舎道の写真があり、その下に次のように書かれていました。

Stay hungry, Stay foolish.

筆者の別れの挨拶でした。ハングリーであれ。愚か者であれ。私自身、いつもそうありたいと思っています。そして今、卒業して新たな人生を踏み出すあなた方にもそうあってほしい。

Stay hungry, Stay foolish.」

◆人生の意味を変え、未来を見通す

まるで、もの語り論を講義しているかのようなジョブズのスピーチを紹介しました。すべて、彼自身の経験に基づいた話です。

一つ目の、点と点をつなげる話では、もの語りとは生成的な「むすび」であること、何が何にむすびつくかわからないこと、そのようなもの語りの生成が、未来のもの語りにつながることを述べています。そして、マイナスをプラスに変えるという、アメリカンドリームによく見られる「取り返し」の語りをしています。

二つ目の、愛と喪失の話でも、アップルを追われたマイナスの話をプラスに転換するレジリエンスを語っています。

三つ目の死に関する話は、彼が亡くなった後に聞くと非常に悲しいのですが、あれほどオリジナリティとひらめきにあふれていた人が、自分が影響を受けた前の世代の仕事に敬意を払い、彼らが残した言葉を紹介して自分の話を終えているのが印象的です。

私たちは完全にオリジナルで生きているわけではなく、前の世代の人々の影響や恩恵を受けながら、また次の世代にむすび、新たな生成を生み出す役回りをしています。独創的な開拓者といわれるジョブズですが、死を前にして自分の役割を自覚し、聴衆である次の世代を生きる若者たちに、同じ言葉を異なる文脈の中で引用して、もの語りとして伝えようとしています。

ジョブズのスピーチにも典型的に現れているもの語りの力を、ここで改めて整理しておきましょう。

①時間軸の生成……人はストーリーを語ることで、過去と現在をむすびつけ、未来を見通し、希望を持つ
②人生の意味を変える……人はライフストーリーを語ることでライフ(人生・命・生活)の意味を生成し、自己を変えていく。意味があれば死や病気といった苦難も超えられる
③人と人をむすぶ……人はライフストーリーを語ることで、人と人との共同世界をつくり、世代と世代をむすんでいく。互いにわかりあえれば、世代が違っても、文化が違っても尊重できる

◆経験談はなぜ強いのか

自らの経験談が他の人の経験談を引き出すことを、私が強く実感したのは、学会で「喪失の語り」に関する発表をしたときでした。それまで公の場では語ることのなかった自らの喪失の体験を、話したのです。

私は二五歳のときに、中学校からの親友を出産途中の突然の事故で亡くしています。青春時代のいろんなものをすべて共有し、これからも一緒に歩むはずだった人です。彼女が亡くなったとき、自分の人生もなくなってしまったような気がしました。

この話を学会でしたとき、聞き手の様子がそれまでとは明らかに違ったように感じましたが、それがなぜかはわかりませんでした。しかし発表の後、会場や帰り道の駅で、会場にいた人から呼び止められて、理由が少しわかりました。彼らが、私の話に対する感想や意見を述べるのではなく、自分自身の「喪失の語り」を始めたからです。

親の死、友達との別れなど、喪失の内容はさまざまでしたが、「実は私にも（そうした）経験があって……」と、語り始めました。私の語りが呼び水になって、他の人が次々と活き活きと語り始めたのです。経験談は、情報を得るためのものではなく、聞いた人がそれをもとに自分自身の語りを生み出していく生成的な力を持つのです。

もの語りは情報収集ではありません。聞き手が他者のもの語りを自分と関係させ、インタラクションすることが重要なのです。経験談は、聞き手の経験に共感的に響き、そこから自分自身のもの語りを主体的に生み出しやすくなります。もの語りは生きもの、なまもの、生まれるものです。

自分の人生にとって大きな意味を持つ経験であればあるほど、簡単に人に話すことはできませんが、それをあえて語ることで人の心を動かし、新たな語りを生成する可能性があるということです。もの語りは共同生成されるものなのです。

一方で、語れないものも当然あるし、語らないことが重要なこともあります。むしろ語れることは氷山の一角で、ほとんどのことは水面下にあってわかりあえません。だからこそ、語り合い、通じ合えることが「ありがたい」貴重なものと感じられるのではないでしょうか。

◆「ない」でも「ある」で、負を転換する

ここまで、もの語りによって不幸な経験をプラスに変えて生きる力を、回復力や復活力、それにしなやかさを意味する「レジリエンス」という言葉で表してきましたが、日本の文化の中にもそうした言葉はたくさんあります。「七転び八起き」「塞翁が馬」「明けない夜はない」「冬の後に春が来る」などといったものです。

こうしたことわざや知恵を自分の人生に何かあったときに引っ張り出して、使えるかどうかが重要なのです。

東日本大震災のときに、サンドウィッチマンの伊達みきおさんが書いたブログは、そうした力にあふれたものでし

た。

「全てのお店は閉まっています、信号もありません。でもね、ちゃんとお互い助け合って順番を譲ってあげたりしています、だから変な事故とか争いがありません。みんなスゴイです!!」

店は閉まっているし、信号も「ない」。それなのに、助け合いと譲り合いが「ある」。私はこれを、「ない」でも「ある」の構文と呼んでいます。

このブログの文章に興味を持ったのが、イギリスのインディペンデント・オン・サンデーの編集長でした。そして、翌日の朝刊の一面全面に、「がんばれ、日本。がんばれ、東北」というメッセージを日本語で掲載したのです。きわめて厳しい状況に置かれながら、プラスのストーリーを語ろうとする被災者の姿勢が共感を呼び、単に悲惨さを伝えるのではなく、人々を勇気づけるメッセージが発信され、この言葉は、瞬く間に世界中に広まりました。

そもそも順調なときには、もの語りはそれほど必要とはされません。耐え難い喪失を何とかして埋め合わせようとするとき、もの語りの再構築が求められます。「ない、でも、ある」構文のほかに、もう一つ大きな役割を果たすのが「仮定法」です。F1のレース中の事故で亡くなったアイルトン・セナのファンが語ったものを紹介しましょう。

「もう辛くて辛くてしょうがないから、セナのことは考えるのよそうと思って……。毎日ぼーっとしてたら、本当にボーっとしてて事故やらかしたんだ。セナが死んでから二カ月後くらい後なんだけどさ、自動車でね。本当なら、結構すごいケガをしててもおかしくない状況だったんだ。そう思ったとき、私はすぐに『セナだ』と思ってさ、きっとセナが助けてくれたんだって。セナは遠くから私やファンの子たちを見守ってくれてるんだ、助けてくれてるんだと思ったの」

（やまだようこ『喪失の語り（やまだようこ著作集　第8巻）』新曜社）

彼女は、不幸な交通事故を起こしたとき、「もっとひどいケガをしていたかもしれない」という仮定法を入れることで、自分は「助けられた」「救われた」「見守られている」「ありがたい」というもの語りを生成して、立ち直っていきました。

「もし……なら」と考えることで、イメージを転換し、新しい世界を生成することができます。仮定法は、未来をつくり、その未来が現在を変えていく力を持つのです。「イマジン、想像してごらん」という歌をつくったジョン・レノンのように、私たちはイマジネーションの力で現実を変えていくことができるのです。

しかし、仮定法を「未来」に向けないで、「過去」に向けてしまうことには注意が必要です。「もし、あのとき、あしていればよかったのに」と、取り返しがつかない過去を悔いて辛い悲しいもの語りをつくって、繰り返し自分を責めてしまうことになってしまいます。自分が、このような過去の未練もの語りを語っていることに気づいたら、もの語りを未来に向けて希望を語る方向に転換しましょう。

もの語りとは経験を組織化することだと述べてきましたが、もの語りには経験にとらわれずに、イマジネーションを解放し、自己の体験世界や、現在の世界を超えていく言語ゲーム、あるいは思考実験としての一面もあります。

フランスの哲学者ポール・リクールは『時間と物語』の中で、「もの語りの実践は、われわれが自分にとって異質の世界にすみつくように自分を鍛えるための思考実験にある」と述べています。

また、同じくフランスの哲学者ガストン・バシュラールは『空と夢』で、「人々は想像力とはイメージを形成する能力としている。ところが想像力とは、むしろ知覚によって提供されたイメージを歪形する能力であり、それはわけても基本イメージからわれわれを解放し、イメージを変える能力なのだ」と書いています。つまり、イメージを変えて、未来を変える力こそが、もの語りの生成力であるということです。

自分はこういう人間だとか、うちの会社はこういう会社だというような、私たちが持っているイメージ、もの語りは、イマジネーションによって変形していくことができるということです。もの語りによって描いた未来は現在に働きかけるので、たとえイメージの世界であっても、こういう未来をつくっていこうと思ったとたんに、今が変わっていきます。そのようにして、今、ここへ「希望」という名前のもの語りが運ばれてくるのを感じてみてください。

（講義日：二〇一六年一月一〇日）

推薦図書

▼小森康永・野口裕二・野村直樹編著『ナラティヴ・セラピーの世界』日本評論社、一九九九年。
▼野家啓一『物語の哲学』岩波現代文庫、二〇〇五年。
▼やまだようこ編著『人生を物語る――生成のライフストーリー』ミネルヴァ書房、二〇〇〇年。

［歴史］日本史のつかみ方、武士道と日本人

山本博文（東京大学史料編纂所教授）

◆日本人のルーツと稲作による社会の変化

日本史全般を概観したうえで、武士道を中心に江戸時代の日本人を見ながら、日本人の国民性がどのようにつくられてきたかをお話しします。

原始時代は、旧石器時代、縄文時代、弥生時代、古墳時代の四つに分類されます。およそ四万年前に、陸続きだった大陸から日本列島へと、ナウマン象などを追いかけて人々がやってきます。日本固有の縄文時代になるのは一万二〇〇〇年前。紀元前四〇〇年ぐらいから弥生時代、三世紀後半に古墳時代となります。

日本人のルーツは大陸からやってきて非常に長い時代、形質の変化を遂げながら日本列島上で暮らしてきた人々、つまり、弥生時代までに日本列島に住んでいた、いわゆる「倭人」にあると考えていただければよいでしょう。

縄文時代の後期、朝鮮半島内部から水稲耕作が伝来すると、社会は激変します。その特徴は「水田」「武器」「環濠《かんごう》」の三つです。縄文時代にも、イノシシやシカを狩って食べるために槍などはあったのですが、人を殺す道具としての武器が出てきたのは、弥生時代です。環濠とは、住んでいる集落を濠で囲んで防御するもの。人を殺すための道具を作り整えるという行為に見られる対人観。問題の解決に暴力を用い、それに備えて守りを固めるという行動理念。こうしたものが弥生時代の社会の軸になりました（松木武彦『列島創世記（全集日本の歴史 一）』小学館）。これは階級社会の

始まりともいえますが、それ以前に、自分たちを守る、敵対する人間は攻撃するという目的を達成する中で、急速に集団が統合される時代になったのです。

こういう社会は、経済上の独占や政治上の統制を積極的に推し進める支配的な性向の文化を持ちます。日本列島に住んでいた人間の中にはなかった、中国大陸の「文明」型文化が入ってきたのです。その結果、自分を守るものを蓄積し、その中で有力者が出てくるというように、日本社会が動き始めました。

◆大王の出現

古墳時代には、大きなお墓を造る勢力が現れます。三世紀末から四世紀頃に、邪馬台国などの国ができ、そこを統合する王が生まれたのです。その後の長い過程を経て、「特定の一族の血筋しか大王ではない」という状況になっていきます。

『古事記』や『日本書紀』によると、天皇家は応神、仁徳、履中と続き、その後、武烈のところで系図が切れ、群臣が応神天皇から五代目の孫を連れてきて大王とします(継体天皇)。大王の系譜が途中で切れたとしても、同じ血筋から連れてこないと収まりがつかない。群臣とは全然違う家系として認められていることがわかります。

天皇家(大王家)はとにかく直系を重視します。父子相続ですが、母親が皇女であるのが直系、そうではない母親から生まれた子は正統な跡継ぎになる資格がないという観念が非常に長く続きます。厩戸皇子(聖徳太子)が天皇ではなく摂政だったのも、父親の用明天皇が蘇我稲目の娘の子で、直系ではなかったからです。

YAMAMOTO Hirofumi

1957年岡山県生まれ。80年東京大学文学部国史学科卒業、82年同大学大学院人文科学研究科修士課程修了(国史学)。92年文学博士号取得(東京大学)。東京大学史料編纂所助教授などを経て、2001年より現職。同大学大学院学際情報学府教授を兼務。専門は日本近世史。主な著作:『江戸お留守居役の日記——寛永期の萩藩邸』(講談社学術文庫)、『歴史の勉強法——確かな教養を手に入れる』(PHP新書)、『歴史をつかむ技法』(新潮新書)など。

また、六四五年、中大兄皇子によって蘇我蝦夷と入鹿が殺害された乙巳の変は、『日本書紀』などに蘇我氏が天皇家（大王家）を覆そうとしたと書かれています。しかし、おそらく中大兄皇子に皇位への野望があったのでしょう。中大兄皇子も正統な皇子ですが、当時は蘇我氏の系統の皇子のほうが皇位継承順位は高く、それを一気に覆すには蘇我氏を排除するしかなかったと、今では考えられています。

奈良時代にも、わずか一〇〇年にも満たない間に、長屋王の変、藤原広嗣の乱、橘奈良麻呂の変、恵美押勝の乱など多くの政変が起こっていますが、いずれも皇位継承争いがもとになっています。

奈良時代に至って、大王家とその群臣がどう歩みを進めてきたかという歴史書が編纂されるようになりました。『日本書紀』は、強い統一国家ができ、その正統性を歴史に保証を求めるという発想で書かれています。

この時代は律令国家が成立した時代、つまり、中国の律（刑法）と令（政治制度）を受け入れた時代ともいわれます。ただし、かなり日本化されているので、中国の制度をもとにして日本の制度をつくったと考えたほうがよいでしょう。民衆は竪穴式住居に住み、未開がまだ続いている時代の中で、中国の律令という先進的な制度をそのまま移植したので、国家制度の文明性と大地に残る未開の野性が、この頃の日本の特徴になります。

◆ 貴族社会の出現

平安時代の前期に国史の編纂が中断したことは、国家の体質が大きく変化したことを示しています。これ以降は、『大鏡』などの個人が和文で書いた歴史書が出てきて、歴史を研究する一つの材料になります。それから、貴族社会が成立して儀式を中心として政治が動くようになると、貴族が儀式を行うためのプロトコルとともに、自分の感情なども日記に書き残すようになります。たとえば、摂関時代の最盛期にあった藤原道長は『御堂関白記《みどうかんぱくき》』を残しています。

平安時代は、すべての土地は国家（天皇）の土地であり（公地公民）、そこから口分田を割り当てて税を徴収するやり方が崩れていく中でつくられた国家体制（王朝国家）です。寛平・延喜に国政改革が行われ、「受領《ずりょう》」という役職を用いて国内支配の立て直しが図られます。

それまでは、諸国には国司を派遣し、その地域から税を取って、中央に持ってくるという律令制でした。それが、受領は現地に下って自分の裁量で税を取り、その一部を国家に上納するようになりました。ただし、受領を任命するのは摂関家なので、再び国司として派遣してもらえるよう、集積した富を賄賂として摂関家に送って承認をもらいます。これは「負名《ふみょう》体制」と呼ばれるものです。もともとは国家の公田だった土地について、税金を払う人間（現地の富豪層など有力者）の名前が国家の帳簿に登録され、納税責任を負う。つまり、律令国家が崩れたというよりは請負制となり、請け負った富が中央に集中し、新しい支配体制が成立するのが、後期王朝国家の特徴です。

天皇を退いた上皇が政治を執る院政期になると、荘園整理令を出して、公領（もともと受領たちが支配していた国家の土地）と荘園をどちらも正式に認める体制が成立します。これは地方における在地領主制の成長とほぼ足並みを揃えています。そして、ここから武士が生まれてくるのです。

◆武士の誕生

武士というと、地方の有力者が支配地（田地など）を広げ、それを脅かす勢力に対して武装し、武力で自分の支配地を守るという武士像を想い描くことが多いのですが、実際はそうではありません。地方の税金（調や庸）を京都に運ぶ業務「運京」を代行することで、富を蓄積してきた連中が「途中で、納めるべきものをすべて盗賊に奪われました」と報告し、自分のものにするようになります。

そのように、お互いに物を奪い合えば、秩序が乱れます。また、こうした群盗を放置すれば、国家に税が入らなくなります。そこで、反乱を鎮圧させるために、国司が中下級貴族を押領使や追捕使という役職に命じ、公的な人民を組織して武士団をつくって取り締まりに当たらせたのです。下級貴族はそうした業務に携わるうちに、やがてその地域に土着し、公的な人民を自分の私的な武力として支配するようになります。

こうした人々は、政府の命を受けて盗賊の鎮圧のために行動してくれるので、受領にとってはありがたい存在です。しかも、受領は四年ごとに代わります。新しい赴任地で地域の有力者を手なずけて自分の軍事力として使うことで、治安を維持し、スムーズに税を徴収できるのです。こうして、武士団の首領たちは公認の存在となっていきました。

大規模勢力が武装化し、中央の支配下から離れていったのが武士だと考えられがちです。しかし、もともとは国家の役職者であり、地元に留まって国司の命令で動員され、国家の軍事力を担う存在として誕生したのが武士です。その一部は京都で貴族のボディガードとして仕えたため、「さぶらい」と呼ばれました。

◆なぜ院政が始まったか

一一世紀末、中央では、摂関政治から院政へと変わりました。これは、深い政治的な意味があったのではなく、天皇家の都合によるものです。

後三条天皇は傍流の白河天皇に譲位した後に、かわいがっていた実仁《さねひと》親王を皇太弟とし、正統な権力の後継者にしようとしました。ところが、後三条の死後、白河は実仁に皇位を譲らず、実仁が死去すると、自分の長男(堀河天皇)に譲位し、自分の皇統を始めたのです。

堀河が死去すると、その息子が鳥羽天皇として即位しますが、白河は鳥羽まで譲位させて、鳥羽の長男(崇徳天皇)を即位させせます。白河は鳥羽の皇后である璋子(待賢門院)と男女の関係にあり、その間に生まれた子ども(崇徳)を天皇に就けたのですから、非常にスキャンダラスな話です。こんなことは学校で教えませんが、院政が始まったのは、白河が自分の直系をつなげようとしたからなのです。

　白河の死後、鳥羽上皇は崇徳を譲位させて、自分の確かな息子である体仁《なりひと》親王を近衛天皇とします。近衛が早くに死去したため、崇徳と同母の雅仁親王を即位させますが（後白河天皇）、鳥羽の本命は雅仁の息子、つまり自分の孫に当たる守仁親王を天皇にして自分の皇統を続けることでした。

　その後、鳥羽上皇が死去すると、崇徳は自分が新たに院政を敷いて、自分の皇統を後に続けていく資格があると考えます。これに対し、後白河はあくまでも自分の地位を守ろうとする。この両者の間で、一一五六年、武士を使って争う保元の乱が起こったのです。

　保元の乱は、武士の権力が非常に強くなった節目の戦いとされることが多いのですが、もともとは天皇家の都合による争いに動員されただけで、その後の平治の乱も後白河上皇の側近たちの争いにすぎません。そこで勝利した平清盛が非常に力を持ち、朝廷の高位高官に上っていきますが、それに対する反発が出てきて、平治の乱で流されていた源頼朝が関東で蜂起して鎌倉幕府を樹立するのです。

◆鎌倉幕府の成立

　今の教科書では、この鎌倉幕府の成立は一一八五年となっています。

　これは守護・地頭を設置した年であり、頼朝の政権が全国政権になった指標だとする考え方です。他にも幕府の始まりについて、頼朝が武家の最高位である右

図表1｜院政期の天皇家略系図

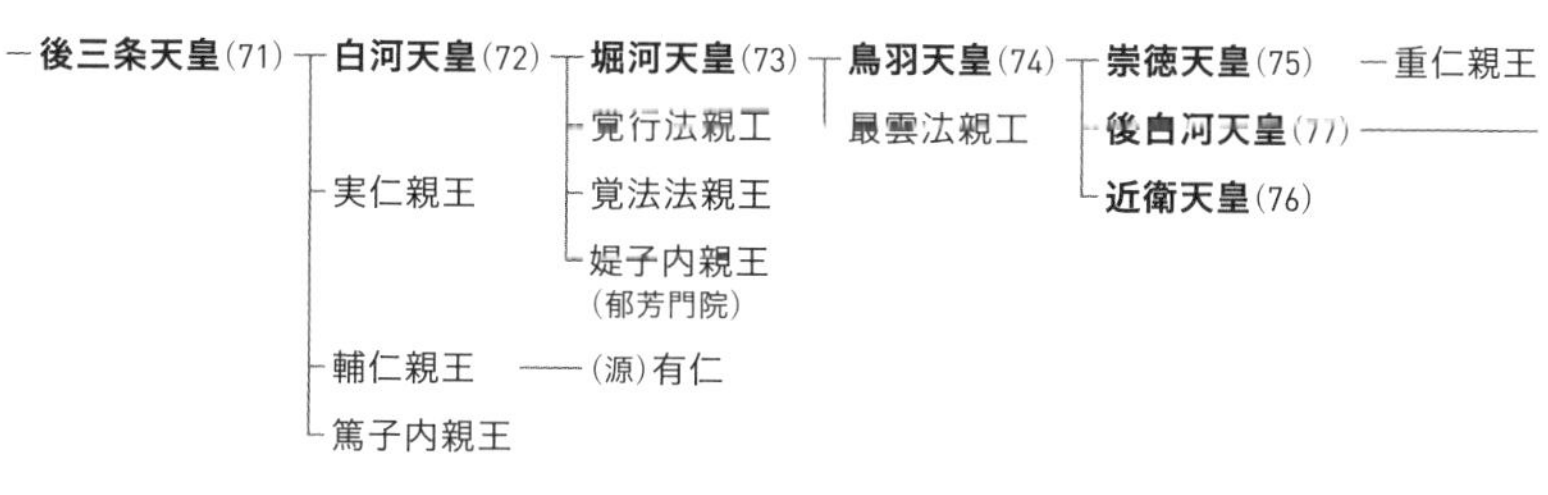

近衛大将になった一一九〇年、幕府の主権者の印である征夷大将軍になった一一九二年、あるいは、源頼朝が南関東（鎌倉）で軍事政権を樹立した一一八〇年とする説などがあります。いずれにせよ、一一八〇年に軍事政権を樹立した頼朝が、朝廷の許可を得て征夷大将軍にまでなり、関東で政権を築いたというのが正しい書き方になるでしょう。

全国の荘園と公領に置かれた地頭は警察力となって、貴族や天皇に代わって税金を徴収し、上納金を納めます（地頭請《うけ》）。当時の貴族たちは自分では荘園支配がままならないので、毎年一定額の年貢が入ってくるだけでもありがたい。このため地頭による荘園や公領の侵食が進んでいきました。

ただし、荘園や公領の権利が前提になっているので、地頭はその一部を自分のものにするけれども、全部を取るわけではない。地頭がその地域を簒奪すれば、地頭職を解かれてしまいます。このため、侵食されても、朝廷と貴族の政権は維持されていました。鎌倉時代までは、武家政権といっても、朝廷の力が強く、政体として続きます。実質的に、朝廷と貴族の政治体制を支えるものとして、武士があったという捉え方が正しいと思います。

◆鎌倉幕府はなぜ倒れたのか

鎌倉幕府がなぜ倒れたかというと、再び天皇家の事情が絡んできます。後嵯峨天皇の後に、皇統が持明院統と大覚寺統の二つに分かれます。後宇多上皇は持明院統に皇統を渡したくないがために、大覚寺統の嫡流ではない後醍醐をかませてから、皇太子の邦良親王を皇位に就けようという姑息なことを考えました。

後宇多が亡くなると、邦良親王は自分に早く位を譲れと言い、持明院統は「今度は自分たちの番だから皇位をよこせ」と後醍醐天皇に譲位を迫ります。ここでの妥協線は、邦良親王が後醍醐から皇位を受け継いで即位し、その皇太子に持明院統の嫡流である量仁《かずひと》（光厳天皇）を置くこと。そうすれば両統が続きます。両統での王位継承は、天皇家と幕府の間での合意事項だったのです。

ところが後醍醐は、自分が一代限りの王というのは断じて容認できず、傍流であっても自分の皇統を続けるためには、邪魔な幕府を倒せばよいと蜂起します。当時の人の表現では「聖主ノ謀反」、天皇自体が謀反を起こしたと言われています。天皇個人が「両統での王位継承」という国家の大典をないがしろにしたと、当時の人が捉えるような動きだったのです。

それにもかかわらず、後醍醐に賛同する人間が全国に次々と出てきます。新興の武士勢力の楠木正成などもその一人です。幕府の体制が続くと、自分たちの頭を押さえられるので、神聖なる天皇が反乱を起こしたなら追随しようと考えたのです。そうした勢力が増えてきて、鎌倉幕府の有力者であった足利尊氏も後醍醐側につき、幕府を攻撃します。政権を握る北条家の嫡流である得宗家だけが優遇され、御家人が圧迫されていたなどの事情もあって、一三三三年、鎌倉幕府は滅びることになりました。

一方、後醍醐天皇は天皇が中心になるべきだと、尊氏などを押さえつけます。そのため、天皇に従おうと思っていた尊氏が反旗を翻します。こうして後醍醐天

図表2｜鎌倉時代末期の天皇家略系図

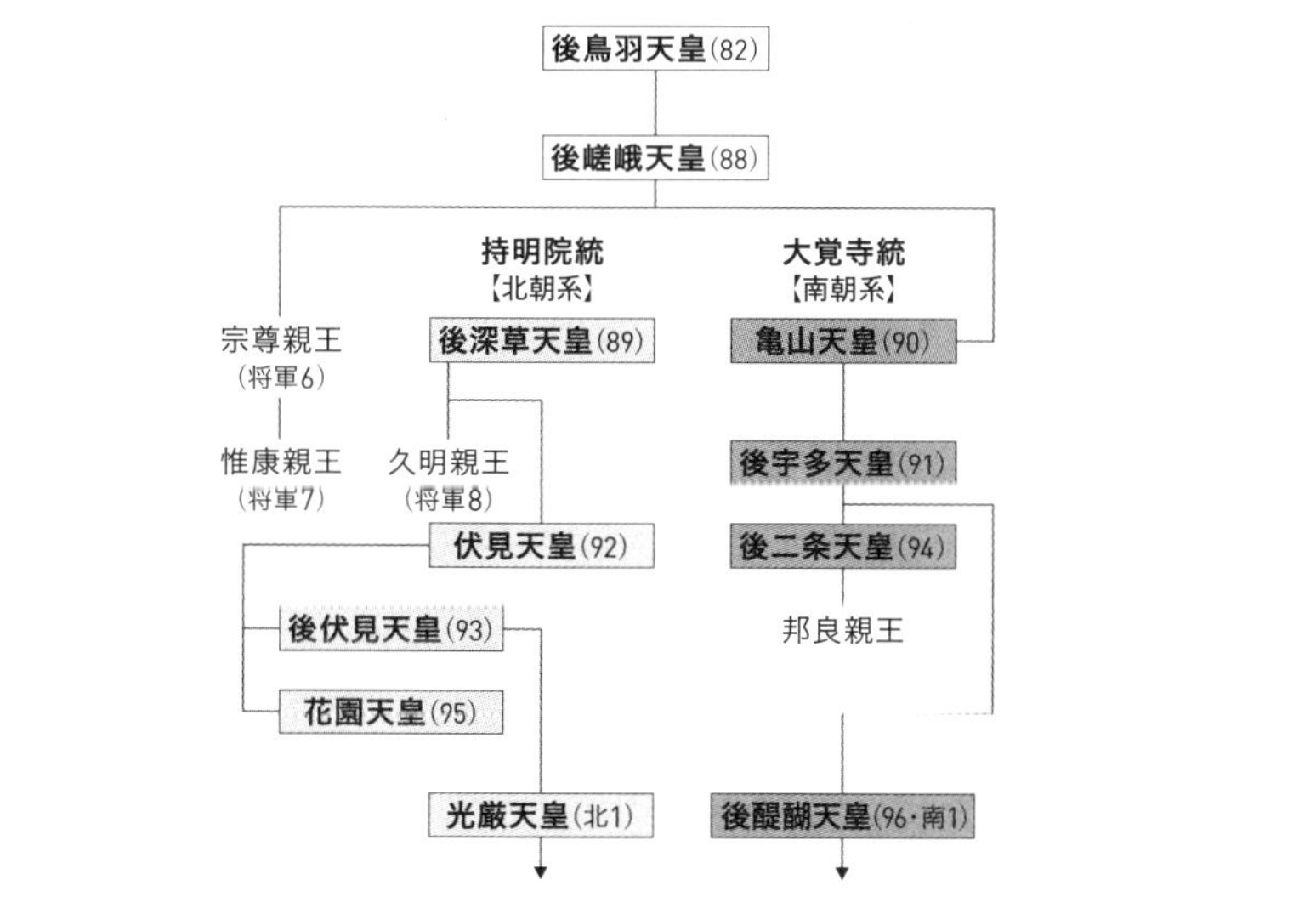

皇は吉野に移り、南北朝の内乱が起こったのです。

歴史学者の網野善彦さんは、日本社会を考えるときに、この南北朝の内乱が非常に大きいと指摘しています。日本は農業社会であることを前提に考察されてきたが、実は非農業民も重要な働きをしている上に、農業民自体もまだ定着していない部分があった。ところが、南北朝の内乱を機に、いろいろな社会の転換が起こる中で農業民の定着が始まった、というのです。

南北朝の時代から戦国時代まで、在地の漂泊から定住への動きがあり、社会構造そのものも変わっています。それと同時に、政治を行う人間の認識にもかなり大きな変化があったと考えられます。

◆戦国大名と天皇

戦国時代の始まりは北条早雲といわれています。早雲は室町幕府の政所《まんどころ》執事の家に生まれましたが、中央ではうだつが上がらず、妹の嫁ぎ先の今川家に協力することで一城を与えられました。その城を根拠に四方の地域の武士を服属させ、戦国大名に成り上がるのです。誰かが成り上がると、今度はそれに追従する人が出てきます。早雲は直臣の他に国衆（地頭や在庁官人など、その国に居住する武士）を組織し、領国を統治するようになりました。

戦国大名同士の争いでは、いったん負け始めるとあっという間に崩れていきますが、これは直属軍団の他に、負けそうになるとすぐに離反する国衆を軍団として持っているからです。離反した国衆は新しい支配者が入ってくると、家臣団として採用してもらいます。たとえ敵対している人の家臣でも取り立てて、その地域を支配していくのが、戦国時代のあり方だったのです。

織田信長は朝廷を圧迫して、正親町《おおぎまち》天皇に譲位を強要して非常に憎まれたという説が昔からありました。しかし実際には、朝廷は信長を自分のパトロンとして非常に大切にしています。戦国時代の間、朝廷は非常に苦しい生活を送っていましたが、信長の出現によって一変します。保護してくれる存在が現れたのです。従三位、権大納言、右大将、内大臣、右大臣と、信長に次々と官位を与えて、「あなたに頼ります」というのが朝廷の姿勢でした。したがって、信長が天皇を圧迫した、あるいは、信長対朝廷といった捉え方は間違っていると私は見ています。

それまでは朝廷や天皇の都合で社会、歴史が動いてきましたが、戦国時代以降、朝廷は信長をパトロンとして頼り、政治にほとんどその影響を及ぼさなくなります。つまり、ここで、朝廷が日本の主君でなくなり、全くの名目的な存在となるという、大きな歴史的な転換があったのです。

信長、秀吉、家康の形成した国家は、日本における新しい形の国家でした。朝廷は、新しい国家体制に扶養されながら、京都御所を中心とした天皇と摂関、貴族層で続く旧王朝として残ります。ごく小さな国家の残滓のようなものですが、武家政権の正統化を保証する権威として組織が存続します。のちに江戸幕府の体制が弱体化すると、他の人間がその権威に頼ることになります。それだけ根強い存在だったのです。

このため、秀吉や信長は天皇家を滅ぼそうとしませんでした。実力で政権をとった自分たちは、実力がなくなれば滅びます。そこで自分たちの支配を正当化し、権威として保証してくれるものがあるとしたら、朝廷や天皇しかない。そのように大切なものを滅ぼしたら、自らが正当性を失うとわかっていたのでしょう。

◆環濠のない社会が示すもの

この南北朝から戦国という時代に、日本の社会も大きく転換します。弥生時代に、自分たちの地域を濠で守るという「環濠」というものが出てきましたが、戦国時代にも環濠集落ができました。

実は、この二つの時代を除いて他の時代には、環濠というのはありません。環濠を造って自分たちの共同体を守らなくても、国家が守ってくれる。つまり、弥生時代の環濠集落の後に生まれた大王の支配、律令国家につながる国家の支配は、その地域を国が守る体制をつくってくれたのです。そういう権威や権力が弱くなって、自分の身は自分で守らなくてはならなかった戦国時代に、特に畿内を中心に、再び環濠が生まれてきたのです（尾藤正英『江戸時代とはなにか――日本史上の近世と近代』岩波書店）。

江戸時代になると、統一政権ができます。何か問題が起きたら、中央の政権に訴え出て、解決してもらえる。だから、環濠を造る必要もなくなったのです。

古代と近世に統一政権ができた時代に、国がすべての国民を守るという体制が曲がりなりにも実現していたことを、環濠のない社会は証明しています。したがって、自分を守ることは国に任せておけば大丈夫だと考えてきた日本の国民が、そういうことでは生きていけない過酷な国際情勢の中で生きている他の民族・国家とは、発想が全く違うのは当たり前のことなのです。

◆武士道の教え

ここで視点を変えて、新渡戸稲造の『武士道』と、外国人が見た日本人の特質について取り上げます。それが特徴的に現れるのが大災害のときであり、日本人とはどういうものだったかについてお話ししたいと思います。

『武士道』は、新渡戸が三八歳のときに英語で書いたもので、「The Soul of Japan（日本人の魂）」という副題とともに、一九〇〇年にアメリカで出版されました。ヨーロッパ各国でも翻訳書が出て、世界的なベストセラーになります。日本では、一九三八年に矢内原忠雄による翻訳が岩波文庫で出ています。

新渡戸は、武士道は戦いの思想ではなく、道徳の体系だと述べています。執筆するに至ったきっかけも、ベルギーの学者から「宗教教育がないのに、日本人はどうやって道徳を身につけるのか」と聞かれたことにありました。本の構成は、武士道の源泉を説明した後、義や勇気などの武士道の徳目、武士道の現状、今後どうなるかが書かれています。

新渡戸が武士道の源泉として挙げるのは、仏教、神道、儒教など。なかでも儒教は、江戸時代の武士が政治家のたしなみとして学ぶものでした。このうち孟子の理論は人民主義的で、主君が間違っていたら、諫言や異を唱えて主君を正せ、といった能動的なものも含まれていました。

◆武士道の徳目

新渡戸が選んだ武士道の徳目は、「仁義礼智信忠孝悌」という儒教の徳目をベースに新しいものを加えて「義勇仁礼信名誉忠克己」としています。

義は、人間が踏み行わなければいけない人の道。勇気は、いかなる困難なことがあっても正義を行うために必要だとしています。仁は、愛情や寛容、他者への情愛、同情、憐憫などで、武士は相身互いだと教えます。礼はものの秩序、道理を正しく尊重すること。信はその礼を支える武士の規律。武士は、いったん口に出したことは絶対に守らなくてはなりません。そして、名誉こそが武士の特徴です。忠義は目上の人に対する服従と忠実であること。克己はそこで忍耐をすることです。この構造を

図表3 | 新渡戸が選んだ武士道の徳目

仁義礼智信忠孝悌（儒教の徳目）

↕

義勇仁礼信名誉忠克己（新渡戸『武士道』）

- **義**：人の道
- **勇気**：義をなす力
- **仁**：愛情・寛容・他者への情愛・同情・憐憫
- **礼**：ものの道理を正しく尊重すること
- **信**：礼を支える規律（武士の一言）
- **名誉**：武士の特徴
- **忠義**：目上の人に対する服従・忠実
- **克己**：忍耐すること

私なりに整理したのが、図表4です。

　第二次世界大戦中、天皇への忠義、国家に対する忠誠心が宣伝されたことで日本は大きな失敗をしたことから、戦後、忠はあまり好ましくないと言われるようになりました。しかし、武士道が説く忠は、忠を果たし義の行動（正しい行動）をとること自体が目的ではない。それが人間の道であり、名誉である、という構造になっています。要するに、自分の名を守ることが一番重視されているのです。

　名誉は恥の感覚でもあり、笑われる行動をとるな、恥ずかしい行動をするなという教育を受けます。これは、自分の中の道徳心ではなく、他人を気にすると捉えられる一面もありますが、そういう行動をしてはいけないという自分の倫理だと思います。

　忠義は、上の言うことをそのまま聞くことではありません。今の企業社会でも、一番偉い社長の周辺にいて、お追従を言う人間は、周囲の部下から信頼されません。自分が正しいと思ったら、社長が何を言おうが、これが正しいと言う。それがあるべき姿だとするのが忠義であり、上のためを思って行動する能動的なものです。

　ただし、それが間違っていると大変です。たとえば、幕末に日本が開国して外国と付き合わなくてはならなくなると、命を

図表4｜『武士道』の徳目の構造

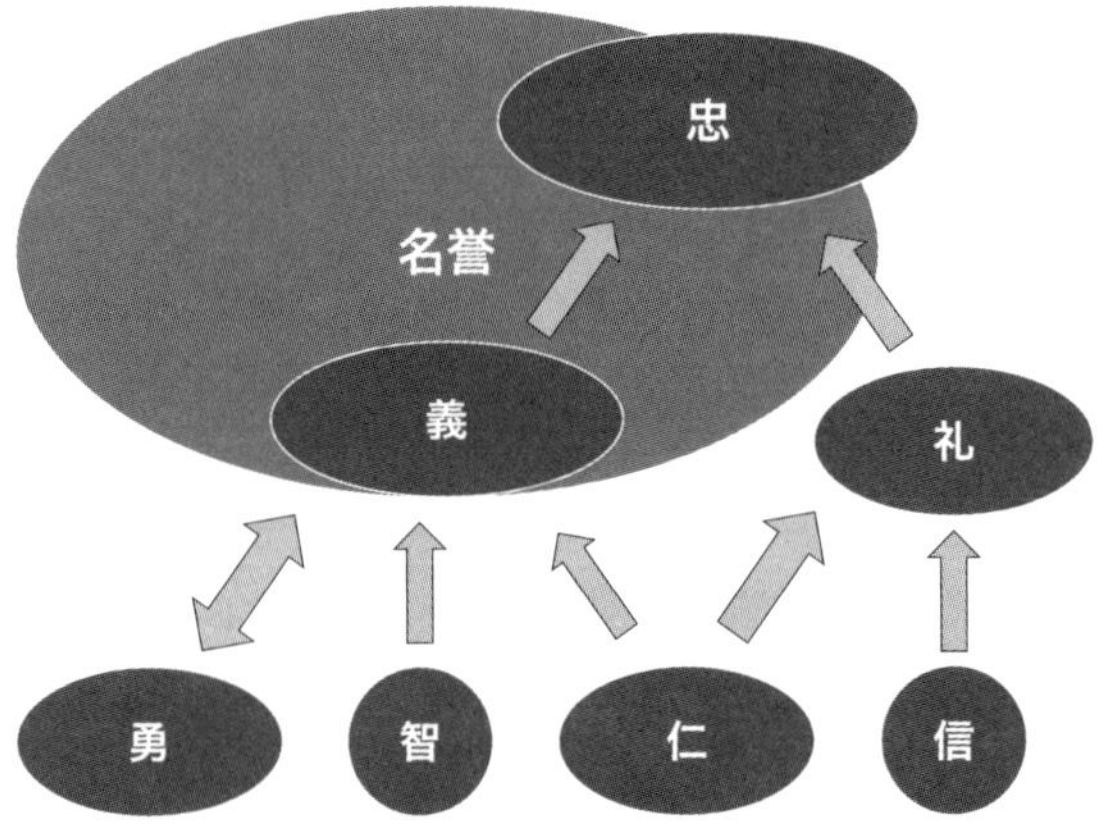

懸けてでも攘夷の運動をする連中が出てくる。これは、自分の意志で正しいと思ったことを行うのが武士として最高の価値だということが、前面に出てきたのだと思います。

忍耐の精神は非常に日本的な特徴で、ものも言わずに耐えること。そして礼の教えでは、私たち自身の悲しみや苦痛を表すことで、他人の快楽や静穏を損なってはいけないと要求します。この両者が結合してストイックな気質を生み、日本人はとにかく我慢する、自分の悲しみ、苦しみを外に出さないという、国民的性格を形成しました。

新渡戸の考えでは、武士道の徳目が一般民衆の道徳レベルを引き上げたとされます。武士道は非常に素晴らしいものなので、民衆からも追従者を生み、日本に武士道的な思想が行き渡ったのだと。したがって、新渡戸の武士道論は武士の作法ではなくて、日本人のことを述べた日本人論といえます。

帯刀する武士たちを育んできた封建社会がなくなり、武士道もなくなりつつあるけれども、日本が明治維新で変貌し、日清戦争で勝利したことこそ、武士道が生きている証拠だ。日本人は非常に小柄で、国力も小さい。しかし、外国から侮りを受けることを拒否し、不平等条約の中でも、名誉を守ろうという気持ちがあったからこそ、努力に努力を重ねて大きな戦争にも勝利した。この勝利こそが武士道的な思想によるもので、武士道が生きている証拠だと、新渡戸は主張しています。

◆海外宣教師の目に映った日本人像

新渡戸の考え方では、武士の道徳が庶民にも影響したとありますが、これは本当にそうなのでしょうか。そこで、武士社会が始まる戦国時代から江戸時代の初めにかけての日本人がどういうものだったかを少し見ていきます。

たとえば、イエズス会の宣教師フランシスコ・ザビエルが日本人をどう思ったか。アフリカ経由でインド、東南アジアに行った彼が、これまで見てきた中で、最高の国民だと絶賛しています。当時は戦国時代で、みんな貧しかったのですが、それを恥とは思っていない。非常に善良で悪意がない。

ただし、名誉心が非常に強く、侮辱や軽蔑の言葉には黙って我慢しない。武士は主君に従い、農民たちも武士を尊敬しているが、それは上から暴力で抑えつけられ、反対すれば厳しい処罰があるから嫌々従っているのではない。主君のために死ぬことが名誉だというモチベーションで仕えている。つまり、忠義は自分の名誉を守るものだとザビエルは観察しており、新渡戸の書いた忠と名誉の関係とほとんど一致しています。

三四年間、日本に住んだ、同じく宣教師のルイス・フロイスの『フロイスの日本覚書』では、ヨーロッパ人、特にポルトガル人にとっては、財産を築き、家を建て、子孫にそれを譲っていくのが人生の目的であり、運悪く財産を失ったり、自分の努力の結晶である家が焼けたりすれば泣き叫ぶが、日本人は全然動揺している様子がないと驚いています。日本人は盗みを嫌い、物を出しておいても盗まれないとも指摘しています。

今でもよく、日本では携帯電話や財布をなくしても戻って来ることに、海外の人は驚くという話がありますが、盗みを嫌う特徴は戦国時代からあったようです。自分の感情を隠すために笑うことは、不真面目だというのが外国人の見方ですが、日本人はそのこと自体が高尚なことだと考えているのが不思議だともあります。

イエズス会で通訳をしていたジョアン・ロドリーゲスも、日本人は非常に名誉心が強く、そのために簡単に命を捨てるのも厭わないこと、自分の利害のために嘘はつかないこと、自分の悲しみや苦しみを表に出すことで相手を不快な感覚にしないように、感情を抑えることなどを指摘しています。

◆災害時の日本人の行動

江戸時代末期の一八五五年一〇月二日、関東地方でマグニチュード六・九という安政の大地震が起こりました。その一年前に起こった安政の東海大地震は駿河湾から遠州灘沖を震源とする海底地震で、東海地方に甚大な津波の被害を与えています。さらにこの地震の三二時間後に南海地震が起こり、大坂や土佐の町が被災します。

地震の前後に下田に滞在していたアメリカ人のアダムズ中佐は、このとき日本人の特性を感じています。これだけの災禍がありながら、落胆せず、不幸に泣くこともなく、やるべき仕事に取りかかり、意気阻喪することもほとんどない。反発力があるというのです。

もともと日本は災害の多い国であり、そこで悲しんでいても仕方ありません。運命として受け入れて、今やるべきことを考えることが、ずっと日本人に要求されてきた。それが当然だったから、こうした行動をとったのでしょう。自分の内面的な感情を外に噴出させて、相手の気持ちを乱すようなことはしない。不幸は不幸として受け止め、やるべきことをやる。それが、民衆の姿であるわけです。

これはいわゆる武士道の道徳「克己」につながります。新渡戸は日本人の美徳として、名誉心と忍耐心を挙げていますが、ザビエルの時代以降、武士だけではなくて、末端の人間まで名誉心と忍耐心という気質を持っている。それは日本人の国民的気質だと認めてもよいと思うのです。

◆歴史の歩みから生まれた国民的気質

では、こうした国民的な気質は、どのようにつくり上げられてきたのでしょうか。日本人のたどってきた歴史を見ると、弥生時代と戦国時代を社会の転換点だとすると、「共同体は国が守ってくれる」「国は昔からあるもので、将来まで永遠に続く」という感覚を持っているのだと思います。「いつ国がつぶれるかわからないから、自分の身は自分で守らないといけない」とは考えないのが、日本人なのです。

少し前になりますが、ハーバード大学のマイケル・サンデル教授が、ハリケーンに遭ったニューオリンズで、屋根の修理屋が五〇倍の料金を吹っかけたが、これは人の弱みにつけこんだ悪徳商人なのか、資材の調達費用が高くなったから当然の消費行為の結果なのかと、アメリカ人の学生に問いかけて議論をしていました。日本の学生たちは、こんなことを聞かれても、おそらく戸惑うだけでしょう。

たとえば、二〇〇四年の新潟県中越地震のときに救援物資がなくなって孤立した山村がありました。そこのスーパーは野菜を二〇〇〇円分詰め込んで、四〇〇円で売りました。「困ったときはお互いさまだ」と、商行為とは違う行動をとったのです。阪神・淡路大震災のときには、山口組が炊き出しをしました。東日本大震災のときにも、略奪が起こらなかった――日本人としてはそれが当たり前だったのです。言い換えると、当然の商行為だと正当化すればいいというアメリカ的な発想とは全く違っていて、サンデルの問いが発生すること自体が理解できないような国民なのです（高山正之『変見自在――サンデルよ、「正義」を教えよう』新潮社）。

その理由は、旧石器時代以来、たどってきた歴史の歩みが影響しています。外から強大な勢力が来て蹂躙される恐れのある世界に暮らしている人間と、外国の侵略のことは考えなくても何となく暮らしていけた日本との地政学的な違いや歴史の歩みが、感覚、思想、倫理にも影響しているのです。したがって、日本人の今の倫理観や考え方の違いを考えていくうえでも、歴史を深く比較しながら学んでいくことが大切だと思います。

（講義日：二〇一六年二月一三日）

推薦図書

- 山本博文『歴史をつかむ技法』新潮新書、二〇一三年。
- 山本博文『流れをつかむ日本の歴史』角川書店、二〇一六年。
- 新渡戸稲造『現代語訳 武士道』山本博文訳・解説、ちくま新書、二〇一〇年。

【経済】

イノベーションと経済成長

吉川 洋（立正大学経済学部教授）

◆金融政策をめぐる誤解を解く

第二次安倍政権がアベノミクスによるデフレ脱却をめざす中、日本銀行は二〇一三年四月に量的にも質的にもかつてない規模の金融緩和に踏み切りました。日本が長期に及ぶデフレーションから脱却するためには大胆な金融緩和を行い、物価上昇に対する期待に働きかける必要がある。これがリフレ派といわれる人の主張でした。

その評価については後ほど触れますが、その前に金融政策に関する誤解を解いておきたいと思います。テレビの経済番組を見ていたら、「金融緩和とは日銀券の発行を増やすことです」と解説委員が話していて、非常に驚いたことがあります。しかし、輪転機をフル回転して一万円札をはじめとする日銀券を世の中にたくさん供給するのが金融緩和策であるという誤解は、テレビだけでなく一部の政治家の間にもあるようです。

結論から言えば、日銀券は金融政策に関係ありません。マネーには日銀券と硬貨からなる現金通貨と預金通貨がありますが、全体の九十何パーセントを預金通貨が占めているので、マネーといえばほぼ預金通貨のことだと考えて差し支えありません。

これを預金者が必要な分だけ引き出す、つまり現金通貨に換える需要に応じて日銀は日銀券を発行します。個人や企業が現金が必要だと言えば一万円札を出して、いらないと言えば引っ込める。この点において日銀は百パーセント受動的で、需要もないのに一万円札を大量に印刷しても金融緩和にはつながりません。

ただし、日銀が行う金融政策ではなく、政府の財政政策としてマネーをばらまくことは、良い悪いは別にして可能です。現に赤字国債を発行してそれを財源に減税する、地域振興券や子育て支援金を給付するといったばらまき政策は、これまでにも何度となく行われてきました。空からばらまくがごとく市中にマネーを供給するので、「ヘリコプターマネー」と呼ばれることもあります。

それでは金融政策とは何なのかというと、こういう仕組みになっています。まず市中銀行のアセット（最も典型的なのは国債ですが）を日銀が購入して、その代金を市中銀行が銀行間決済などのために持っている日銀当座預金に振り込みます。その結果、日本銀行が供給する通貨、すなわちマネタリーベースが増える。このマネタリーベースを二年で二倍以上にする目標を掲げたのが「異次元緩和」です。

◆需要不足がデフレ脱却を阻んでいる

その結果、確かに二〇一三年からの一年間だけでもマネタリーベースは約九〇兆円増えましたが、問題はその先です。企業や個人と対面して民間のマネー（マネーストック）が増えるようにするのは、日銀からバトンを受け取った市中の民間銀行の役割だからです。

それでは、どういう場合に民間の預金が増えるのでしょうか。それは一つしかありません。銀行が企業なり個人なりに貸し出しをする場合です。いや、毎月の給与が振り込まれれば私の預金は増えるじゃないかと考える方もいるでしょうが、その分、勤務先の企業の預金残高が減っているのでプラスマイナスゼロとなり、マクロで見ればマネーは増えていません。

これに対して仮に二〇〇〇万円の住宅ローンが貸し出されれば、融資を受けた人の預金残高が増えるまでは給与の場合と同じですが、銀行のバランスシート上には負債である預金と資産である貸出金二〇〇〇万円がそれぞれ計上される。このときに初めて日本経済全体で二〇〇〇万円マネーが増えたことになります。

裏を返せば、バブル崩壊後にこぞって行われたように企業がせっせと借入金を返済して無借金経営をめざせば、マネーストックを減らす要因になるということです。それでは異次元緩和によってこうした流れをくい止めて、企業への貸し出しが増えてマネーストックが増えたかといえば、ほとんどそうはなっていません。日銀はアクセルを思い切り踏み込んでいるのに、需要がないために前へ進まない状況です。

モノに比べてマネーが足りないと物価が下がるのだから、デフレを止めたければマネーを増やせばよいというリフレの主張は、通常の状況下であれば、金利が低下する限りにおいて、ある程度当てはまります。しかし、現在のようなゼロ金利の下で量的緩和が経済に与える効果はきわめて限られています。これ以上金利が下がらない状況でマネタリーベースを増やしても、需要不足のままでは、そこから先の効果は期待できないということです。

需要には一時的、場当たり的な需要と、持続的な経済成長に結びつく需要があります。道路に穴を掘って埋め戻しても需要が生まれてGDPは嵩上げされますが、そんなことを続けていれば財政破綻が待ち受けているだけです。必要なのは経済を引っ張っていく持続性のある需要です。

既存のモノやサービスに対する需要は、何もしなければ必ず飽和状態になって成長は鈍化します。したがって、既存のモノやサービスだけに頼っていれば低成長に陥るのは当然で、停滞を打ち破るためには、需要の伸びの大きい新しいモノやサービスを創出するイノベーションが

YOSHIKAWA Hiroshi
1951年東京都生まれ。74年東京大学経済学部経済学科卒業、78年イェール大学より博士号（Ph.D.）を取得。ニューヨーク州立大学経済学部助教授、大阪大学社会経済研究所助教授、東京大学経済学部教授を歴任。現在、東京大学名誉教授。専門は、マクロ経済学、日本経済論。主な著作：『マクロ経済学研究』（東京大学出版会）、『日本経済とマクロ経済学』（東洋経済新報社）、『デフレーション――"日本の慢性病"の全貌を解明する』（日本経済新聞出版社）、『人口と日本経済――長寿、イノベーション、経済成長』（中公新書）など。

必要です。この需要創出型イノベーションが存在しないこと、これが日本経済の最大の課題です。

◆イノベーションが需要の飽和を突破する

イノベーションというコンセプトを経済学において初めて使ったのは、ヨーゼフ・シュンペーターというオーストリア生まれの経済学者です。彼が生まれた一八八三年はジョン・メイナード・ケインズが誕生し、カール・マルクスが亡くなった、経済学にとっては意味のある年ともいえます。

「世紀末のウィーン」という言葉を耳にしたことがあるでしょうか。一九世紀末のウィーンではさまざまな分野で文化が花開きました。芸術の領域では画家のグスタフ・クリムト、作曲家のグスタフ・マーラーなどがいますし、物理学ではマッハ力学で知られるエルンスト・マッハや、統計物理学の父とされるルートヴィッヒ・エードゥアルト・ボルツマンを輩出していて、心理学者のジークムント・フロイトはウィーン大学で医学を学んでいます。

経済学も例外ではなく、近代経済学の祖とされるカール・メンガーの下、自由主義的な経済学が発展しました。ドイツ語圏であり、地理的、民族的にもドイツに近いウィーンでこうした経済学が興隆したのは、マルクスとフリードリヒ・エンゲルスの社会主義経済と無縁ではありません。イギリスでマルクスの『資本論』や社会主義がある種、「宗教的」なものと捉えられていたのに対して、ドイツではまさしく現実に目の前で繰り広げられていた。ですから、シュンペーターをはじめとするウィーンの経済学者たちは、否応なく社会主義と向き合うことを求められたのです。

同じ時代を生きた著名な経済学者ですが、ケインズが個人的には日本との接点がほとんどなかったのに対して、シュンペーターは日本との縁が非常に深かったことで知られています。

ウィーン大学で講師を務めた後、チェルノヴィッツ、グラーツの両大学を経てボン大学教授に就任したシュンペーターは、二人の日本人留学生をとてもかわいがったと言われています。一人は一橋大学教授となった中山伊知郎、もう一人は東京大学教授となった東畑精一の両先生です。シュンペーターの遺稿は、亡くなるまでの一七年余りを過ごしたハーバード大学ではなく、自身の遺言によって中山・東畑両先生のところに送られて、今も日本にあると言えば、ひいきのほどがわかるでしょう。一九三一年には来日して、東大や現在の一橋大や神戸大で講演も行っています。

二人の際立った違いは、ケインズの著作にはイノベーションはもとより技術進歩という言葉がほとんど見受けられないという点です。ケインズは需要が経済の状態を決めるとしましたが、先ほどお話ししたように既存のモノやサービスの需要は必ず頭打ちになります。一方でシュンペーターはそうした飽和を、新しいモノやマーケットを生み出すイノベーションによって打破できると考えたのです。これは経済の見方にも大きくかかわるところです。

ケインズは、第一次大戦後にイギリスが戦前の金平価（注：金に対する各国通貨の交換比率）で金本位制に復帰することに反対しました。ポンドを過大評価することになり、ポンド高により不況が引き起こされると主張したのです。これに対してシュンペーターは、為替レートぐらいで何を泣き言を言っているのだ、と反論しています。一八一〇年代、ナポレオン戦争中のインフレで戦後ポンド高に苦しんだイギリスは、それでも破竹の勢いで経済成長を遂げた。それはイノベーションに富んでいたからで、今、為替レート程度のことで泣き言を言っているのはイノベーションが欠如しているからだ、と喝破したのです。

◆成長エンジンは草の根にある

同じ頃、日本でも同様の論争がありました。時の大蔵大臣、井上準之助が戦前の旧平価での金本位制復帰を決めた直後に世界恐慌が起こり、「嵐に向かって窓を開いた」と厳しく非難されることになります。井上は、歯を食いしばってでも平価に見合うところまで物価を下げるべきだと主張しました。

明治以降、日本には多額の外国資本が流入していました。仮に旧平価を用いないで円安になれば、彼らにキャピタルロスを負わせることになる。外資なくして日本経済の成長はないと考える井上にとって、平価切り下げはありえない選択だったのです。

井上の主張は、単に金融政策にとどまるものではありませんでした。そういう言葉は使っていませんが、今の言葉に翻訳すれば、イノベーションによって円高を克服し、外国資本に対する信義を守り、さらなる資本流入を図ろうという考えがあったのです。しかし、世界不況のインパクトはあまりにも大きく、金解禁によって日本経済の混乱は深まり、後に井上は暗殺されてしまいます。

一九三二年、政権交代で井上の次に蔵相になった高橋是清は、就任したその日に金本位制から離脱し、円相場は実態にあった変動が可能となりました。このようにイノベーションは、歴史のさまざまな節目でキーワードとなってきたのです。

私の専門はマクロ経済学ですが、シュンペーターは残念なことにマクロ経済学というものに対して批判的な立場をとっています。GDPのような数字で経済を捉えようとするなんて社会主義的だ、とさえ考えていた節があります。私たちが生きている現実の経済はすべてミクロであり、すべてのイノベーションは草の根から生起する、というのがシュンペーターの主張です。これはフリードリヒ・ハイエクの指摘でもあります。

ルートヴィヒ・フォン・ミーゼスからハイエクにまで連なるウィーンの経済学の系譜は、常に社会主義と鋭く対峙してきました。ハイエクは資本主義経済のエッセンスは、新しいモノやサービスが次々に出てくる点にあり、ゴスプラン（ソ連国家計画委員会）に同じことはできないと述べています。ハイエク自身はイノベーションという言葉は使っていませんが、論じているのはほかでもなく、イノベーションの源は草の根にあるということです。

宇宙開発のように国家プロジェクトでなければ取り組めないものがあるのは事実ですが、圧倒的多数のイノベーションはより身近なところで起きています。経済的な価値においても、こちらのほうがよほどインパクトが大きい。経済成長のエンジンは新しい需要を掘り起こすイノベーションであり、これを生み出すところに自由主義経済あるいは資本主義経済の最大のメリットがあるのです。

◆人口減少ペシミズムにとらわれてはならない

大胆な金融政策をもってしてもデフレを脱却できないのはイノベーションの欠如に原因があること、そしてイノベーションはマクロではなく草の根から生まれることをお話ししました。しかし、日本の成長を担うはずの企業は、行きすぎた人口減少ペシミズム（悲観主義）にさいなまれているようです。労働人口が減るのだから、もう経済成長は望めないという意見をよく耳にします。

確かに人口問題は二一世紀の日本にとって最大の問題です。二〇一七年に国立社会保障・人口問題研究所は、日本の人口が二一一五年には約五〇五〇万人になるという将来推計人口を公表しました。これから一〇〇年でわが国の人口は半分以下に減少する計算です。これほど大きな変化が経済や社会に大きな影響を与えないはずがありません。すでに財政や社会保障、そして地域の将来に深刻な問題が生じています。

ただし、経済について見れば、その成長を決めるのは人口ではありません。図表1は明治二年から一二〇年あまりの日本の人口と実質GDPの推移を比較したものです。戦後の急成長期にもそれほど人口は増えていないし、戦前もGDPと人口の成長は大きく乖離していたことがわかります。経済成長と人口はほとんど無関係といってよいでしょう。

この乖離を埋めるのが、労働生産性の伸びです。労働力人口が変わらなくても、あるいは多少減っても、一人の労働者がつくり出すモノが増えれば経済成長率はプラスになるということです。現にドイツは日本と同じく深刻な人口減少問題に直面していますが、ドイツ政府は今後五〇年、平均一％ほどの実質GDP成長率が見込めるとしています。

図表2は戦後日本の経済成長を、労働、資本、TFP（Total Factor Productivity）の三つの要因から見たものです。TF

Pは全要素生産性と訳されますが、広い意味でのイノベーションと理解していただいて結構です。資本と労働を同じだけ投入してもアウトプットが以前より増えた場合、その要因をTFPと呼びます。同じフライパン（資本）を使って、素材中間投入も同じ卵だったとしても、三〇〇円の目玉焼きしかつくれない人もいれば、二〇〇〇円とれるオムレツをつくるシェフもいる。その差がシェフの腕、すなわちTFPだと考えてください。

さて、この図を見ると、工場や機械などの資本が大きく寄与していて、次がイノベーションであることがわかります。労働は年率一一%を超すGDPの伸びを記録した高度成長期にあってもわずか〇・四%しか貢献していません。先進国の経済成長に対する労働の直接的な寄与度は、普通に想像されるよりはるかに小さいのです。

ところで、一九五五年から一九七〇年の高度成長期に日本の労働力人口がどのくらい増えていたと思いますか。こう聞くと年六、七%でしょうか、などという答えが返ってくることもありますが、正解はわずか一%ちょっとです。移民を積極的に受け入れている国を除けば、人口増加率は三、四%が考えられる上限で、先進国に限れ

図表1｜人口と経済成長（1870〜1994年）

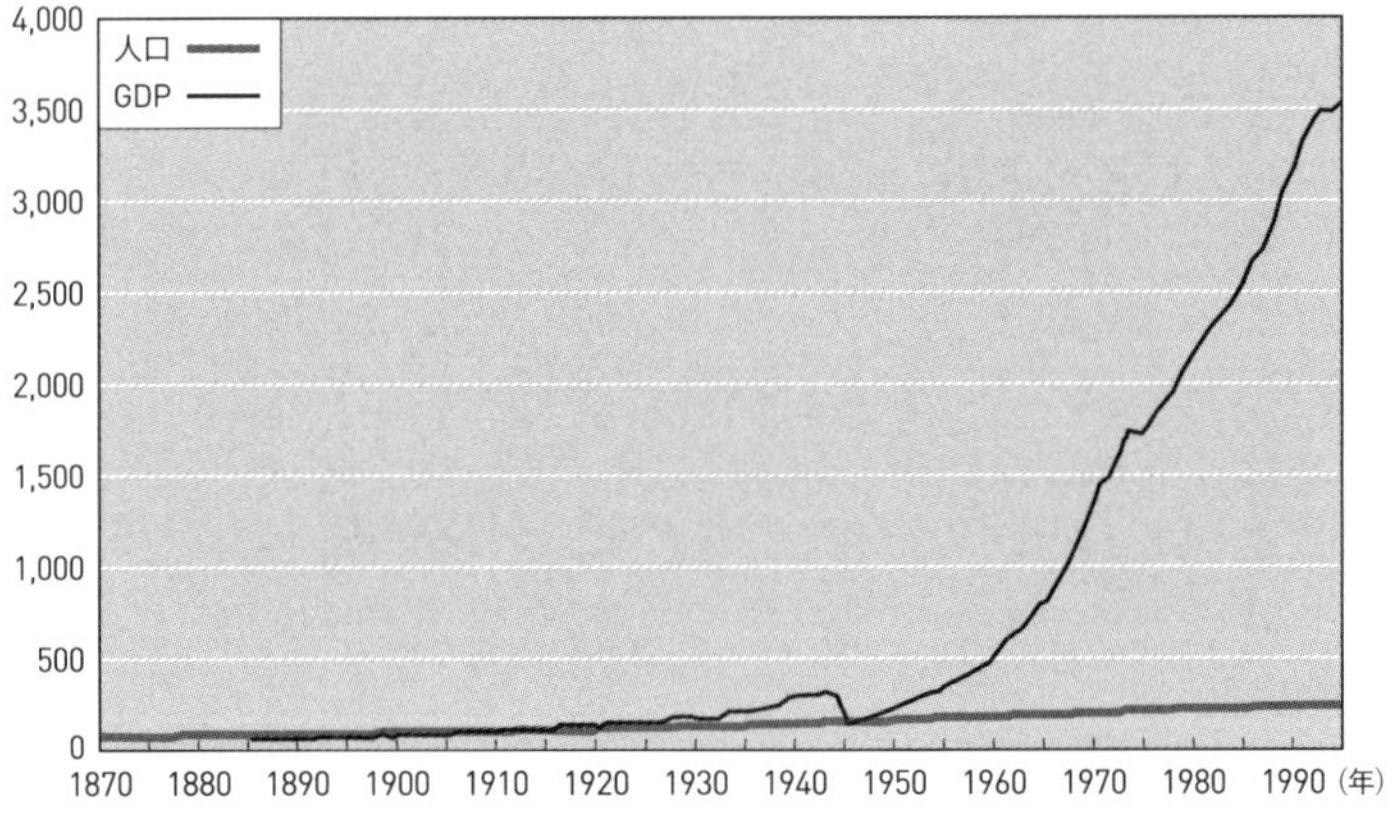

注：1913年を100とする。
出所：Maddison, A.（1995）*Monitoring the World Economy 1820-1992*, Paris: OECD.

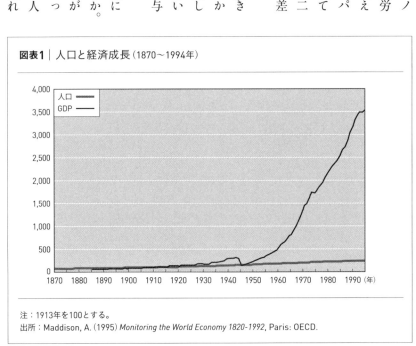

ば〇・三%もあれば御の字と言えます。こういう一種の相場観を持つことは、経済を見るうえでも仕事をしていくうえでも、とても重要です。

同じ時期の日本の経済成長率は実質ベースで年平均一〇%なので、人口増加の一%を除く残りの九%は労働生産性の伸びによるものです。たとえれば、シャベルとツルハシで土を掘り起こしていたところに建設機械を持ち込んで、それまで一〇〇人で行っていた道路工事を五人でできるようにしたようなものです。その結果、労働生産性が毎年九%ずつ伸びていった。建設機械が発明され、それが建設会社によって工事現場に投入されるという、イノベーションと資本蓄積が高度成長を可能にしたのです。

より最近の身近な例を引けば、駅の自動改札機があります。自動改札機の普及により、人が改札業務をしていた頃と比べて飛躍的に労働生産性が上がったのは、皆さんご存じのとおりです。そのためには自動改札機が開発され、鉄道会社の設備投資によってそれが実際に駅に設置される必要がありました。イノベーションがあっても資本が一緒についていかないと、絵に描い

図表2 | GDP伸び率の要因分解

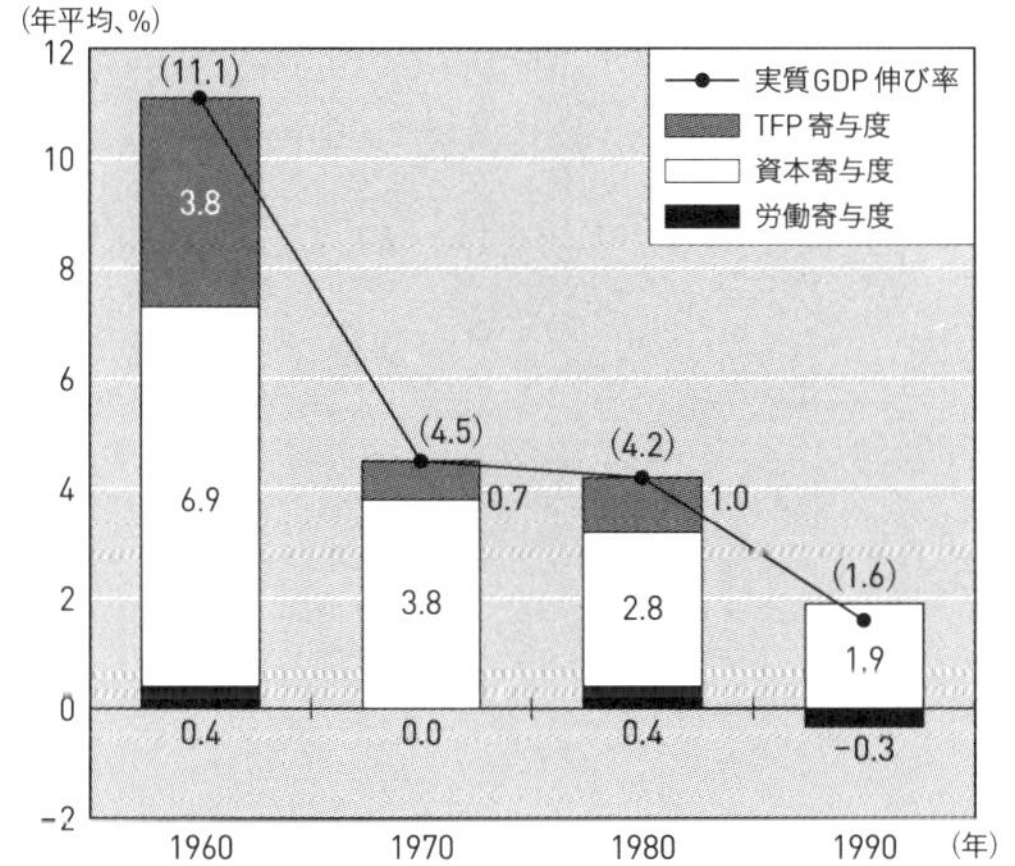

注：1913年を100とする。
出所：通商産業省『通商白書』1998年。

た餅に終わるおそれがあるし、イノベーションがなければ投資そのものも生まれません。

労働力人口の減少が経済成長にとってマイナス要因であることは確かですが、イノベーションと付随する投資は、それを跳ね返す可能性が大いにある。先進国の経済成長は人間の数ではなく、イノベーションによって引き起こされるのです。人口が減少するから日本経済の成長はもう望めないというのは、あまりにも短絡的な誤りといわざるをえません。

◆プロダクト・イノベーションが成長を牽引する

成長の鍵を握るイノベーションには、プロダクト・イノベーションとプロセス・イノベーションの大きく二つがあります。製品やサービスの製造工程や作業工程を変革するプロセス・イノベーションの重要性を軽視するつもりはありません。日本企業が得意とするところであり、発売当初は一〇〇万円以上もしていた薄型テレビが、あっという間にその数分の一にまで値を下げたのはコスト削減に努めた成果です。

しかし、より重要なのは新しいモノやサービスを創出するプロダクト・イノベーションのほうです。既存のモノやサービスに対する需要が頭打ちになるのは、すでにお話ししたとおりです。他の国の企業が思いもつかないモノやサービスを生み出して、新しい価値を創造する。これこそが先進国の成長を牽引する力であり、優良企業がめざすべき道です。同じようなものを他社よりも一円でも安く製造するというのは、せいぜいのところセカンドベストの戦略でしかありません。

イノベーションというと革新的な技術を思い浮かべがちですが、経済におけるイノベーションはハードな技術の進歩だけではありません。時にはそれ以上に、ソフトな技術やアイディアが重要な意味を持ちます。

たとえば、世界を席巻したスターバックスのコーヒーそのものに、他を寄せ付けない技術があったわけではありません。彼らがサードプレイス、家庭でも職場でもない第三の場所と呼ぶ店舗空間の新しいコンセプトや運営のマニュアル、そしてブランドといった総合的なソフトパワーが、競争力の源泉となって付加価値を生んだのであり、それはまさしくイノベーションと呼ぶべきものです。コーヒーという飲み物や、それを提供する喫茶店やカフェといった既存のモノやサービスに対する需要の飽和を、イノベーションによって打ち破った事例といえます。

もう一つ例を挙げましょう。大人用の紙おむつが市場規模で子ども用を追い抜いたのは、二〇一二年のことです。これから先もその差はますます拡大していくはずです。しかし、大人用の紙おむつに技術的な意味でのイノベーションがあったわけではありません。しかし、「おむつは乳児用のものである」という思い込みを排除したことで、少子化で頭打ちになっている既存の市場を逆転する新しい需要を創出したのです。これも立派なイノベーションです。

問題は、こうした社会のニーズに応えるプロダクト・イノベーションを実現する力が日本にどれほどあるか、という点です。実は、3Dプリンターの基本特許を最初に発案したのは、名古屋の研究員でした。論文を書いて技術者の勉強会で発表したり、工作機械メーカーに話を持って行っても、「そんなものできるわけがない」と全く相手にされなかった。それで自分は才能がないのだとあきらめて弁理士に転身し、何年も経ったあるとき3Dプリンターの特許を出願している米国のメーカーとの契約を検討している日本の商社から調査依頼が来て、自分が発案した技術と同じものが開発されていることを知ったそうです。

日本人は創造力が足りないとか、細かな改善は得意でも大きなことは発想できないなどとよく言われますが、決してそんなことはありません。企業や大学の看板にとらわれずに新しい技術やアイディアを適正に評価して、良いものは良いと認める目がないだけです。名もない日本人研究者の技術は見向きもしないのに、海外の有名メーカーが開発したとなればすごいものだと持ち上げるのは自信がない証拠です。せっかくのアイディア、イノベーションの芽を生かせなかったことを、オールジャパンで反省すべきなのです。

◆企業家スピリットを取り戻せ

現在の日本ほどイノベーションを生む環境に恵まれている国はそうはありません。超高齢化社会が本当はどんなものか、正確にはまだ誰も把握しきれていませんが、社会のすべてに大きな変化が起きることは間違いないでしょう。都市の形態、建築物、交通や流通サービスのあり方などが根本から変わる可能性がある。それは数えきれない大小のイノベーションを通して実現されるものです。同様に環境問題への対応も、先進国が直面する課題です。

先進国の中でも日本は、課題の深刻さと所得水準が高くてマーケットサイズが大きいという点で、ポテンシャルが群を抜いています。そういう意味で日本経済は、絶好の実験場を企業に提供しているといっても過言ではありません。高齢化と人口減少を負の側面からのみ見るのか、それとも、そこに大きな可能性を見出すか。問われているのは企業家としての志です。

もちろん民間だけでなく、政府にもやるべきことはたくさんあります。たとえば、介護ロボットが開発されて一部では試験導入も始まっていますが、これを本格的に普及させるには診療報酬体系の見直しが不可欠です。人がやれば点数になるのに、高いお金を出してロボットを導入したら、人手がかからなくなった分だけ報酬が減らされてしまう。これでは民間事業者に投資意欲が働くはずわけがありません。厚生労働省が保険適用の方向で検討するとは言っていますが、時間がかかりすぎる。やはり政府がしっかりとリーダーシップをとって早急に進めていくべきでしょう。

ただし、たとえば、図表3の世界の港湾ランキングなどを見る限り、あまり楽観できないのも事実です。取扱貨物量で一九八〇年には、神戸の四位を筆頭に、横浜が一三位、東京が一八位と、トップ二〇に日本の港が三つランクインしていました。それが二〇一六年には一つも入っていません。中国が躍進する中でも、欧米の主要国の港の中にはランクを維持しているものがいくつもあります。

図表3｜世界の港湾ランキング

1980年　(単位：TEU/1000)

	港名	取扱量
1	ニューヨーク/ニュージャージー(米国)	1,947
2	ロッテルダム(オランダ)	1,901
3	香港(中国)	1,465
4	神戸	1,456
5	高雄(台湾)	979
6	シンガポール	917
7	サンファン(プエルトリコ)	852
8	ロングビーチ(米国)	825
9	ハンブルク(ドイツ)	783
10	オークランド(米国)	782
⋮		
13	横浜	722
⋮		
16	釜山(韓国)	634
⋮		
18	東京	632
⋮		
39	大阪	254
⋮		
46	名古屋	206

2006年　(単位：TEU/1000)

	港名	取扱量
1(2)	シンガポール	24,792
2(1)	香港(中国)	23,230
3(3)	上海(中国)	21,710
4(4)	深圳(中国)	18,469
5(5)	釜山(韓国)	12,030
6(6)	高雄(台湾)	9,775
7(7)	ロッテルダム(オランダ)	9,600
8(9)	ドバイ(アラブ首長国連邦)	8,923
9(8)	ハンブルク(ドイツ)	8,862
10(10)	ロサンゼルス(米国)	8,469
⋮		
23(22)	東京	3,665
⋮		
27(27)	横浜	3,200
⋮		
(34)	名古屋	2,491
(39)	神戸	2,262
⋮		
(51)	大阪	1,802

2016年(速報値)　(単位：TEU/1000)

	港名	取扱量
1(1)	上海(中国)	37,130
2(2)	シンガポール	30,900
3(3)	深圳(中国)	23,979
4(4)	寧波ー舟山(中国)	21,560
5(6)	釜山(韓国)	19,850
6(5)	香港(中国)	19,580
7(8)	広州(中国)	18,885
8(7)	青島(中国)	18,000
9(9)	ドバイ(アラブ首長国連邦)	14,772
10(10)	天津(中国)	14,500
11(12)	ポートケラン(マレーシア)	13,183
12(11)	ロッテルダム(オランダ)	12,385
13(13)	高雄(台湾)	10,465
14(14)	アントワープ(ベルギー)	10,037
15(15)	大連(中国)	9,614

	港名	取扱量
16(16)	厦門(中国)	9,414
17(18)	ハンブルク(ドイツ)	8,910
18(19)	ロサンゼルス(米国)	8,857
⋮		
21(20)	ロングビーチ(米国)	6,775
22(22)	ニューヨーク/ニュージャージー(米国)	6,250
⋮		
(30)	東京	4,735
⋮		
(59)	神戸	2,801
(62)	横浜	2,701
(56)	名古屋	2,658
(60)	大阪	2,216

注：1. 2006年、2016年の表中にあるカッコ内は前年の順位。
　　2. 2016年分の日本に関する取扱量は国土交通省調べ。
出所：国土交通省「世界の港湾別コンテナ取扱個数ランキング」。

世界の主要港は早くから二四時間、三六五日稼働で、税関や検疫の手続きを効率的に行うシステムが整備されたのに対して、日本はずいぶんとおくれをとりました。また、コンテナ船の大型化や貨物量の増大に対応する港湾整備もなかなか進みませんでした。国もグローバルスタンダードに合致した港湾を育成しようと取り組んできましたが、現状は先のとおり大変寂しい状況になっています。

厳しい財政状況の中で何を優先するのかという予算のメリハリが十分につけられなかったという問題もありますが、やはり取組みに着手するのが遅すぎたといわざるをえません。大型の国際コンテナが寄港できる港湾は製造業をはじめとする企業活動に不可欠であり、企業立地環境としての競争力は、同じアジアの中国、シンガポール、韓国に大きく水をあけられた格好です。こうした社会インフラは経済全体の生産性に大きくかかわってくるところで、官が果たすべき大切な役割です。

イギリスは一八〇二年にナポレオン戦争に勝利してから、第一次世界大戦の始まる一九一三年の直前まで、一〇〇年以上にわたって経常黒字を記録し続けました。しかしその間、貿易収支が黒字だった年は一年もありません。国際貿易が急速に成長した一九世紀において大英帝国は、海運、保険、商社の活動などの国際貿易のインフラを世界の津々浦々まで供給することにより、貿易赤字をはるかに上回るサービス収支の黒字を生み出していたのです。

それを可能にしたのは二つの力です。一つは、七つの海を制覇した海運力です。強力な海軍に支えられて、イギリスの商船団は世界の海を自由に航行することができました。そしてもう一つが、世界中に張り巡らした情報網に裏づけられた情報力です。

戊辰戦争の際に早い段階で新政府軍の勝利を確信して勝ち馬に乗ったおかげで、今も千鳥ヶ淵を臨む一等地に立派な大使館を構えています。日本政府に支払う地代は少し前まではただ同然だったという話もあります。インフラとそれを運営するナレッジ、そして情報力の勝利といえるでしょう。

では、現代の日本と日本企業が何を競争力の源泉とするかといえば、繰り返しになりますがイノベーションしかないと私は考えます。価格競争に陥るのでもなく、為替相場に一喜一憂するのでもなく、新しいモノやサービスをもって新しい価値を創造していく。その究極的な担い手は民間の企業であり、皆さん一人ひとりです。ゴスプランは人工衛星を飛ばすことはできても、大人用の紙おむつを考え出すことはできません。それができるのは、少子化の中においても、どうすれば紙おむつの需要を増やせるか、介護する人、される人の負担を軽くするには何が必要かを一日中、必死に考えている人だけです。人がすべてのもとなのです。

日本経済の低成長の根底には、日本企業の企業家スピリットの衰えがあると私は考えています。政府、企業、家計の部門別の貯蓄投資バランスを見ると、かつては家計が貯蓄して、企業は借金をして投資をしていたのに、今では企業が日本最大の貯蓄主体になってしまっている。これは資本主義経済の本来の姿ではありません。

繰り返しになりますが、現在の日本は絶好の実験場であり、シュンペーターが生きていたら、おそらく「イノベーションの宝の山だ」と感嘆するはずです。企業家を奮い立たせるのは合理的な判断ではなく、熱い情熱や野心といった「アニマルスピリット」だとケインズは述べました。日本企業が再びその精神を取り戻して宝の山に挑めば、日本経済は必ず力強く成長するはずです。

（講義日：二〇一四年四月一二日）

推薦図書

▼吉川洋『人口と日本経済——長寿、イノベーション、経済成長』中公新書、二〇一六年。
▼吉川洋『いまこそ、ケインズとシュンペーターに学べ——有効需要とイノベーションの経済学』ダイヤモンド社、二〇〇九年。
▼シュムペーター『経済発展の理論　上・下』塩野谷祐一・中山伊知郎・東畑精一訳、岩波文庫、一九七七年。

【AI】人間の知と機械の知が拓く未来

西垣 通（東京経済大学コミュニケーション学部教授）

◆コンピュータはAIのために誕生した

二〇一五年頃からAI（人工知能）が急にブームになっていますが、今日はもう少し本質的な話から始めたいと思います。

AIはコンピュータ誕生の動機と結びついています。しかし、この思想的経緯をわかっていない人がAIの専門家の中にも多い。コンピュータはなぜ二〇世紀半ばに誕生したのか。歴史的には、大規模な科学技術計算や事務計算などに使われてきたことは事実ですが、それをつくった人たち、特に偉大な数学者であるアラン・チューリングやジョン・フォン・ノイマンらがめざしたのは、思考する機械をつくることでした。

その背景として、ヨーロッパでは一九世紀頃に、曖昧な解釈を排して「物事を正確に表現しよう」という考え方が広まりました。ゴットロープ・フレーゲは『概念記法』の中で「述語論理」という学問を提唱しました。「人間は死ぬ」「ソクラテスは人間である」、ゆえに「ソクラテスは死ぬ」、と演繹推論するのがアリストテレスの命題論理ですが、ここに「Xは死ぬ」と変数Xを含める。論理の代数みたいなものが述語論理です。

そして二〇世紀初めに、論理的な記号を使って物事を記述する「論理主義」が主流になります。バートランド・ラッセルは、アルフレッド・ホワイトヘッドとの共著『プリンキピア・マテマティカ（数学原理）』の中で、自然言語は曖昧さが残るので、述語論理で記述するという思想を実践しました。さらに、ルートヴィヒ・ウィトゲンシュタインは『論理哲学論考』において、形式的なルールに基づいて結論を導く推論操作こそが正しい人間の思考だという思想を徹底的に突き詰めました。

　コンピュータの開発も、こうした二〇世紀初めの哲学思想、特に記号論理学という大きな流れを汲んでいます。記号論理学においては、記号のあらわす意味自体よりもルールに基づく形式的操作が重要です。「dog」であれば、犬という生き物の意味は括弧に入れ、哺乳類という集合の一部として形式的に表す。犬は哺乳類であり、哺乳類は子どもを産むとなれば、犬は子どもを産む、というように演繹推論するのです。そうした形式的な操作は、機械的にできると思いませんか。それを可能にするのがまさにコンピュータであり、当初から高速論理操作による思考機械が開発の目的だったのです。

　チューリングが提唱したのが、数学的な汎用チューリングマシンです。足し算やソートなどのために記号を操作するときには、それぞれ特別な回路をつくらなくてはならない。そこで、回路の動作自体をプログラムに書いておき、それを一つずつ読み出しながら操作してはどうかと考えた。さまざまな操作を一つの回路でできるメタマシンが汎用チューリングマシンです。これこそ、現行コンピュータの理論モデルにほかなりません。

　このように、二〇世紀の初めに、記号の形式的操作が最も正確な思考だとされた時代がありました。その風潮の中で、人間の思考をシミュレートする機械としてコンピュータが出てきたのです。

NISHIGAKI Toru

1948年東京都生まれ。東京大学工学部計数工学科卒業、日立製作所にてコンピュータソフトの研究開発に従事。82年東京大学から工学博士を取得。その後、明治大学教授、東京大学社会科学研究所教授、東京大学大学院情報学環教授などを経て、2013年より現職。東京大学名誉教授。専攻は情報学・メディア論。主な著作：『デジタル・ナルシス——情報科学パイオニアたちの欲望』（岩波書店）、『基礎情報学——生命から社会へ』（NTT出版）、『ウェブ社会をどう生きるか』（岩波新書）、『ビッグデータと人工知能——可能性と罠を見極める』（中公新書）など。

◆第一次AIブーム（一九五〇～六〇年代）

一九五六年にジョン・マッカーシーがダートマス大学で会議を主催し、機械の知能がテーマとなって「Artificial Intelligence」という言葉が生まれました。『プリンキピア・マテマティカ』に出てくる命題を自動的に導くプログラム「Logic Theorist」も登場します。

しかし、この頃のコンピュータは能力も低く、それほど実用性はありませんでした。AIの応用もせいぜいゲームやパズルくらいでした。組み合わせの数が少ないゲームであれば、勝ちパターンを覚えて現状から逆算し、勝ちパターンに至るルートをしらみつぶしにたどっていけばいい。しかし、組合せの数が膨大な将棋や碁では計算能力不足で歯が立たなかったのです。

この頃、機械翻訳のプロジェクトもすでにあったのですが、言葉には多義語がたくさんあり、文法も例外だらけです。論理処理だけではうまくいかず、すぐに頓挫しました。結局、AIの応用といっても、論理だけで解ける問題は「toy problem」、つまりおもちゃの世界の問題だと見なされたのです。

なお、この第一次ブームは日本には来ませんでした。当時の日本はまだ貧しく、コンピュータはほとんどなかったからです。

◆第二次AIブーム（一九八〇年代）

その後、日本の経済力が上がり、一九八〇年代の第二次AIブームが日本での最初のAIブームとなりました。第一次ブームのキーワードは「論理（ロジック）」であるのに対し、第二次ブームは「知識（ナレッジ）」でした。

スタンフォード大学のエドワード・ファイゲンバウムが提唱し、評判を集めたのが、「エキスパートシステム」です。これは、弁護士やお医者さんなど専門家（エキスパート）の代わりに、彼らの知識をコンピュータの中で論理的に記述し、自動推論して答えを出そうというものです。

たとえば、血液の細菌性感染症を診断するエキスパートシステム「ＭＹＣＩＮ（マイシン）」というのがありました。診断精度は専門医には劣るものの、普通の医者より優れていると言われましたが、実用化されませんでした。なぜかというと、誤診したときに誰が責任を取るのかという問題があったからです。人間の知識は、かなり曖昧な部分も含んでいます。名医はデータ処理をしたうえで、暗黙的な直観を働かせて最後は総合的な判断をしますが、コンピュータには直観がききません。もちろん人間も間違うことがあるけれど、間違ったら責任を取る。そういうのが、私たち人間の思考判断なのです。

ここで論理的正確さが問われたことに注意してください。ＡＩは正確さが命です。正確だからこそ人間よりも偉い。しかし、エキスパートの知識を表す論理命題そのものに曖昧さが含まれています。いくつかの論理命題を形式的、自動的に組み合わせて出した結論がどれだけ信頼できるかはわかりません。だからエキスパートシステムは正確とは限らない。一時は専門家などもう要らなくなると言われたものですが、それはとんでもない話であり、こうして第二次ブームも終わりました。

日本はこの頃、通産省が五〇〇億～六〇〇億円の予算を投じて、産官学共同でＡＩ専用の並列推論マシンである第五世代コンピュータの開発に取り組みました。技術的には完成したのですが、まったく実用にはなりませんでした。信頼性の問題が残っていたからです。

一方、当時新しく出てきたパソコンとインターネットは、たくさんの人間の知識を合わせて対話しながら問題を解決していくツールを提供しました。並列推論マシンは高価ですが、インターネットと大量生産のパソコンを組み合わせれば安価です。これが本当の新世代コンピュータでした。つまり、残念ながら日本がたどった方向は、全く見当外れだったのです。

知識命題の中には曖昧性が含まれるので、必ずしもコンピュータで論理的に正確な結論は得られない。それなら今、どうして第三次ＡＩブームは起きたのか。ここでのキーワードは「統計」あるいは「学習」です。つまり、一〇〇パーセント正確でなくてもだいたい合っていればよい、という発想です。

たとえば、「I think he is a dog」という用例に出てくるdogという単語には四つ足の「犬」だけでなく「くだらない奴」などの意味もあるので、文脈によって訳し分けなくてはなりません。機械翻訳の場合、用例をたくさん集めて数の多かったものを採用する。つまり、統計に基づく判断をするのです。

その典型がパターン認識です。たとえば、相手が男か女かは、ある意味で曖昧ですが、人間はかなり判断できます。コンピュータはそういうパターン認識を苦手としてきましたが、統計処理でうまくいく場合もあります。たとえば、郵便番号は今や高精度で自動的に読み取っています。これは、「9」は上側のところに丸がある、「4」は右下に交差点があって左上は斜線だというようなパターンの特徴を人間が与えて、機械が学習し識別率を高めてきたからです。これは面倒な仕事です。ところが、特徴設計をしないですむパターン認識の道を拓いたのが深層学習（ディープラーニング）でした。

理論は昔からありましたが、深層学習の実用化の開始は二〇一〇年代です。カナダのジェフリー・ヒントンの深層学習システムがパターン認識のコンテストで圧勝したことで、ＩＢＭ、マイクロソフト、グーグルなどの企業が一気に注目したのです。深層学習の特徴は、パターンの特徴を外から与えないこと。このため、「もしかしたら機械が自動的に対象を認識しているのではないか」と思い込む人たちが増えてきた。こうして、万能の汎用ＡＩができるだろうという期待が生まれたのです。

◆コンピュータの正確性

コンピュータの正確性に注目して、ここまでの話を整理しましょう。第一次ブームでは応用範囲は狭いけれど、必ず正解が得られた。第二次ブームで応用範囲は広がったが、答えがどのくらい正しいか、あまり確信が持てない。一方、今の第三次ブームはパターン認識中心で、データをたくさん集め、統計的に推測して答えを出す。フォン・ノイマンやチューリングがめざした正確な思考機械の理想からは外れるが、だいたい合っていればよいという考え方なのです。

したがって、ある程度の誤りが許容されるアプリケーションでないと、実用は難しいと思います。たとえば、郵便番号の自動読み取り機であれば、九割正しければ、あとは人間が修正することで、生産効率が上がります。ですが、医療診断や自動運転などでは危険な面もあります。対象を選んで慎重に使うべきだというのが私の考えです。

◆深層学習の仕組み

繰り返すと、深層学習では、パターンの特徴を人間が入力しない。具体的には、ニューラルネット・モデルという、脳神経細胞のような人工素子のネットワークで処理します。素子が集まって層を形成しますが、素子と素子の間にリンクがあり、リンクの重みを調整することでパターンを分類します。ニューラルネットは、脳細胞がシナプスで結合されている脳に近い形なので、「人間に近いＡＩ」という思い込みが生まれるの

図表1｜AIブームの歴史まとめ

人工知能ブーム	キーワード	応用範囲	正確性
第1次ブーム(1950〜60年代)	論理	パズル、ゲームなど(小)	◎
第2次ブーム(1980年代)	知識	エキスパートシステムなど(中)	○
第3次ブーム(2010年代〜)	統計(学習)	パターン認識、機械翻訳など(大)	△

です。

深層学習では、図表2のように、入力層と出力層の間に、素子数の少ない「隠れ層」を設けます。隠れ層に情報を集約し、出力層で入力層が復元されるように統計処理するのです。これが自己符号化(オートエンコーディング)です。次の段階では隠れ層が入力層になります。こうして多段階で処理するため、「ディープ(深層)」と呼ばれています。

この原理は、実は一九八〇年代からありましたが、今、なぜこれほど脚光を浴びているのかというと、ビッグデータが関係しています。かつてはハードやソフトの能力が低く、大量のデータを集めて学習させる処理コストが膨大で、実用にならなかったのです。

ところが最近、クラウド機能も発達し、高速でビッグデータを統計処理できるようになりました。その結果、実用化が進んだのです。グーグル社のAIは、YouTubeから取得した画像を約一〇〇〇万枚入力して「猫」の画像を認識し、有名になりました。処理量は膨大です。一万六〇〇〇台のプロセッサからなる一〇〇〇台のコンピュータで三日間も計算を続けました。このように、ビッグデータと第三次AIブームは不可分なのです。

グーグル社のプログラムは「猫という概念を認識した」という専門家もいますが、それは違うと私は思います。実際には、パターンを統計処理しているだけです。確かに深層学習はパターン認識技術におけるブレークスルーではあるけれど、コンピュータはパターンの意味など何も知らないで分類して

図表2｜深層学習の構造

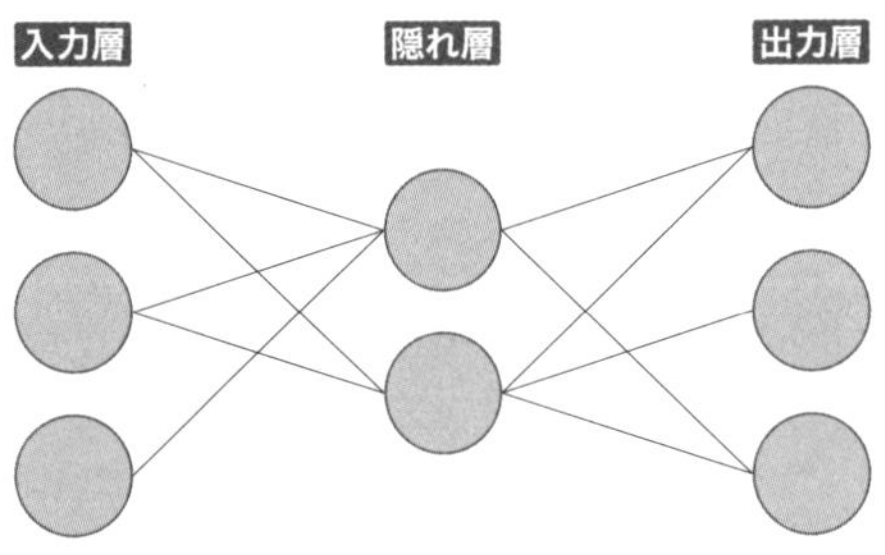

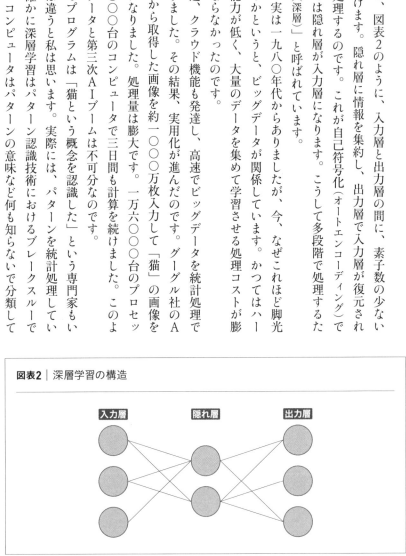

いるのです。その分類は、必ずしも人間の分類の仕方とぴったり合うわけではありません。つまり、今のＡＩが対象の「意味」を理解できるというのは過大評価だと言えるでしょう。

人間の扱う概念というのは、必ずしも絶対的ではなく相対的なものです。英語、日本語、フランス語など、各言語によって、微妙なずれがあります。「言語共同体はそれぞれ恣意的に世界を分節化（分類）する」と言語学者のフェルディナン・ド・ソシュールは断言しました。たとえば、日本語では生物学的に同じ魚を「ブリ」や「ハマチ」と区別しますが、このように、分類の仕方は文化によってさまざまです。そうした微妙な差異をコンピュータが把握することは難しいのです。

◆シンギュラリティをめぐる楽観論と悲観論

コンピュータが概念を理解したという俗説の延長上に「シンギュラリティ（技術的特異点）」が位置づけられます。トランスヒューマニスト（超人間主義者）である未来学者のレイ・カーツワイルは、二〇〇五年に出版した『ポスト・ヒューマン誕生――コンピュータが人類の知性を超えるとき』（邦訳はＮＨＫ出版）の中で、シンギュラリティが到来し、汎用ＡＩの知力が二〇四五年に人間を超えると予言しました。出版当時はあまり評判になりませんでしたが、深層学習が成功し、第三次ブームが起きてから脚光を浴びました。

シンギュラリティという概念は、作家で数学者のヴァーナー・ヴィンジが言い出したものです。ただ、カーツワイルのほうがもっと楽観的で、人間よりも頭のいいコンピュータが出てきて問題を解決してくれると宣伝しています。私たちの脳の細胞数はせいぜい一〇〇〇億程度ですが、コンピュータの素子数がもっと増大すれば、人間の頭の反応速度は遅いので人間はコンピュータに負けてしまうというのです。カーツワイルはさらに、汎用ＡＩが次々に汎用ＡＩを創作し改善していくとも予測しています。

コンピュータの能力が指数関数的に伸長することを、カーツワイルは「収穫加速の法則」と呼び、二〇四五年には、世界が平和になり、環境問題も貧困問題もすべて解決されると楽観視します。さらに、人間は不死になるとさえ断言します。個人の脳の中を全部スキャンし、それをコンピュータにアップロードすれば、身体が衰弱してもずっと生きられるという理屈なのでしょう。また、身体にも分子機械を入れて細胞の劣化を食い止めれば、老化しないとも予測します。このように、カーツワイルの著書『ポスト・ヒューマン誕生』は、夢と現実とが縦横に入り混じった楽しい本でもあります。

しかし、現実にそうなるのでしょうか。ジャーナリストのジェイムズ・バラットは、AIに反対する人々にインタビューし、『人工知能――人類最悪にして最後の発明』（邦訳はダイヤモンド社）という著作を二〇一三年に出版して、AIを人類最悪の発明だと位置づけました。車いすの物理学者のスティーヴン・ホーキング博士、マイクロソフト創立者のビル・ゲイツ、テスラモーターズ社長のイーロン・マスクなども、AIの軍事応用を懸念してネガティブな見方をしています。日本でも、シンギュラリティが訪れれば、人間のすべての行動が監視されてビジネスや管理に活用されるなどという懸念が広がっています。

私が最も怖いと思うのは、AIそのものが暴走するというよりも、AIを隠れ蓑にして、無責任体制が広まることです。たとえば、ある政策をAIが決定したときに、機械が公平に決めたのだから絶対に正しいと言い出す人が出てくるでしょう。リーダーが責任を持って決断するのではなく、周りの人たちがAIを権威として利用し始めるのです。

一方、コンピュータに倫理を植えつけようという研究者もいます。確かに倫理に関連するプログラムをコンピュータに組み込むことは可能ですが、倫理観とは本来、人間という社会性のある動物特有のものです。SFならともかく、ロボットみたいな機械が倫理観を持つなどといった夢物語はおかしくないでしょうか。

◆コンピュータは生命体ではない

カーツワイルが思い描くのは、いわゆる「強い（ストロング）ＡＩ」です。これは人間と同じく自我意識や自律性を持った主体的なＡＩにほかなりません。しかし、そんなものが本当にありえるのでしょうか。今の世の中でＡＩと呼ばれるのは、人間がプログラムをつくり込む「弱い（ウィーク）ＡＩ」でしかありません。問題があるとすれば、人間がＡＩを盲信したり、ＡＩを悪用したりすることです。

世界には、脳型マシンによる強いＡＩを期待する人がたくさんいます。大規模な投資の下でいくつものプロジェクトが動いています。たとえば、脳神経みたいな基板を作ろうというシナプス計画は有名です。ヨーロッパでも、ヒューマン・ブレイン・プロジェクトというのがあります。つまり、人工脳を実現し、思考する機械を本当につくれると思っているわけですね。では、強いＡＩは倫理観を持ちうるのでしょうか。

私から見ると、生命体と機械は根本的に異なる面を持っています。生命体は基本的には自律システムです。つまり、自分で自分の作動ルールをつくってしまう。たとえば、私と皆さんは同じ場所にいますが、私の心と皆さんの心は別の次元にあります。私の言った言葉は、記号として皆さんの心にそっくりコピーされるわけではなく、皆さんは皆さんなりに私の話をそれぞれ意味解釈するほかありません。そういう自律的なところは、他律的に人間の書いたプログラムどおりに動作するコンピュータとは全く違うのです。

生命体には自分で自分をつくり出すプログラムがあります。一方コンピュータは、たとえプログラムをつくるプログラムを組み込もうと、基本的には言われたとおりに動くだけです。機械はしょせん、過去のデータを収集し記憶して、形式的に処理しているのであり、世界の意味を理解しているわけではありません。

生命体は現在というリアルタイムの時点で生きています。たとえば、いま突然地震が起きても、何とかして生きようとします。未来に向けて意味を立ち上げるのです。意味は生命的価値観がもたらすのです。暗黙知も、身体的記憶を駆使しながら、刻々とつくられるものでしょう。機械はそうではなく、昔のデータを論理整合的に処理しているだけです。だから状況が千変万化するときには、新しい状況になかなか対応できない。ここをまず、きちんと認識しないといけません。

さらに言うと、人間は世界を観察し、分析しているといっても、あくまで自分たちの脳で分析しているだけです。そこには歪みがある。私たちの脳なんて生物進化でできた不完全なものですよ。神様のような絶対的観察などできないのです。

欧米人がなぜ強いＡＩの出現を予言するかといえば、文化の中に一神教的な考え方が深く根づいているからだと思います。特にユダヤ系の知識人たちがそうです。彼らは非常に優秀で、グーグルをつくったラリー・ペイジやセルゲイ・ブリンもユダヤ系です。カーツワイルもそうです。

ユダヤ＝キリスト教の伝統では、基本的に世界は創造主である神様がつくったものです。宇宙秩序の論理やルールは人間には全部はわからないけれど、探求していけば段々わかってくるという考え方なのです。人間の身体にも、動物の身体にも、機械と同じように、神様がつくった共通ルールがある。脳を動かしているルールもやがてわかるはずであり、それを実現すれば、同じものができるだろうというわけです。

これはかなり深い信念ですね。そういう考え方が科学をつくってきたわけですから、全面否定するのは間違いでしょう。ただ、天文学などの物質科学はともかく、人間の心まで、そんな方法論ですべて解明できるのでしょうか。たとえば、口説きのテクニックの本がありますが、みんながその本のとおりに行動すれば、かえって逆効果になるだけでしょう。

◆ＡＩよりもＩＡ（知能増幅）を

もともと私は工学者のはしくれですから、役に立つことをやるのはいいことだと考えています。ＡＩに何をやらせるかが問題なのです。たとえば、オリンピックに向けて、機械翻訳ロボットに競技会場までの簡単な道案内をやらせることは可能でしょう。でも、だから外国語を勉強する必要がなくなるというのは間違いです。たとえば、小説の翻訳家は、まず関連した書物を読み、時代背景や文化に加え、著者のテーマは何か、どういう思想を持っているのか、などを調べたうえで翻訳を始めます。一方、機械翻訳は基本的にワンセンテンスごとに、用例を統計処理しながら翻訳していきます。そういう形式主義だけでは、シンプルな文章以外の翻訳は難しいのではありませんか。

「ＡＩで何でもできる」というのはビジネストークとしてはよいかもしれませんが、私は汎用ＡＩよりも、専用ＡＩのほうがベターだと思っています。人間が処理しきれないほどのビッグデータをＡＩで分析するのはよいことでしょう。しかし、それだけで人間の知恵がカバーできるわけではない。なぜなら、知恵は人間の多様な身体性の交流から生まれるものだからです。下手にＡＩが人間を代替したら、いったい何が起きるのかをよく考えないといけません。ＡＩよりコンピュータによるＩＡ(Intelligence Amplifier)が肝心です。

しばらく前、野村総合研究所とオックスフォード大学の共同研究で、やがてＡＩによって半分ぐらいの職業が代替されるという調査が発表されました。代替される職業もあるでしょうが、人間の得意な仕事は絶対にあります。たとえば、駅では自動改札システムによって切符を切る仕事がなくなりましたが、常にメンテナンスが必要になり、改札システムの開発や保守といった新しい仕事が生まれました。

棲み分けをうまくやれば、日本はＡＩの本当のトップランナーになれると思います。端的に言うと、目まぐるしく周囲状況が変化するような仕事は人間がやったほうがいい。たとえば家事労働がそうです。ロボットは、掃除のような単機能はこなせても、主婦(主夫)がやるような多様な臨機応変の仕事はできません。

リアルタイムで臨機応変な処理ができないというフレーム問題は、ＡＩの難問として知られています。「フレーム」とは、問題の枠組みのことです。ＡＩは、チェスの腕前はすごくても、ハンバーガーショップに行ってハンバーガーを買ってくるという、子どもでもできることができない。行く途中で道路工事をしていたり、製品が売り切れていたりしたら、コンピュータは立ち往生してしまいます。一方、お腹のすいている子どもは何とか対応して何か買ってくる。肝心なところを、人間は臨機応変に選び取れるのです。

たとえば銀行では、慣れている人にはＡＴＭを使ってもらい、操作に不慣れな高齢者には人間のスタッフが付き添って手伝っていますね。このように、定型的なマスを処理するところはＡＩに任せられても、それだけでは不十分なのです。

◆集合知で多様性の威力を生かす

ここで私から提案があります。コンピュータに丸投げするのはやめて、集合知を使うことです。集合知の反対は、衆知ではなく一人の天才がすべてを決めるという考え方ですね。天才は「gifted person」であり、神から贈り物（gift）をもらった神に近い人です。欧米では、そういう特別な人たちに従えという伝統がある。この考えにも長所があるかもしれません。しかし、今のような高学歴社会では、みんなの意見を合わせていくのも大事ではないでしょうか。

一〇年ほど前に、ジェームズ・スロウィッキーの『「みんなの意見」は案外正しい』（邦訳は角川書店）が評判を集めました。たとえば、約百年前のイギリスの家畜見本市で、参加者に雄牛を見てもらい、その体重を当てるコンテストがありました。真の体重が一一九八ポンドであるのに対して、推定値の平均値は一一九七ポンド。誤差はわずか一ポンドだったのです。もう一つ例があります。大学の教員が五六人の学生に、瓶の中のジェリービーンズの数を当てさせたところ、平均値は八七一個。正解は八五〇個で誤差は二一個でした。このように、みんなの意見を合わせると案外、正しい結果になるという話です。

これは数学的にも証明できます。拙著『集合知とは何か――ネット時代の「知」のゆくえ』（中公新書）に簡単な証明を述べましたが、集団誤差は、平均個人誤差（真値と個人推定値の差の平均）から分散値（推定値のバラツキ）を引いた値となります。みんなが勝手に推定しても、平均を取ると、集団誤差は小さくなるのです。

雄牛の体重推定の場合、見本市に参加するのは、酪農家、農業学校の先生や学生、肉屋さんなどで、彼らは経験的にそれなりの独自の推定方法を持っている。ゆえに、平均個人誤差は小さく、また分散値は大きくなって、集団誤差が小さくなるのです。一方、ジェリービーンズに関しては、学生の言うことはいい加減で、平均個人誤差も大きいのですが、その分、分散値も大きいので、集団誤差は小さくなります。

これまでは専門知のみが素晴らしいとされてきました。でも、権威ある学説でも間違うことはあるし、素人の直観も疎かにはできないのです。とはいえ、その一方で、何でも集合知でよいと考えるのは間違いです。たとえば、チェスの事例を紹介しましょう。

素人も含めて世界中のチェス愛好者が数万人でワールドチームをつくり、みんなで投票して最高得票の打ち手を選ぶというやり方で、チェスの王者と対戦しました。一九九六年はチェス王者のアナトリー・カルポフが三二手でワールドチームに圧勝しましたが、三年後の対戦では一変したのです。五〇手までは勝負の行方もわからず恐ろしく苦戦したあげく、チェス王者のガルリ・カスパロフがようやくワールドチームに辛勝しました。この違いは何かというと、ワールドチーム側の戦い方の違いだったのです。

第一戦では、ネットで素早く集計し、一手に十分しかかけなかった。一方、第二戦ではネット上でフォーラムをつくり、一手に一日かけてみんなで討論したのです。フォーラムでは、アイリーナ・クラッシュという一五歳の全米女子チャンピオンがリーダーとなり、専門知識に基づいて分析をリードしました。専門家が入ることで、集合知がうまく組み立てられ、どんどん強くなったのです。クラッシュ個人がカスパロフと対戦したら、太刀打ちはできません。

「皆さんの意見を集約しただけだ」と、彼女は言ったそうです。

この例からわかるのは、専門家の知識に普通の人たちの直観を加えると有益だということです。これはよく考えるべき点です。ＡＩはデータ収集が速いけれど、専門知識に近い。これに人間の身体的な直観を織り込むことが大事ではないかと、私は思うのです。

一九九七年にカスパロフはチェス用コンピュータ「ディープブルー」と対戦し、一勝二敗三引き分けで敗れました。ディープブルーは並列処理ができる高価な専用マシンですが、大変なおカネをかけてこんなＡＩをつくることが良い方向なのでしょうか。それよりも、みんながそれぞれパソコンを持ち、クラウド機能をうまく使って組み合わせていくほうが、費用対効果ははるかに高いはずです。

一九九〇年代にはまだ、パソコンで使える安価なチェス用ソフトはほとんどありませんでした。仮定の話ですが、もしワールドチームの五万人の参加者がそれぞれパソコン上で動くチェス用ソフトを持っていたら、カスパロフに勝利を収めたかもしれません。

◆人間の知は身体活動を通じて生まれる

人間の知と機械の知とは作動の仕方が全然違います。人間は体験に基づき、身体的な多様な直観を働かせる。一方、機械は一秒に何千万回も計算し、没価値的に単一の機能を追求していく。たとえば囲碁ソフトは基本的には、評価関数をつくって評価が一番高くなるような手を計算して選択します。人間の名人は、論理的に先を読むだけでなく、直観を働かせて総合的に判断します。

そう考えると、人間とコンピュータをゲームで競争させるのはナンセンスです。そういうＡＩを趣味でつくるのはいいとしても、税金を使うのはおかしい。コンピュータに大学の入試問題を解かせるのも同じです。コンピュータは受験生と違って膨大なデータベースに瞬時にアクセスできるのだから、条件が違いすぎます。

こういった生物と機械の違いは、理論的に考察されてきました。生物のメカニズムに注目したネオ・サイバネティクス、特に基礎情報学に基づく学問的な議論があります。生物は身体感覚と体験によって世界を観察しており、自分なりに主観的に世界の意味を把握する。人間ではさらに、お互いにコミュニケーションをとることで、間主観的に疑似的な客観世界を組み立てることができるのです。

だから、神様のように外側の唯一の視点から世界を眺めて分析するという考え方に、私は反対するわけです。神様の視点から世界を見れば、人間の脳も機械の脳も同じかもしれないが、科学的分析は違う。脳科学者は脳科学者なりに世界を観察していますが、所与の学説は絶対ではない。Aさんはこういう脳のモデルをつくり、Bさんは別のモデルをつくり、互いに議論して、学説ができるのです。そういう相対的で多元的な知が、私の考える人間の知です。こういう見方からAIを研究すべきではありませんか。

◆二一世紀の知がめざすもの

人間は、数十兆もの自律的な細胞が、効率よく生きるために分化して集まった複合生物です。爪の細胞は爪にしかならないというように機能分担し、調整しながら生きています。さらに、同一の細胞しかコピーできないと環境条件が変わったときに全滅してしまうので、生殖機能で多様に組み合わせ、新種の細胞をつくりつつ進化してきたのです。私たちの身体はそういう一つの生態系です。それを抽象化して、人間の脳は多入力一出力型の電子回路のネットだと断定し、AIで実現できるとみなす考え方は、たとえ完全に間違いではないとしても、いささかシンプルに過ぎると私は思います。

工学的には、深層学習でビッグデータを処理する専用AI技術自体は期待できます。特に、いろいろなところにセンサーをつけるIoT技術を用いて、深層学習などで膨大なデータを分析すれば役に立つでしょう。ただ、使い方については、コンピュータに丸投げではなく、人知、特に集合知を入れてもよいのではないでしょうか。人々の衆知に、専用ＡＩや専門家の知識を論理的に組み合わせる。コンピュータによって補強されたさまざまな知識をもとに、人間が自分の身体的な知恵を磨き上げる。両者のたくみな組み合わせを実践できる人たちが、これからは成功していくでしょう。

二〇世紀の知は、人間の脳を機械のように見なすものだったかもしれません。しかし、二一世紀の知は、少なくとも、多様な考え方や価値軸を持った人々の集合知を踏まえたものになるべきだと、私は考えています。

（講義日：二〇一六年一〇月八日）

推薦図書

▼マレー・シャナハン『シンギュラリティ――人工知能から超知能へ』ドミニク・チェン監訳、ＮＴＴ出版、二〇一六年。

▼ジャン＝ガブリエル・ガナシア『そろそろ、人工知能の真実を話そう』伊藤直子監訳、小林重裕ほか訳、早川書房、二〇一七年。

▼西垣通『ＡＩ原論――神の支配と人間の自由』講談社選書メチエ、二〇一八年。

【戦略】

自衛隊の国際任務――イラク派遣を振り返って

番匠幸一郎（講演時、防衛省陸上幕僚監部防衛部長）

◆敗戦を起点とする日本の安全保障の歴史

日本には自衛隊という国を防衛する組織があります。約二五万人の自衛官がいて、シビリアン（官僚）を含めると約二七万人の組織になります。日本の中でも、最も人員数の大きな組織の一つでしょう。陸上自衛隊が約一五万人、海上自衛隊と航空自衛隊がそれぞれ五万人ほどいます。私は陸上自衛隊の所属なので、社員一五万人の企業の、いわば経営企画担当役員のような立場になります。今回は日本を取り巻く安全保障上の環境と、そこにおける自衛隊の役割とともに、リーダーとして組織を管理し、人を指揮するうえで、私自身が心がけていることをお話しします。

自衛隊の仕事は、自衛隊法によって「わが国の平和と独立を守る」と決められております。では、守るべき日本というのはどんな国なのか、ここで改めて考えてみましょう。

国家の構成要素についてはいくつもの学説がありますが、一つ、国家とは人口であり、国の物理的な大きさ・領域であり、あるいは経済力、軍事力、政治力であるといえます。その他、情報、技術、国民の教育、民度など、さまざまな要素があると思われます。

日本の人口は一億二七〇〇万人ほどです。少子化が叫ばれていますが、それでもまだ世界一九六カ国中、第一〇位です。国土面積は三七万八〇〇〇平方キロメートルで、これは世界で六〇番目です。ただし、排他的経済水域（ＥＥ

Z)は世界第六位で、海までを含む管轄領域で見ると、実はとてつもなく大きな国であることがわかります。そして、経済は、GDPで長年アメリカに続いて二位でしたが、中国に抜かれたものの、それでも世界第三位です。

政治力はカウントの仕方が難しいのですが、一つの目安として国連の分担金を挙げてみましょう。こちらは世界第二位です。また、情報力を仮にインターネット普及率で見ると、こちらは九〇%を超えていて、人口の多い国の中ではトップクラスです。技術力は、言うまでもなく世界第一位でしょう。このように世界の中で大きな力のある日本という国を守るのが、私たち自衛隊の仕事です。ここでその歴史を振り返ってみることにしましょう。

一九四五年八月一五日が、日本の安全保障および防衛政策を考えるうえでの一つの原点になります。先の大戦に敗れて陸軍と海軍が武装解除され、この国から軍事力がゼロになり、独立を失った日です。現在の日本の安全保障と防衛を、そのときにさかのぼって考えてみましょう。

歴史上のある時点との関係で「今」を捉えると、見えてくることがあります。たとえば、この話をしている今日、六月一二日を一九四五年までさかのぼると、終戦の二カ月前、沖縄戦が一番激しかったときになります。日本陸軍三二軍司令官・牛島満大将が自決され、組織的な戦闘が終わったのが六月二三日なので、おびただしい数の人が倒れていったのがちょうどこの時期です。わずか六五年前の沖縄でそのような悲劇があったのです。

その後、広島、長崎に原子爆弾が投下され、八月一四日にポツダム宣言を受諾。そして、九月二日に東京湾の米艦ミズーリ号上で降伏文書に調印した。これが日本の安全保障、あるいは防衛問題の原点になると私は考えています。

日本国憲法には「陸海空軍その他の戦力は、これを保持しない。国の交戦権は、これを認めない」と書かれています。しかし、一九五〇年六月に朝鮮戦争が勃発し、北朝鮮の金日成が三八度線を越えて韓国に攻め入ります。これに対抗するため占領軍である在日米軍を中心に国連軍が編成された結果、日本に軍事的空白が生じます。そこでダグラス・マッカーサーの指令により、日本の安全を守るための警察予備隊が創設された。これが自衛隊の起源です。

当時の隊員数は七万五〇〇〇人。機関銃や軽戦車や大砲などを持つ、軽武装の陸上部隊が編成されました。その後、一九五一年に日本が主権を回復し、日米安全保障条約が締結された翌年に保安隊になり、そして一九五四年に自衛隊法が施行され、陸海空の三つからなる自衛隊が発足しました。その後一九六〇年と七〇年に日米安全保障条約が改定され、東西冷戦構造の中で、日本の防衛政策は決定されてきたのです。

その柱は大きく四つあります。一つは、日本国憲法は第九条に戦争放棄、戦力不保持、交戦権の否認に関する規定を置いていますが、独立国である以上、この規定は主権国家としての固有の自衛権を否定するものではないということ。二つ目に、その行使を裏づけるための必要最小限度の実力を保持し、専守防衛をわが国の防衛の基本的な方針とし、その実力組織が自衛隊を保持するということ。三つ目は、「核を持たない・つくらない・持ち込ませない」という非核三原則。そして四つ目が、文民統制です。国会が自衛隊の行動、予算について決定し、内閣総理大臣が自衛隊の最高指揮官となり、文民である防衛大臣が自衛隊の管理監督を行うという、徹底したシビリアンコントロールです。

私は、この防衛政策は非常に正しいと思っています。軍事力が国民の手を離れ、国民の幸せにつながらない動きをすることはあってはなりません。しかし、一方で自衛隊を「どう使うか」ということについては、これまであまり議論されてきませんでした。

◆無極化する世界で自衛隊に課された重い役割

東西冷戦が終結し、これで核戦争も地域紛争もなくなると世界が喜んだのもつかの間、ほどなく湾岸戦争が勃発します。イラク軍によるクウェート侵攻を受けて一九九一年に多国籍軍に

BANSHO Koichiro
1958年鹿児島県生まれ。80年防衛大学校卒業(国際関係論専攻)、陸上自衛隊入隊。米国陸軍戦略大学修了(戦略学修士)。第3普通科連隊長などを経て、2004年第1次イラク復興支援群長として自衛隊イラク派遣部隊を指揮。陸上幕僚監部広報室長、幹部候補生学校長、同防衛部長、第3師団長、陸上幕僚副長、西部方面総監などを歴任し、15年退官、元陸将。16年より国家安全保障局顧問。

よる空爆が開始されると、地上戦開始からわずか一〇〇時間でイラク軍は撤退を開始し、湾岸戦争はあっけなく終結します。

しかし、冷戦が終わって世界は平和になるという幻想を打ち砕いたという点で、湾岸戦争は非常に大きな出来事でした。米ソという強国同士の対立によって抑えられてきた世界中の経済、領土、民族、宗教などに関するさまざまな問題が、重しが外れたことでパンドラの箱を開けたようにあちこちでブツブツと噴き出てきて収拾がつかなくなってきた。それが、この冷戦後の状況ではないかと思います。

そうした中で日本の自衛隊も一九九一年に初めて、国際貢献のためにペルシャ湾に派遣されます。国内に目を向けると、同じ一九九一年の雲仙・普賢岳噴火、九五年の阪神・淡路大震災と地下鉄サリン事件と立て続けに災害が発生し、自衛隊が災害派遣活動にあたりました。

一九九五年に策定された防衛計画大綱では、国の防衛のみならず、大規模災害やテロなどの各種事態に対応すること、また世界の安全保障環境に貢献をするという自衛隊の役割が整理されました。同じタイミングで大規模なリストラも行っています。冷戦終結を受けて、陸上自衛隊はそれまで一八万人だった定員を一四万五〇〇〇人まで削減し、戦車や大砲も大幅に削減しました。

かつての米ソの二極対立構造から米の一極構造を経て、世界は無極化の時代を迎えたといわれています。新たな脅威や多様な事態に対処するとともにそれを抑止し、安全保障環境改善のために世界の国々が協力して取り組む必要が高まっている。安全保障の果たす役割というのは非常に大きく、複雑になってきています。事実、日本の周辺諸国は中国にしても北朝鮮にしてもロシアにしても、軒並み軍事力を強化しています。その中で日本は軍事力を縮小しています。人員数で見ても、国防費で見ても、世界の主要国との違いは明らかです。

毎年、こういうふうに幾何級数的に予算を削減していくと現場にどういう影響があるか、経営の第一線に立つ方はよくおわかりだと思います。企業でいえば必要な設備投資が行えなくなり、研究開発費をカットし、人材を確保できなくなる。自衛隊も同じです。さらに人員についていえば、採用数が制限されることで隊員の平均年齢が上昇し、少数の幹部が多数の実行部隊を指揮するという軍隊組織の基本であるピラミッド型にも影響を及ぼしつつあります(二〇一三年度から防衛予算は増加傾向に転換しています)。

一人の陸上自衛隊員が約九〇〇名の国民を支える日本の現状は、世界でもきわめて異色です。北朝鮮は二五人、韓国は八八人の国民を一人の兵士が支えていて、アメリカ、ドイツ、イギリス、フランスなどでも平均して五〇〇対一くらいの割合です。そうした中にあり、限られた人員で年平均三〇〇件の災害派遣活動を行い、国際協力活動も行っているのが、日本の自衛隊の現状です。

◆第一次支援隊長としてイラク復興の基盤をつくる

日本の安全保障環境と自衛隊の現状について概説してきましたが、ここからは私自身の経験と、そこから得た組織とリーダーシップに関する学び(教訓)をお話しします。

二〇〇四年、私はイラク人道復興支援の最初の派遣部隊指揮官として、六〇〇人の隊員とともに現地に赴きました。イラクはもともとチグリス・ユーフラテス川流域に栄えたメソポタミア文明の土地で、水もあるし、石油資源も豊富な、中東における重要な国の一つですが、長い間の戦争で荒廃していました。そうした中で私たちが行ったのです。

駐留地はクウェートから内陸部に約四五〇キロ入ったところですが、見渡す限りの砂漠・土漠の平地には、つい最近まで戦争をしていたことを物語るように、黒焦げの戦車、装甲車やトラックが至るところに転がっていました。ゴミ収集のシステムがないので町にはゴミが散乱し、ガスはもちろん、水道の普及率も四割程度しかありません。電気は一日二~三時間使えればいいほうです。当時のサマワの写真を見ると、今でも鼻をつく悪臭がよみがえります。

隊員数は六〇〇名、車両だけでも二百数十台あるという大部隊です。現地調達は望めないので、当座使う食料や燃料もすべて運びました。私たちは第一次隊だったので、最初ならではの仕事がありました。

隊員には、私たちの任務は三つであると言っていました。一つは、努めて早くイラクに日本の旗を立てること。日の丸を立てることで正式なスタートを切ることができます。二つ目は後に続く部隊、あるいは日本のこれからのイラク復興のための基盤をつくること。宿営地のような生活基盤や現地での仕事の足固めはもとより、現地の人たちとの関係の基盤をしっかりと築くことを心に留めていました。そして三つ目が、全員が無事に元気で一緒に帰ってくることです。

私たちの業務は、医療支援、給水、道路や学校などの公共施設の復旧・整備の三つの柱からなっていました。日本のODAでつくられた立派な病院がありましたが、できてから二十数年間ほとんどメンテナンスが行われていなかったため、ひどく傷んでいました。拠点病院として重要な役割を担っていながら、医療器具も医薬品もまったく足りておらず、トイレが詰まっていたり、未熟児を

図表1｜陸上自衛隊のイラク人道支援の活動成果

医療指導	給水指導	公共施設の復旧整備
277	約54,000トン	133

ナジミ	
PHC等医療施設	1
道路・橋梁	1
学校	1

ヒラール	
道路・橋梁	1
学校	2

マジッド	
PHC等医療施設	2
道路・橋梁	1
学校	2

ヒドル	
PHC等医療施設	4
学校	4
青年・福祉施設	1

サルマン	
PHC等医療施設	4
青年・福祉施設	1

ルメイサ	
PHC等医療施設	2
給水施設	3
道路・橋梁	1
学校	4
青年・福祉施設	3

サマワ	
PHC等医療施設	12
給水施設	7
道路・橋梁	22
学校	14
青年・福祉施設	13
燃料・清掃施設	2
その他	1

スウェイル	
PHC等医療施設	1
給水施設	1
道路・橋梁	2
学校	2

ブサイヤ	
PHC等医療施設	1
学校	1

ワルカ	
PHC等医療施設	4
給水施設	3
道路・橋梁	2
学校	3
青年・福祉施設	1

ダラージ	
PHC等医療施設	2
道路・橋梁	1
学校	3

入れる保育器にカビが生えているようなありさまでした。現地の医療従事者も、決してそれでよいと思っていたわけではなく、衛生状況を改善したくてもそのための資源がなかったのです。

そこで私たちは、サマワの町から箒を買い集めてきて、それで床を掃除したり、シーツや毛布を清潔にするといった基本的なことから再確認することにしました。後にサマワの新生児死亡率が三分の一に減ったという話を聞いて、ささやかながら嬉しかった記憶があります。

水道の普及率が約四割と述べましたが、塩分が強くて浄水施設も十分に整備されていないので、きちんとした処理をしないと使うことができません。そこで私たちは逆浸透型の浄水セットを使って、命を維持するのに必要な水を確保するため、浄水した飲料水を現地の方に提供しました。二〇〇三年にイラクで何者かの襲撃を受けて殉職された奥克彦大使と井ノ上正盛書記官が、サマワで飲料水の支援をすると大変喜ばれるということで発掘したニーズです。

◆復興の主役であるイラク人に寄り添う

施設の復旧・整備では、イラクの人に数多く働いてもらいました。一日一〇〇〇名ほど雇用して彼らの生活の安定を図り、結果として治安の改善にも寄与するものです。イラクにおける復興の主役はイラク人自身でなければならないと、私たちは考えていました。外国から来た軍隊や支援部隊の仕事は彼らの後押しをすることであって、自分の国を良くするのは彼ら自身の手でやるしかない。だからこそ、決してやってあげているんだという上から目線ではなく、彼らに寄り添ってサポートする姿勢を徹底しました。

その一つが「スーパーウグイス嬢作戦」です。選挙活動と違うのは、乗っているのが装甲車で、手を振っているのが屈強な隊員であったことです。ニコニコしながら振るのは左手。右手は銃から手を放せないからです。実は、いよいよこれからサマワに入るというときに、周りはみんなテロリストだと思って絶対に気を許すなと隊員に言い渡しました。事前の調査で、移動中が危険なことがわかっていたからです。そのため、道路を走るときには最高速度の一〇〇キロくらい出すこと、前にゆっくり走っている車がいたら罠の可能性があるので、ギュンギュン追い抜いていくといったルールを決めて、事前に訓練も行っていました。

　ところが、クウェートとの国境を過ぎてイラクに入っていくと、様子が違うのです。みんなニコニコして手を振りながら、「ヤバニ・グー！」と言ってくれる。これは「ジャパン・グッド」という意味です。いろいろ話を聞いてみると、イラクの人たちが日本のことを非常に好いてくれていることがわかりました。私たちが鉄砲を撃つために来たのではないことも、彼らはよく理解していました。

　これは考え直さなければいけないと感じ、スーパーウグイス嬢作戦を決行することにしたのです。そもそもイラクの復興の手助けに来ているわけだから、現地の人と良い関係をつくることが大事です。そこで隊員たちには、イラク人を見かけたらこちらから手を振り、アラビア語でも英語でもいい、言葉がダメなら敬礼でもよいから挨

図表2｜イラク人への世論調査

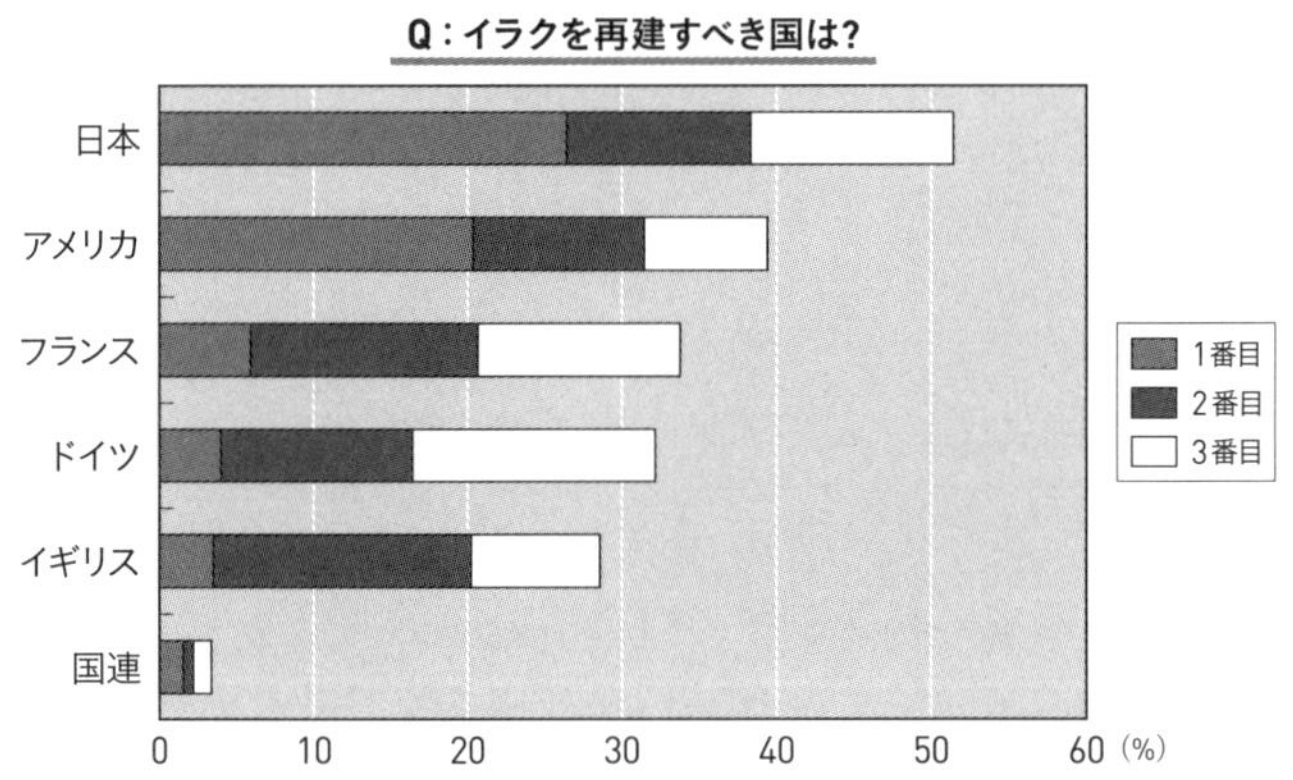

注：オックスフォード・リサーチ・インターナショナル、アメリカ国際共和研究所の世論調査による。
出所：『産経新聞』2005年1月31日記事をもとに作成。

拶して、移動中に道を譲ってもらったら感謝するように伝達しました。そのおかげもあって、最後までイラクの人たちは私たちに手を振ってくれた。他の国の軍隊にはなかったことです。

五月五日には二〇〇匹の鯉のぼりを揚げました。私が当時、駐屯地司令をしていた北海道・名寄《なよろ》市の皆さんにお願いして送っていただいたものです。実はこれをやるかどうかについてはフィージビリティー・スタディ（実行可能性調査）をやりました。イスラム教で鯉が忌避されていたら逆効果ですし、そもそも日本の文化をあの場所で示すのがよいのか悪いのか、私たちだけでは判断がつかなかったからです。

そこで、サマワの県知事、有力部族長、宗教指導者、市長に相当する人など、多くの人にあたって感触を探り、根回しをしました。鯉のぼりは親が子どもの成長と健康を祈って掲げる日本古来の風習だと説明すると、それは素晴らしいアイディアだとみんな口を揃え、協力を申し出てくれました。ユーフラテス河に鯉がなびくと、その壮観な様子に歓声が上がったものです。

ところがその翌日、日本に対するデモが行われるとの情報が入ってきたのです。大人も子どもも喜んでくれたようだったのに、やはり逆効果だったのかと一瞬思いましたが、そうではありませんでした。「昨日は鯉のぼりをありがとう」「正直な日本人よ、私たちとともに」と書かれた旗を持った、私たちを支援するデモだったのです。その後も何回もこうしたデモがありました。

図表3｜サマワ住民からの歓迎と支援――2004年5月6日の親日デモ

これは日本ではあまり知られていないようですし、図表2のような調査でも、日本が支持されていました。

◆非常時における規律厳正の効果

厳しい環境下での任務でしたが、宿営地での生活は日本とまったく一緒であるべきだと考えていました。自衛隊が国内でやっている勤務、生活と同様に規律厳正に行うという点は変えるつもりはない。私は名寄駐屯地司令というポストでしたから、平素から駐屯地でやっている基本的な生活勤務様式、これをそのまま持ち込むことを心がけました。朝は朝礼に始まり、イラク国旗と日本の国旗である日の丸を両国国歌を吹奏しながら掲揚します。整理整頓も徹底しました。先述のように、宿営地の外にはゴミが散乱していましたが、一歩踏み入れれば別世界のようにゴミ一つない環境でなければならない。車両もピシッと整列させて、テントや発電機などは、すべて直線直角になるように設置する。おかげで私たちの宿営地は、イラクのモデル駐屯地に指定され、多くの調査団が見学に来ました。

これは三つの点で、非常に大きな効果がありました。一つは、テロリストに対する抑止効果です。隙がなく、とても手出しできないと思わせる効果があったと思います。二つ目は、他国の軍隊からの評価です。海外での経験が乏しい自衛隊がどの程度の力を持っているのか、お手並み拝見という目で見られがちだったのが、これはやるじゃないかと思わせた。三つ目は、自分たち自身のためです。やはり雑然としている場所や手を抜いているところから、事故やケガなどの状況は起こります。やるべきことに手を抜かないという意識を徹底するうえでも、日本にいるのと同様の規律厳正の効果は大きいものでした。

とはいえ生身の人間ですから、それだけでは隊員たちももちません。外出もできないし、勤務後に居酒屋で一杯というわけにもいかないし、家族もいない。百数十日間、完全に缶詰状態で、本当に休みの日は一日もない。そういう中で隊員たちのモチベーションを維持するため、五つのことを心がけました。

まず一つは、食べることです。温かいもの、美味しいものを食べるというのが、人間の精神状態にどれだけ影響するかご存じでしょうか。カロリーや栄養価が足りているだけでは、人は生きていけません。ですから、できるだけ早くレーション（戦闘糧食）から温食に切り替えるように努めました。米を炊き、味噌汁を用意して、果物や野菜を摂れるようにする。それだけで隊員たちの表情がまるで違う。何歳になっても人間にとって、やはり食べることは重要で、士気に大きく影響します。ただし、イスラムの世界に配慮して完全にアルコールと豚肉は禁止しておりました。

二つ目は健康管理です。健康にはくれぐれも留意しなければなりません。これについては、医官一一名をはじめとする医療スタッフと、野外手術システムを含む万全の態勢でのぞみました。一人ひとりの隊員はもちろんですが、特に組織のトップにとっては、自らが健康であることも大事な仕事です。体調を崩すと判断力が鈍り、兆候を察知する力が落ちて、隊員たちに対するケアもおろそかになる。これは企業のトップも同じはずです。ただし、悩ましかったのは各部族の招待を受けて食事を振る舞われる機会です。日本人が食べるとまず間違いなくお腹を壊すというものも、中にはあります。だからと言って、手をつけなければ無礼になるので、問題のなさそうなものを選んでパクパクと、さも美味しそうに食べなければなりません。それでも少しでも調子が悪くなる兆候があれば、すぐに医務室に行って胃腸薬をもらっていました。おかげで私は百数十日間の駐留期間中、一度もお腹をこわさずにすみました。

三つ目はお風呂です。ビニールプールのような浴槽に入れた水を沸かすのですが、気温が高いせいで冷たく感じる。それでもみんな喜んで大事に入るので、お湯が汚れないし減りません。いつも私は最後の風呂に入って、洗濯をしながらその態度に感動していました。四つ目が睡眠です。二四時間体制なので交代にはなりますが、きちんと睡眠をとる。そうしないと長持ちしません。そして、五つ目が家族の存在です。家族ときちんとコミュニケーションがとれることが、隊員の精神状態を安定させるうえできわめて大きな意味を持ちます。こうした点を心がけて、隊員のモチベーション維持に取り組みました。

◆ライオンの気構えを持って、ロバの仕事を行う

私たちは戦闘任務のために派遣されたのではなく、医療、給水、インフラ復旧などを通じてのイラクの人道復興支援が任務だったので、ロバかライオンかで言えば、ロバだったと言えるでしょう。しかし、ライオンの気構えを持って、ロバの仕事をするというのが、私たちのポリシーでありました。

歴戦の勇士であるイギリス軍の大佐と議論したことがあります。彼は失敗する部隊はすぐわかると言うのです。たとえば人道支援や平和復興、後方支援とか、そういう耳あたりの良いミッションだけに特化して現地に来た部隊はだいたい失敗すると。しかし、どんなに簡単そうに見えても、あるいはどんなに非軍事のように見えるミッションでも、きちんとした装備と訓練、そして意識を持った部隊というのは、何があってもビクともしないのだと。

私もまったく同感です。私たちも人道復興支援だからといって、給水や医療、道路工事の部隊だけで行ったとしたら、おそらく大変な犠牲が出ていたはずです。だからこそレンジャーを経験し、陸上自衛隊の戦闘部隊である普通科（歩兵）の連隊長である私が全体を指揮しました。また、炊事担当にもレンジャー隊員が就いて、何か事が起これば しゃもじを機関銃に持ち替えてすぐに戦える。そういう強い部隊という構えを持って行き、宿営地をつくり、日々の活動をしたことが、無事に任務を遂行できた結果につながったのだと思います。

クライシスマネジメントも指揮官である私の仕事でした。危機に陥らないためには、常に最悪に備えることです。今だから申し上げますが、棺桶も持っていきましたし、ドクターにエンバーミング（遺体保存）の訓練もさせました。起こってはならないことですが、準備はしなければいけません。

訓練についても同様です。私たちは基本的には銃の引き金を引きませんが、いざ引いたときには確実に命中させなければなりません。当てないように撃たなければならない場面で、下手なために当ててしまったら大変な事態になります。あるいは、毎日毎日の情勢の中で、どれだけ危機を早目に察知するかも非常に大切です。早目に察知をすれば

手を打つことができるわけで、そのように、常に最悪に備えることを、日々考えていました。

毎朝、起床するとすぐに最新の報告を受けて陸上幕僚長に電話をしました。「今朝もサマワは異常ありません」という、ごく簡単なものです。しかし、私はこの「異常なし」を言うことの意味を、毎日噛みしめていました。

「異常なし」というのは、六〇〇人いる隊員たち一人ひとりの異常のない活動の総和なのです。一人ひとりが異常のない状態をつくって、初めて全体としての「異常なし」ができてくる。「異常なし」は決して与えられるものではなく、つくり上げるものなのです。宿営地のパトロールにしても、給水、医療、施設における日々の活動にしても。私たちが隙を見せないできちんとやることが、実は悪さをしようとする勢力を遠ざけ、「異常なし」の状態をつくっている。そのことの重さを毎日思っていました。

単に隊員として強くても、周りと敵対関係があればやられてしまう。逆に、いかに周りと仲良くしていても、自分たちが十分な能力を持っていなければ、やはりやられてしまう。ですから、自分たちの周り、特に現地の人たちとの良好な関係を、シルクハットのツバのようにどんどん広げていく。その一方で私たち自身は、日本国の代表である陸上自衛隊としての練度の高さ、能力の高さを、クラウン(頭にかぶる部分)のようにどんどん高めていく。ハードウエアとソフトウエアの二つのアプローチで、横に広げて高く積み上げる。これを私はシルクハット・ポリシーと名づけて実行していました。

◆人間力に勝るリーダーの要件はない

ここで、指揮官、リーダーの役割について考えてみたいと思います。軍隊でも企業でも、あらゆる組織において、指揮官が何のためにいるのかと言えば、決断し責任を取るためです。サマワでも、幹部を集めて作戦会議を行うと、最後はみんな私の顔を見ました。決めるのは私だからです。決心をして、その決めたことに対して責任を取るのが指揮官の役割だと、私は考えています。もう少し具体的にお話ししましょう。

任官したばかりの新米幹部の頃に、先輩方から、指揮の三要素ということを教わりました。一つは、指揮の技法です。いつ、どんなことを言うのか。どんな場所で指揮をするのかというテクニックです。命令するにしても、どんな順番でどんな要素を言うのか。どのタイミングで、どのくらいのことを言うのかというのもテクニックです。たとえば言わなくてもよい早いときから言いすぎると、後のことを縛り込みすぎてしまうし、逆に適切なタイミングに大事なことを言わないと多くの隊員をまどわせてしまう。適時適切に言うということが大事です。これらは基本的には技術・技法であり、マニュアル化された内容ですから、指揮官たる者は基礎として知っておかなければなりません。

しかし、より大事なのは、二つ目の状況判断です。そうしたテクニックを知っていても、間違った判断をしてはどうにもならない。たくさんの状況の中で、一番正しい方向性を見極めて、意思決定をしていく。この状況判断が、実はとても大事です。

さらに重要なのが、三つ目の人間力、すなわち統率力です。ここに二人のリーダーがいるとします。一人はとても頭が良くて理路整然としていて、状況判断の結果も正しいようだ。もう一人はどうも何を考えているかよくわからないし、言っていることも必ずしも理路整然とはしておらず、状況判断の結果も間違っているかもしれない。それでも、前者が人間的にはどうかと言う人がいる一方で、後者はとても人間的な魅力のある人だと言う人が多いとすれば、私は成功するのは後者ではないかと思います。間違っているところを部下たちが補い、こちらのほうがいいですよと意見具申をし、それを本人が受け入れる。そういうムードを出せる人のほうが、往々にして成功する確率が高いように思います。

先輩方から人間力、統率力が大事だと教わってきましたが、自衛官生活も三〇年を過ぎて、私自身改めてそれを実感しています。技法も大事だし、状況判断も大事だけれど、やはり私たちが相手にするのは人間なのです。生身の人間を、それも命をかけて仕事をしてもらうというときに、単に理論的であるとか、正しいか正しくないかだけではなく、その人の持っている人間的な魅力がいかに大事かということを思い知らされます。

そのうえで、指揮官には知っておかなければならない要訣があります。一つは指揮下部隊の確実な掌握です。自身が指揮をする部隊は何人いて、どんな武器を持っていて、装備品の稼働率は何パーセントか。しかし、それ以上に隊員の健康状態や悩み、家族の状況や思っていることといった、部下に関する有形無形のさまざまなことをどれだけわかっているのか。これが非常に大事だろうと思います。

二つ目は、前述の指揮の技法にも関係しますが、できるだけ早く、何をしたいかという意図を明らかにすることが大事です。やりたいのかやりたくないのか、前へ進むのか進まないのかといった意図や方向性を、できるだけ早く示すことです。これは命令とは違います。

そして、三番目は適時適切な命令を下達することです。命令というのは「やれ」という実行を命ずる厳正な行為です。これをあまりにも早く言いすぎてしまうといけないし、命令と意図とが混同されると大変なことになります。いつまでに、何をどういう目的のためにやるという命令は、意図とは別のものとしてタイムリーに、そして大きすぎず小さすぎず与えなければなりません。

四つ目が、自主裁量です。命令した以上は任せなければいけません。命じた後もいちいち口出しすると大きな失敗につながりやすいのは、いくつもの過去の事例が物語るとおりです。

そして五番目が、実行の監督です。命令どおりにきちんと実行されているかどうかのフォローアップをすること。これは、最終的に全責任を取る者としての大切な責務だと思います。以上が指揮官としての要訣です。

◆指揮官はなぜ個室を与えられるのか

現場ではセオリーどおりに物事が進まないことがほとんどです。しかし、絶対にこれだけはしてはならないと私が考え、部下にも戒めていたのが、「はず」「だろう」「まあ、いいか」といった言葉や姿勢です。何かおかしいことがあるのに「まあ、いいか。疲れていることだし」とか、確認を怠って「やったはず。やっているだろう」ですませるとき、そこに魔物が侵入してきます。すべての問題は現場にしか存在しないのです。現場で問題を見抜いて、どんなに疲れていても、面倒でも、心を鬼にして「待て」とストップをかけて、やるべきことをやることが大事なのです。

何度も繰り返し指示しても、物事が徹底されないのであれば、それは聞く側が納得していないからです。なぜ納得しないかというと、そこに信頼関係がないか、あるいは希薄だからです。組織内に信頼関係があり、そしてチームメンバーに納得をさせる努力をすればすべての物事は徹底されるはずです。

私自身は、イラクでの活動を通じて、三つの個人的教訓を得ました。第一に、これは教訓というよりも事実認識になりますが、イラク派遣の私たちのミッションは、人道復興支援ではありますが、一〇〇％軍事オペレーションであったということです。二つ目は、基本や基礎の大切さです。逆に言うと、これができていれば何でもできるのです。イラクであろうと、アフガンであろうと、南極や北極であろうと、世界中のどこでも、隊員一人ひとりがそれぞれの持ち場で任務をきちんと果たしてくれれば、目的は遂行されるのだと思っています。

次に、イラクでのことはあくまでもイラクでのことであり、これを成功体験にしてはならないというのが、私の三つ目の教訓です。その後も自衛隊は海外派遣されていますが、私たちが従事したイラク派遣での活動と同じやり方をしたら常に成功するかというと、決してそんなことはありません。指揮官も隊員も、勤務する場所も、情勢や環境も、編成も任務もすべてが違う。だから、その時その時でまた、新しい頭で、新しい判断をしていかなければなりません。もちろん、学習すべき点はしますが、いつまでもそれにしがみつくというのは大変危険です。

日本は非常に素晴らしい国です。私は隊員たちを指揮して、世界一の隊員だと思いました。こういう隊員たちを預かった以上、自分の指揮の誤り、自分の判断の甘さによって彼らを危険に陥れることはあってはならない。指揮官とはそういう責任を負う仕事なのだと思います。

だからこそ、個室を与えられ、あるいは専用車や秘書を与えられます。しかし、その意味を取り違えてしまう人が時折いるようです。個室や専用車は、支度部屋として指揮官など組織の責任者に与えられるものです。その中ではさまざまなことを悩み、誰にも見せられないような姿でのたうち回ってもいい。しかし、一歩そこを出たらニコニコと太陽のように晴れやかな様子で、この人についていこうと部下たちに思わせなければならない。そのために支度部屋が与えられていることを、あらゆる組織のリーダーは忘れてはならないと思います。

リーダーシップとは何かを教えることはできても、それを本人のものにするのは簡単なことではありません。一人ひとりの個性もあるし、経験を積み重ねながら丹念に育てるよりほかにないのです。人は試練を与えると、強く太く伸びます。さまざまな経験をさせ、負荷を与えることで強いリーダーを育てることが、あらゆる組織において求められているのではないでしょうか。

（講義日：二〇一〇年六月一二日）

推薦図書

▼産経新聞イラク取材班『武士道の国から来た自衛隊——イラク人道復興支援の真実』産経新聞ニュースサービス、二〇〇四年。
▼マイケル・ハンデル『米陸軍戦略大学校テキスト——孫子とクラウゼヴィッツ』杉之尾宜生・西田陽一訳、日経ビジネス人文庫、二〇一七年。
▼西郷隆盛『西郷南洲遺訓——附・手抄言志録及遺文』山田済斎編、岩波文庫、一九九一年。

【政治】

ビジネススクールでは教えない国際政治と安全保障

――ドイツの叡智に学ぶ

安田隆二（一橋大学大学院経営管理研究科特任教授）

◆現代経営学を学んだだけでは、これからのグローバル経営はできない

企業人の経営学に関するリテラシーはずっと高まっています。皆さん方企業人も、エグゼクティブスクールで、競争戦略、ファイナンス、マーケティング、イノベーションなどの経営スキルやコンセプトを修得し、欧米企業の成功事例をベストプラクティスとして学ばれました。「これで私の科学的経営能力は高まった。会社の経営に活かしてリーダーシップを果たすぞ」と意気込んでいらっしゃると思います。

そんな想いに冷水をかけてすみません。ビジネススクール教員としては躊躇することですが、「残念ですが、現代経営学のスキルやコンセプトを学んだだけでは、これからの厳しい世界で企業経営をリードしていくことはできません」「えっ？　高い授業料を取っておいて、今さら何を言うのだ」とお怒りになるかもしれませんが、まあお聞きください。

結論から先にいえば、これからの経営者には、科学的経営論とともに、「国際政治経済学」の素養や、「安全保障論」「混合経済論」の理解が不可欠になってきているのです。

◆現代経営学は、欧米が国際政治経済的覇権を振るった時代に発展した

皆さんが学ばれた現代経営学は、米国の世界的覇権の下で国際政治秩序が安定し、先進諸国が協力して国際経済・金融ルールを遵守した環境の中で、自由な市場競争を勝ち抜いてきた欧米の民間企業の成功事例から帰納法的に導き出されたものでした。

それは一九七〇年代半ばに、世界の政治経済の秩序と経済を協議する先進七カ国首脳会議（G7）が発足し、レーガノミックスで米国経済が復活し、サッチャリズムで英国が英国病を脱した時代に始まりました。フリー、フェア、グローバルを基軸とした構造改革が功を奏して企業業績は上がり、その成功モデルが米国を中心とした経営学の理論的発展をもたらしたという背景があります。

一九九一年に米ソ冷戦が終結すると、世界は米国の一極覇権時代（G1時代）となりました。歴史学者のフランシス・フクヤマ氏が「歴史の終焉」という言葉で、世界の政治は米国民主主義型に、そして、経済はアングロサクソン資本主義型モデルを最終形として収束していくと予言したのもその頃です。当時の日本企業も、アングロサクソン型資本主義のルールをモデルとして企業の構造改革に突き進んでいました。

G7・G1時代に発展した現代経営学は、以下のような経営観を持っていました。

- グローバルな貿易・投資市場はますます成長し、世界には「新しい成長フロンティア市場」が次々と生まれる。
- 世界は「ボーダーレス・エコノミー」であり、企業はグローバル市場に自由に進出し、国

YASUDA Ryuji
1946年大分県生まれ。70年東京大学経済学部卒業、モルガン銀行入行。79年カリフォルニア大学バークレー校にて博士号（Ph.D.、政治学）取得。マッキンゼー・アンド・カンパニーのディレクター、A・T・カーニー社アジア総代表などを経て、2002年より一橋大学教授。専門は企業戦略論、企業再生経営、金融機関経営論。ソニーや大和証券グループ本社の社外取締役を歴任後、現在、オリックス、ヤクルト本社、ベネッセホールディングスの社外取締役を務める。主な著作：『企業再生マネジメント』『日本の銀行　進化への競争戦略』（ともに東洋経済新報社）など。

境をまたいだビジネスプロセスを構築する機会に恵まれる。

- 主役は民間企業であり、「市場原理に基づく自由な競争」を競い、コーポレートガバナンスの基本は「企業価値(株式価値)」の向上にある。
- 国家は企業活動に介入せず、規制緩和に努め、「小さな政府」にとどまるべきである。

皆さんが学ばれた現代経営学は、こうした前提を持っていました。

◆Gゼロ時代の経営は、ボーダーレス、低成長、混合経済の競争に転換

しかし、アングロサクソン型資本主義は、二〇〇八年のリーマンショックでつまずき、米国の深刻な停滞と欧州の分裂を生み出し、欧米は覇権力を失っていきました。代わって台頭してきたのが、中国をはじめロシアやインドといった、かつての大国の復活をめざす「復活国」と、インドネシアやブラジルなどの「新興国」です。

世界は一極体制から多極体制に移行しました。そのために、安定していた世界政治のバランス・オブ・パワー(力の均衡)は揺らぎ、不安定な真空状態が生まれてきました。それは、国際政治学者のイアン・ブレマー氏が定義した「誰も覇権国としての責任を負わない、リーダーなき時代。何が起こってもおかしくない世界」、つまり「Gゼロ」の時代になったということです。

Gゼロ世界は、かつての経営の常識を変えてしまいます。

第一に、各国とも国際協調よりも、「国益を第一」とします。その結果、保護主義や外資規制など、国境の壁が高い「ボーダーフル・エコノミー」に直面することになります。

グローバリゼーションの動きは止められません。しかし、それはコスモポリタンがフラットなオープン市場で共存

共栄しようという甘いものではありません。国境で国益と国益が激しく衝突し、妥協・協調・新しい衝突を繰り返しながら、グローバリゼーションが進んでいく厳しいプロセスです。

第二に、国際政治が不安定なため、これからの世界経済は、低成長が「新常態化（ニューノーマル）」しそうです。世界の経済成長率は、リーマンショック前の一〇年が平均四〜五％であったのが、その後は二％台に落ち込んでいます。日本経済は一％台の低迷を続けており、二桁成長を続けてきた中国も一桁成長時代に移ることを明言しています。回復しても、世界経済がかつての高成長時代に戻ることは期待できないでしょう。

経営学は、今まで膨張する市場のパイを奪い合い、新しい成長フロンティアを見つける「成長戦略」を教えてきました。しかしこれからは、パイが伸びない中で付加価値を上げ、高収益を確保する「成熟戦略」の知恵が重要になってくるのではないでしょうか。

第三に、現代経営学では否定されてきた国の役割が高まり、官民が協働する「新しい混合経済（ニュー・ハイブリッド経済）」色が強まっています。官民がタッグマッチを組んだ競争が始まっています。

戦略論の大家マイケル・ポーター教授は、かつて「国の介入が、民間企業の力を削ぎ、結果として国の国際競争力を弱める」と主張していました。国営企業などは非効率経営の代名詞でした。ところが、現在の世界トップ二〇〇〇社に次々と新規にリストアップされるのは、中国やインドの「上場国営企業」です。自由主義経済だと思われているシンガポールの証券市場の時価総額の半分以上は、同国の上場国営企業です。インドネシアも同様です。

中国の上場国営企業の四五％の株式は国が保有し、コーポレートガバナンス面では、「企業価値の向上」と同時に「国家戦略との整合性」が求められます。宝山鋼鉄や武漢鋼鉄が、収益を一時犠牲にしても、国家の国内社会資本開発政策や、一帯一路戦略に沿った海外生産投資を行うのは、その例です。もちろん、国主導の産業再編に従うことも求められ、その結果、造船や車両製造で世界一企業となった上場国営企業が生まれてきています。

中国の上場国営企業のトップには、欧米のビジネススクールで学び、グローバル企業での勤務経験を有する優秀な資本主義的経営者も少なくありません。「国営企業＝非効率経営」の公式は必ずしも当てはまりません。国家戦略の意を受け、ときに国の干渉を受けながらも、その支援をフルに活用して、国際競争力を急速に高めている上場国営企業が、孤軍奮闘する民間日本企業の強力な競争相手になってきています。

欧米でも官民協調が増えています。ドイツのフォルクスワーゲンの株式の二〇％は政府が所有しており、ドイツ政府が同社を欧州のディーゼル車規制から必死に守り、ＥＶ（電気自動車）開発に巨大な研究開発費を提供していることは、よく知られているとおりです。

米国でも、デジタル技術やバイオ薬品に関する研究開発に何十兆円もの国家資金が提供され、開発された技術は国家の国際的知財保護政策によって、米国企業の利益を守っています。アップル製品の基礎研究の大半が米国の国立研究所や防衛予算の中で生み出されたものであり、その恩恵で同社の売上高研究開発費率はわずか二・八％で済んでいるとの指摘もあります。ソニーやサムソンは七～一二％です。ちなみに、日本の科学技術研究開発費に占める国家予算は先進国で最も低い水準です。

そして第四に、経営に「地政学・地経学的視点」が必要になります。

Ｇゼロ時代には、必然的に各国間で地域の覇権をめぐる戦いが熾烈となり、地政学的リスクは高まります。地政学的動向は、企業の経済活動に多大な影響を及ぼします。そして、地政学的目的を果たすための、地経学的経済活動も増えてきます。エネルギー開発やインフラ開発、そして国際金融分野ではジオエコノミクスを無視できません。

◆企業闘達ならずして国は強くならず、国弱くして企業は世界で戦えず

現代経営学では、もちろん企業が主役です。実際、日本企業が活発に成長していけば、日本の国力も強められて、国際発言力も高まりました。そうした中で企業人は、「堅実な国力の強さを持たなければ、企業が成長を続け、国際

競争力を持つことはできない」という歴史的事実を忘れてしまったようです。

歴史を見ると、一六世紀以降の世界の覇権国であるポルトガル、スペイン、オランダ、イギリスが国力を落としてしまった現在、これら四カ国の中で世界のトップ二〇〇〇社に入る企業はごくわずかです。国力の衰退とともに、その国からは世界的な企業も消えていったのです。

かつて、明治の経済界の大立者・渋沢栄一は、「実業家も士である。士たるものの経営の最終目的は、国家をして富かつ強からしめることである。企業闘達ならずして国は強くならず、国弱くして企業は世界で戦えず」と論じました。この言葉を蘇らせて、企業人は、企業活動を闊達ならしめる「国力」を強めることにも関心を広げる必要があるでしょう。

では、どうすれば国力は高まるのでしょうか。一八世紀のドイツの国家学者フレデリック・リストは、「国の発展に最も重要なことは、富そのものではなく、『継続的に富を生み出す力』そのものである」と断じています。つまり、GDPの大きさにこだわる前に「国を想う心」と「自立心」そして「安全保障意識」などをしっかり持つべきだというのです。

そういえば、明治初期から日露戦争勝利までの時代を描き、テレビドラマにもなった司馬遼太郎の『坂の上の雲』の出だしは、「まことに小さき貧しい国が開化期を迎えようとしている」です。当時の日本は小さい国ではあったが大志を抱き、貧しい国ではあったが自立心を失わず、遅れた国ではあったが進取の精神に満ちあふれていました。

政治学者の故・高坂正堯氏は、『『国を想う心』に目覚め、『自立心にあふれる』明治の人々の『気概ある楽天主義』が、欧米列強の脅威を跳ね返し、近代国家としての国力を高めていった」と分析しています。

それから百数十年経た今日、「まことに大きく豊かな国が落葉期に怯えているかのようだ」と表現される状況になっているのは悲しいことです。大きな国であるが小心になり、豊かな国であるが自立心を失い、先進国であるものの内向きに閉じこもり、国家意識と安全保障意識を薄れさせ、単に「将来への悲観主義をはびこらせている」ように見えます。明らかに、Gゼロ時代に入って、日本の国力の衰えが顕在化してきています。国力が衰えれば、日本企業の国際競争力にも陰りが生じます。憂うべきことです。

◆グローバルに開かれたナショナリストであり、自立心を持った企業人たれ

近代国家の特徴であるネーション・ステートにおいて、国力の根っこには、健全な「国を想う心」があります。そして、国に過度に依存しない「経済的自立心」も不可欠です。

民族・言語・歴史・文化などを共有する共同体である「ネーション」が自然な感情として生み出す「国を想う心」のエネルギーは強力です。その想いを汲み取って、政治的権力と法的権威を持つ国家機構である「ステート」が国の財政・外交を賢明に運用すれば、国に富を生み出す勢いが生まれます。逆に、国を想う心を忘れ、自立心を欠いた国民の甘えに応えて富をばらまくポピュリズムに走れば、国はやがて衰退していくといわれています。

不思議なことに、戦後日本は、「国を想う心」を危険な排外的ナショナリズムと同一視して否定してきました。最近では、「グローバル時代にはナショナリズムは時代遅れな存在だ」として、コスモポリタンを理想にしてきました。

しかし「国を想う心」は、企業活動のエネルギーの源泉で、イノベーションや国際競争に心を燃え立たせ、企業倫理の矜持を持つのに欠かせないものです。実際、諸外国のグローバル企業のビジネスリーダーは、一様に「グローバルマインドにあふれたナショナリスト」です。グローバルにビジネスを展開していても、自国の歴史と文化に誇りを持ち、国益に敏感で、自国の発展に貢献することに意気を感じている人たちです。グローバルビジネスの世界では、コスモポリタン企業人は信用されません。

日本人ビジネスマンでも、海外派遣社員には、「グローバルに開かれたナショナリスト」が多いように感じます。否が応でも、日本人であることを意識せざるを得ないと同時に、島国である日本にとってグローバルビジネスは重要

な国益であり、異国のナショナリストである現地人と共存協調していく必要性を理解しているからでしょうか。

真に国を想わぬ人は、えてして国に過剰な財政依存をしようとします。そうした経済的自立心の欠如が国力を弱めます。かつてのローマ帝国は没落階級の若者たちのパンとサーカスの要求に応えた結果、財政破綻で倒れました。

今の日本を見ると、「高齢者への社会保障支出で財政破綻した」といわれかねない状況です。国と地方政府の債務は、危険水域といわれるGDPの一〇〇%をはるかに超え、先進国で最悪の二〇〇%超に達しています。そして財政赤字の最大の要因が、国家予算の三割を占めてさらに膨張する社会保障費にあることは明白です。

手厚く保障される権利を主張する「市民」は増えたものの、自立するための努力義務を負う「国民」がいなくなったようにすら思えます。日本企業は、いったいどれだけの社会保障費を負担させられることになるのでしょう。

◆Gゼロ時代の企業人は、総合安全保障観を持て

国力を強めるのに欠かせない要素のもう一つが「安全保障意識」です。

Gゼロ時代は覇権大国の交代期であり、国家間の衝突が絶えず発生し、各国の功利的な合従連衡によって国際勢力均衡図が一変し、遠方で起きた想定外の危機が世界中に波及する時代です。極東地域で安定していたバランス・オブ・パワーが揺らいでいることで、日本の安全と地域の安定がかつてなく脅かされています。領土・権益・国民の安全を守り、地域を安定させる安全保障策なくして、安心して企業ビジネスには従事できません。

「貿易・直接投資・国際金融を促進する前提は、世界や地域が安定していることである。その環境を作り出すのが安全保障策である」。これは国際政治経済学の権威であったロバート・ギルピン教授の言葉です。

ところが、安全保障もまた、日本が長きにわたって真剣に向き合うことを回避してきたテーマです。それでも日本の安全が守られたのは、米国の絶対的覇権力を背景とした日米同盟に依存することができたからです。安全保障を考

えずにひたすら経済発展にのみいそしめばよかった日本は、稀有な幸運に恵まれていました。

しかし、米国が「世界の警察」としての役割から一歩引き始めたとたん、中国がアジアへの軍事支配権を拡大し、東アジアでは日中の領土衝突が起こり、北朝鮮の核開発が進み、米ロ冷戦の再燃も要警戒です。これからの不安定で不透明な地政学リスクが高まる中で、安全保障を考えることなく日本の安定した発展を描くことはできません。

安全保障を考えるときに私の脳裏にあるのは、イギリスの国際政治学者ジェームズ・メイヨールの次の言葉です。

「国際政治の歴史を見ると、リベラルユートピアンの夢想は国民に悲劇をもたらし、権威主義的守旧派は退嬰を生み、誇りと理念を持ったリアリストだけが国の安全を守り、国を進化させてきた」。

リベラルユートピアンは、世界は平和を望む善良な国家の集まりであり、軍事力を用いずとも、世界共通の人道主義に基づく相互理解を深めることで、協調的秩序を生み出せるはずだという夢想に走ります。ヒトラーのナチスドイツに対して宥和政策をとって、ナチスの欧州侵略を傍観した英国のチェンバレン首相がその一例です。

権威主義的守旧派は世界の秩序の変化を見ずに、同盟関係を不変のものと思い込み、自己の利益の保存に走って国を守ることを怠ると断じています。

誇りと理念を持ったリアリストとは、自国の独立性に誇りを持ち、世界秩序の絶えざる変化に驕ることも悲嘆することもなく、地域の安全と協調を求めた理念を掲げて、現実の国際政治を客観的に直視し、「しっかりと、しなやかに、したたかに」安全保障策を模索していくリーダーのことです。

日本でも一九六〇年・七〇年の日米安全保障条約をめぐって、リベラル派とリアリスト派の論争がありました。リベラル派の論客であった故・坂本義和東大教授は、「日本は米国依存から脱却して、中ソを含むすべての隣国と協調することをめざすべきである。日米安保条約で米ソ冷戦に取り込まれて緊張を高めるよりは、非武装中立によって平和を守るべきだ」と主張しました。

一方でリアリスト派の故・高坂正堯京大教授は「経済復興を優先して再軍備に自制的なことは賢慮であるが、その場合の安全保障は日米同盟なくしては実現しない。そのうえで米ソ中との協調性を模索するのが東アジアのバランス・オブ・パワー政策の基本だ。ただし、安全保障を米国に依存して経済成長を図る場合、将来、経済摩擦が起こったときに理不尽な要求をされることを覚悟すべき」と主張しました。メディアの論調も両派に分かれて論争されました。その後の歴史を見ると、どちらの見方が正しいかは明白だと思います。

◆柔軟思考型の安全保障観を持て

リベラリストが政治哲学研究から観念論的安保論の考察から始まるのに対して、リアリストは歴史研究の経験から学ぼうとします。歴史の教訓を二つ取り上げてみましょう。

一つは、「国際政治は、自国の安全と利益を優先して常に変動する。だから、国と国の関係に固定観念を持たずに、いくつかの関係変化のシナリオを描いて安全保障策を持っておく『しなやかさ』が必要だ」ということです。たとえば、米国の安全保障政策にも固定観念を持っては間違います。二〇〇七年に作成された長期国家戦略報告書では、「二一世紀はアジアの時代であるが、米国がアジアで常に優位を維持できる保証はない」と認めていました。さらに、「日本は重要な国だが、米国との防衛協力に国内的制約を持っているので、唯一最重要な国ではない。当面は中国の膨張主義を牽制しながら、中国が国際的責任を果たす民主的な国としての役割を米国とともに果たすことも期待すべきである。その過程で勢力均衡に真空状態を生じさせないために、米日韓の同盟を維持し、未来のアジアの大国インドを支援することが最重要な国益である」と明言しています。米国は、常に敵と対峙するプランAを表に出しながら、同時に、敵と共存するプランBを用意していることを忘れてはなりません。

中国は、明時代をモデルとした大中国圏をも回復していく国家戦略を明確にしています。中国からユーラシアを横断する陸路の権益(ランドパワー)と、南アジア沿海国に軍事港を確保して中東からアフリカへの航路を支配する(シーパワー）の「一帯一路」戦略を打ち出しています。しかし、このゴールに向かっては、長い時間をかけ変幻自在に動きながら進んでいくでしょう。中国の安全保障策も、実は状況に合わせて揺れ動きます。

親米日国と思われていた東南アジア諸国は、弱体化する米国と台頭する中国を見て、どの国にもいい顔をする「ピポット国家化」し始めています。米国とも日本とも従来の友好関係を維持しながら、中国にも寄り添っていき、米中日との「等距離外交路線」を取り始めています。彼らと日本の関係は、国際環境と米中の関係の変動の中で、右にも左にも動くのです。それが中小国の安全保障の知恵なのです。

このようにGゼロ時代の国際関係では、「想定外のこと」がいつでも起こりうる時代です。だからこそ、思い込みが強い「硬直思考」型安全保障観よりも、状況適応型の「柔軟思考」型安全保障観が求められます。安全保障に関しては、一つのシナリオではなく、まさかと思われるシナリオにも対応できるように準備しておくことが求められます。企業のリスク管理には、安全保障リスク管理が含まれないといけないと感じます。

◆総合安全保障における企業の役割は大きい

二つ目の教訓は、「安全保障には抑止力となる防衛的軍事力の保持が最重要だが、近代では、それに加えて、経済的相互依存関係や文化・人的交流による相互理解と尊重関係の構築も含めた『総合安全保障策』が大きな効果を果たす」ということです。

まず、「軍事的抑止力」から取り上げましょう。日本は自衛隊という専守防衛の軍事力を備えてはいます。しかし、それが抑止力となる防衛軍事力になっているかどうかは、最近の危機の高まりの実情の中でしっかり考えてみる必要がある課題ではないでしょうか。

「経済的相互依存関係効果」とは、二つの国が貿易・投資・金融関係で相互に深く結びつけば、その経済的利益を犠牲にしてまでも軍事衝突することは回避し、共同歩調を取るだろうという安全保障論の一つです。企業には、中国やASEAN諸国・インドとの相互経済関係を意識的に深化させる大きな役割が果たせることがあるのではないでしょうか。相手国が日本に依存せざるをえない技術やソフト、金融力を磨くことが肝要です。

文化的・人的交流による相互理解の構築とは、ハーバード大学のジョセフ・ナイ教授がいう「ソフトパワー」の話です。海外日系企業で働く数百万人の現地社員や、四〇〇〇万人のインバウンド観光客に、日本の和の精神、信用の重視、品質へのこだわり、おもてなしの心などを伝えることができれば、非常に大きな貢献ではないでしょうか。

安全保障問題は、企業のグローバルビジネスに不可欠であり、企業は総合安全保障の一端を担う役割があるにもかかわらず、海外諸国では当たり前に行われている産・官・学・軍間の対話がなされていないのは、なぜなのでしょう。

◆財政赤字から脱却したシュレーダーの改革

Gゼロ時代の日本は、「新しい国際環境への対応に最も苦しむと予測される経済大国」と見られています。国を想う心に否定的になり、国際政治の冷徹な現実に目を向けてこなかったつけが脆弱な安全保障体制となっています。そして、少子高齢化が進む中で、経済的自立心を欠いた社会保障制度支出の膨張が国の財政健全性を崩しています。

このまま放置すれば、日本の国力は衰えます。そして、国益の衝突が激しくなる世界では、日本企業の国際競争力が削がれていきます。新しい混合経済が進展すれば、民間企業と国家が双方ともに強くないと競争に不利になります。皆さんは、そうした厳しいグローバル市場で企業をリードして発展させていかなければなりません。

では、どうすればよいか？　そのヒントをドイツから学んでみましょう。ドイツはユーロ圏の揺るぎない政治的・経済的・金融的なリーダーとして国際的な影響力を持っています。その国力に支えられてドイツ企業の国際競争力も強力です。強い国力の背景として、ドイツの経済的自立策と安全保障策があったことを知ってください。

一九九〇年に東西ドイツ統一を果たしたドイツは、二〇〇〇年代初頭には「欧州の病人」と揶揄されるほど経済は停滞し、政府は大幅赤字に悩んでいました。その原因は、過剰な社会保障費にありました。欧州諸国の倍近くある労働者一人当たり失業保険・健康保険・年金保険料などの社会保障費のせいで、ドイツの労働コストは、英・仏・蘭・伊国よりも二五%も高い水準でした。これでは欧州内の貿易競争には勝てません。

そうなるとドイツ企業は高コストの雇用を増やすのを渋ります。失業者が街にあふれます。しかし、失業者や生活保護者には優遇した待遇が提供されるので、彼らも働こうとしません。実際、二〇〇二年には失業者と生活保護者は七二〇万人に達し、政府は失業給付金を五〇〇億ユーロも負担していました。

そうした窮状の中、二〇〇三年に社会民主党党首として首相に就いたゲアハルト・シュレーダー首相は、「アジェンダ二〇一〇」と呼ばれる驚くべき宣言をしました。

「ドイツ国民は、ドイツ経済が国際競争に負け、財政赤字に苦しんでいるという現実を直視しなければならない。今まで失業者を哀れんで扶助漬けにすることが社会的正義と思っていたが、それは誤りであった。ドイツ国民が働く場を持ち、自ら生活できる誇りを回復し、努力の成果を享受できるような、『経済的自立心』を活かす仕組みを作ることが真の社会民主主義である。そこで、私は大胆な社会保障制度改革を実施する。私が行う社会保障改革は、多くの批判を受けるだろうが、一〇年後には必ずドイツは復活し、この施策が評価されるはずである。首相たる者、今日のドイツとともに一〇年後のドイツに責任を持って決断をしなければならないことがある」

実際、シュレーダー首相は、社会民主党支持者に裏切り者という批判を受け、次の選挙で政権を失いました。しかし一〇年後には、ドイツ経済再建の原動力を作った優れた国家指導者と評価されています。

アジェンダ二〇一〇に従って、大胆な社会保障改革が始まりました。フォルクスワーゲンの取締役が委員長となり、巨大総合メディア企業ベルテルスマンの創業者が設立したシンクタンクをスタッフとし、財界・労働組合・大学・地方政府の委員を巻き込んで失業給付金改革をまとめました。企業人も国家の回復に責任を担ったのです。

その基本哲学は、「天は自ら扶くるものを助く」でした。まず、失業者の給付期間を約半分に短縮し、失業期間にはドイツ産業が求めるスキルを優先した職業訓練を徹底的に行い、企業側には解雇規制の緩和と引き換えに積極的な就職斡旋を受け入れるよう要請しました。もし失業者が斡旋された職を断わり続ければ、失業給付額を三割引き下げるムチも採用しました。

この施策により、失業者と生活保護者は減少し、国の給付金は減少していきました。一〇年後の二〇一四年には、かつて七二〇万人いた失業者・生活保護者は二〇〇万人にまで減っています。並行して行われた年金改革・健康保険改革で企業の拠出保険料も減っていきました。多くの先進諸国のGDP当たり社会保障費が毎年三~五％増え続けている（日本は一〇％強）のに対し、ドイツはマイナス〇・六％も減少させているのです。

社会保障費負担が減ったおかげで、ドイツの労働者の労働コストは下がりました。そのうえ、職業訓練などで労働生産性は確実に上がりました。労働生産性向上の努力を怠りながら、政治的な妥協策として安易な賃金上昇を認め続けたフランスやイタリアとの国際競争力が一気に逆転しました。貿易収支・経常収支とも黒字拡大を続け、二〇〇二年からのドイツのGDP成長率はユーロの中で最も高いものになっています。もちろん財政収支も黒字化し、国家債務比率は先進国の中で最も低い七五％で健康優良児です。

◆リアルポリティークに基づくしたたかな安全保障

一九四五年の建国以来、ドイツ人で安全保障の重要性を考えない人はいないといわれています。旧敵国のフランスやオランダと領土を接し、米ソ冷戦の最前線でソ連と東欧諸国からの軍事的脅威にさらされ、同じ民族の中でも西ドイツと東ドイツとはベルリンの壁で引き裂かれたまま、鋭く対立していたからです。

実際、西ドイツの初代首相アデナウアーは、西ドイツのトップに就任する条件として、米英仏がドイツに核を置いて、西ドイツを東方からの脅威から守ることを求めたといわれています。ドイツの安全保障の基本は、一九五六年にNATO（北大西洋条約機構）に加盟し、「集団安全保障」に依存してドイツの安全を守ることを決意したことです。NATO加盟一七カ国との間で「どの加盟国への軍事的攻撃も、NATO加盟国全体への攻撃と見なし、集団的自衛権を行使してその加盟国を守る」条約を締結して、ソ連側の脅威に備えたのです。

しかし、集団安全保障は相互の防衛条約です。同盟国からは、西ドイツ自身の再軍備と加盟国防衛義務が求められました。そこで、一九五五年に西ドイツは占領軍によって起草されていたドイツ基本法を改正し、再軍備を行い、徴兵制も導入しました。

集団安全保障によって、西ドイツは、ベルリン封鎖、ハンガリーやチェコ動乱時のソ連からの脅威を克服しました。集団的自衛権の必要性に疑問を抱くドイツ人は少ないといわれています。

東西冷戦が始まって三〇年後、深刻な経済停滞と対外債務問題に悩み続けたソ連は、ゴルバチョフ首相のときに自由主義的なペレストロイカ政策を進めました。それはソ連の覇権力の低下を意味しました。そのときに西ドイツが恐れたのは、地域のバランス・オブ・パワーが急激に壊れ、真空地帯が生まれたすきに東欧で内乱が発生したり、真空地帯に勢力を伸ばそうとする国が出てくることでした。

そこで西ドイツは、ソ連との「緩衝材」とすることを目的に経済関係を深めていた、東欧諸国に適格な国際情報を流し続け、親ソ政権の失脚後は、新政権の信頼できる指導者に金融経済支援をすることで、軟着陸することをリードしていきました。一九八九年のベルリンの壁の崩壊に続いて、東西ドイツの統一がなされ、一九九一年、ついにソ連が解体しました。これによって永年のソ連圏からの脅威は消えました。これで、ドイツにとって安全保障の重要性はなくなったのでしょうか。

いいえ、ドイツの安全保障の目的と質が変わりました。それは、自国を守るというだけでなく、EUの政治経済的結合を強めて、その発展を主導的にリードし、NATOの集団的安全保障力を活かしてEU全体の安全保障を守るということに止揚していました。

　ＮＡＴＯ軍を強化するといっても、ドイツは核を保有することはできません。そこで核は米英仏に依存する代わりに、ＮＡＴＯ軍の近代先進兵器の最大供給者となりました。今のＮＡＴＯ軍はドイツ製の兵器なくしては戦えません。現在ドイツは、武器輸出額が世界第三位の地位を占めています。これを可能ならしめたのは、「集団的安全保障を求めるなら、ドイツは何を仲間に提供できるか？」を考えて技術開発していったドイツ企業です。

　しかし、この姿勢も試練を迎えます。一九九一年、イラクのクウェート侵攻で湾岸戦争が起こったとき、国連軍とＮＡＴＯ軍は現地の戦闘地帯に派兵しました。日本と同じくドイツも、「自国の憲法が海外派兵は禁止している」と言い訳して、後方支援に限って行動し、現地の多国籍軍には参加しませんでした。これは大きな非難を浴び、慌てて戦費の一部として一六二億マルクを負担しましたが、「熱砂で一緒に戦った仲間の気持ちを、安全な後方にいた金持ちドイツの小切手などで買うことなどできない」とさらに批判が高まり、ＥＵ統合交渉への参加を拒まれ始めました。

　その反省を踏まえ、一九九一年にユーゴスラビア民族紛争が勃発したときには、時のコール首相は、限定的ながら海外派兵に踏み切りました。野党や一部市民からは、憲法違反・戦争反対の批判の声が上がりましたが、コール首相は連邦憲法裁判所に判断を委ねました。憲法裁判所は「基本法は相互的集団安全保障に入ることを認めているのだから、その時点で想定されるＮＡＴＯ機構の域外派兵にドイツ軍の出動を制限するべきではない」と明言し、ＮＡＴＯ軍としての海外派兵は合憲であるとの判決を下しました。

　この合憲判決で、流れは一挙に変わりました。その後は、ボスニア・ヘルツェゴビナ紛争、コソボ平和維持活動、アルバニア紛争、アフガン戦争に相次いで軍を派兵しています。だからといって、無原則的に米国やＮＡＴＯ軍の出兵に従っているわけではなく、シリア戦には参加しても、イラク戦争とリベリア内線への参戦には拒否しています。メルケル首相は「最後に決めるのはドイツの国益にとってどうかである。国益を無視してまで同盟国といえども同一行動を取ることはしない」と明言しています。メルケル首相は、ロシアとは対立しながらも緊張を高めないように、経済・エネルギー・金融面での取引関係を深め、両国の首脳同士のパイプラインもしっかりと維持しています。

こうしてドイツ軍はＮＡＴＯ軍の中で発言権を高め、ＥＵの安全保障戦略の中で自国の安全と利益を強力に主張できる地位を得たのです。

ドイツは軍事的安全保障だけでなく、経済金融面を含めた総合安全保障にも優れています。実際、非軍事的安全保障として重要視される経済的相互依存関係はＥＵ各国や東欧諸国とも密にしています。特に金融面では、債務負担が多いスペイン、イタリア、ギリシャはドイツの財政金融支援に依存しています。

こうした関係を築いているのは、その重要性を知っているドイツ企業や金融界です。彼らはグローバル収益の拡大のためだけにＥＵや東欧に進出しているわけではありません。企業が担うべき国の安全保障への貢献という意識を持っています。ドイツのＥＵにおける安全保障のリーダー的地位が、ＥＵ市場においてドイツ企業に優位性を与えていることは否定できません。

◆グローバル・ビジネスリーダーには、リベラルアーツの素養が不可欠

ここまでの話をお聞きになっても、「なぜ経営者が、ナショナリズムや安全保障論、そして混合経済論を学ばねばならないのか？」と疑問に感じられている方もいるでしょう。その答えは二人の経営学の泰斗に聞いてみましょう。

私が最も尊敬するハーバード大学のクレイトン・クリステンセン教授は、ビジネススクールを卒業する将来の経営者候補に次の言葉を贈っています。

「経営学の理論やコンセプトは、企業や市場の状況をしっかり客観的に見るレンズとして大変優れているものだ。しかし経営者は、そこで見えたＩＲＲ（内部収益率）や、ＲＯＥ（自己資本利益率）、ＥＶＡ（経済的付加価値）などの数値で機械的に経営の意思決定をしてはならない。真の経営者は、レンズでのぞいた姿をもとに、企業人・国民・家庭人と

しての使命と価値観に基づいて、公共善のために何を選択すべきかを主観的に意思決定（ジャッジメント）できる素養を磨いておかなければ、経営を誤ってしまう」

リーダーシップ論で名高い、同じくハーバード大学のジョン・コッター教授は「マネジメント力とリーダーシップ力は違う。経営学のスキルは、企業を経営管理するマネジメントには最も役に立つ武器となる。しかし、企業を変革し、不透明な未来を乗り切っていくリーダーシップには、経済的利益を超えた使命感に人を燃えさせ、人をひきつける理念を描き、危機を乗り切る洞察力が必要とされる」と述べています。

経営学界の重鎮の二人が、現代経営学を超えた学びの必要性を訴えていることは興味深いことです。それでは、何を学ぶのか？　二人は、歴史・哲学・文学・宗教・国際政治学などの「リベラルアーツ」を学び、多様な優れた内外の人間との交わりの中でリーダーとしての素養を醸成することを勧めています。

その意味で、本日の講義が皆さんにとって、Gゼロ時代にもしっかりした経営ジャッジメントをし、不透明な未来をリードする経営者になるために、多分野のリベラルアーツを学ぼうと思う契機になれば幸甚です。

（講義日：二〇一七年八月一九日）

推薦図書

▼イアン・ブレマー『「Gゼロ」後の世界――主導国なき時代の勝者はだれか』北沢格訳、日本経済新聞出版社、二〇一二年。
▼ジェームズ・メイヨール『世界政治――進歩と限界』田所昌幸訳、勁草書房、二〇〇九年。
▼日本再建イニシアティブ『現代日本の地政学――一三のリスクと地経学の時代』中公新書、二〇一七年。

第 2 章

Knowledge Forum

経験の共有篇

自らのリーダーシップ・スタイルを語る

Introduction

リーダーシップ・ジャーニーを振り返る

一條和生（一橋大学大学院経営管理研究科　国際企業戦略専攻教授・専攻長）

◆暗黙知の形式知化を図る「経験の共有セッション」

知識創造理論に基づいてデザインされているナレッジ・フォーラムは、教養セッション、経験の共有セッション、グループプロジェクトという三つの柱の綜合（シンセシス）を通じて、知識創造を担うワイズリーダーの育成をめざしている。

「経験の共有セッション」では、受講者一人一人に三〇分の時間が与えられる。語り手となる受講者は、自分のキャリアを振り返りながら、自分が非常に多くのことを学んだ、とりわけ印象に強く残っている経験、出来事を二、三ほど見つける。そして、これらの印象的な出来事にフォーカスしながら、キャリアの足跡、つまり自らのリーダーシップ・ジャーニーをストーリーにまとめて語る。

こうしてナレッジ・フォーラムでは一年間にわたって、三〇名のリーダーシップ・ジャーニーのストーリーを聞くことになる。

「経験の共有セッション」のねらいは、一瞬、旅の途上で立ち止まって自らのそれまでのジャーニーを振り返り、改めて自分とは何か、自分の使命（ミッション）は何か、そして自分は何をしたいのか（ビジョン）、ということを再確認してもらうことにある。経験はそのままにしておかれると、暗黙知にとどまってしまう。

暗黙知にとどまっていると、記憶の彼方に飛んでいってしまうかもしれない。過去を振り返り、自分が多くのことを学んだことを客観的に分析することにより、改めて自分が大切にすべきこと——それは人生を送る上での信念や自己の哲学といえるだろう——が再認識されることになる。

自分が深くコミットメントする信念とは、本人が経験を通じて得た実践知（実践を通じて得た知識）である。他者に語る機会を持つことによって、実践知は形式知化され、信念に基づいた行動がより徹底されるのである。

◆過去、現在、未来をストーリーでつなぐ

過去を振り返るということは、未来を考えることでもある。ノスタルジックに過去に浸るわけではない。印象に残った出来事を中心に、三〇名近くの参加者の前でストーリーとして語ってくださいと言われると、何を話したらいいのか困ってしまうかもしれない。過去の経験は無数にあるからだ。

しかし、その中で何を選ぶかを考えるとき、人は自分の現在と未来を同時に考えるのではないだろうか。今の自分と無縁のことを選ぶことはおそらくないし、また、これからの自分の生き方と矛盾するような出来事も選ぶことはないだろう。人に話したくないこと、話すと嫌な気分になることも選ばないだろう。

つまり、私たちは自らの過去を他者の前で語るに際しては、今の自分を考えながら、過去の出来事を選ぶのである。そしてまた、私たちは未来に向けて生き続けるのだから、現

ICHIJO Kazuo
1958年東京都生まれ。82年一橋大学社会学部卒業、87年一橋大学大学院社会学研究科博士課程修了、95年ミシガン大学経営大学院にてPh.D.（経営学）取得。一橋大学大学院社会学研究科教授などを経て現職。IMD（国際経営開発研究所、スイス・ローザンヌ）特任教授などを兼務。主な著作：『バリュー経営——知のマネジメント』『リーダーシップの哲学——12人の経営者に学ぶリーダーの育ち方』（ともに東洋経済新報社）、*Enabling Knowledge Creation*（Oxford University Press）など。

在の自分を考えて選び出された過去は、同時に未来の自分にもつながってくるのである。何かを行いたいと考えているからこそ、過去のある出来事が強く蘇ってくる。

こうして、過去を考えることは、現在と未来の自分を考えることにもなる。人はストーリーを語ることによって、過去と現在を結びつけ、未来を見通すのである。そして、私たちは未来に向かったときに希望を持つのである。また、過去を振り返ることは、自己の変革につながる場合もある。自分が本当に何をめざしていたのかが再確認され、その実現をめざして行動の変化が現れるかもしれないからである。

「経験の共有セッション」の素晴らしさは、それを行った話し手の人間的魅力が、セッション実施後にはずっと強く伝わることである。あの人はあのようなことを経験していたのか、そのようなことがあの人にはあったのか、と「経験の共有セッション」を行った人への関心は確実に高まる。また、その人の普段の振る舞い、つまりその人のスタイルのバックグラウンドも、お話しいただいた経験の中からわかってくることがある。

だからこそ、「経験の共有セッション」後にセッションを担当された人との会話は促進されるし、しかもそれは打ち解けた、非常に良い雰囲気の中で行われる。まさにストーリー・テリングは、話す人と話を聞いた人との関係をポジティブに変えていくのである。

ストーリー・テリングは良好な人間関係の構築を促すから、人々を率いるリーダーシップの発揮にとって不可欠なのである。

◆個別を普遍につなぐ実体験

「経験の共有セッション」では、聞き手がストーリーに感動することがある。他者の経験に共感を覚え、共鳴するのである。いい話だな、と語り手の思いが聞き手に伝わってくる。

しかし、落ち着いて考えるならば、これはなかなかすごいことである。なぜならば、聞き手は、自分とは異なる他者の個人的な経験に感動を覚えているからである。私たちが感動を覚えるとき、そこで語られていることは、特定個人の個別経験の領域を超えて、普遍的な世界に入ってきているのである。それが起こったとき、語り手は個別を普遍につなぐ実体験をしていることになる。そしてこの実体験は、語り手が知識創造を担うにあたって非常に貴重な経験となる。

知識創造、つまりイノベーション、新しい価値の創造を行うにあたってカギを握るのは、「個別を普遍につなげる力」である。それまでに存在し得なかった新しい商品、サービスを創造しようとするとき、私たちは今までに経験したことのない状況に遭遇することになる。

今、自分が生み出そうとしている商品、サービスにはたして市場性があるかどうか判断するデータは、社内にも社外にもないかもしれない。データとは過去に関することであり、それまでに存在しなかった商品やサービスの市場性を判断するには、過去のデータは役立たないかもしれないからである。

それでは、全く新しい状況の中で、何に基づいて商品化の判断を下すべきなのか。結局のところ、その際には、「はたしてこの商品、サービスは人々を幸せにするか」とか、「人々に喜びを与えるか」といった、人間にとって本質的な問いかけを行い、そこから判断するしかない。

つまり知識創造、イノベーションにあたっては、リベラルアーツ、つまり、教養が重要な判断基準になるわけである。人間の人生に関する本質をさまざまな角度から極めるのがリベラルアーツである。リベラルアーツはイギリスでtransferable skillsとも呼ばれるが、まさにそれは自分の知識を、時代の変化や異なる局面において展開することができる力である。

ギリシア、ローマ時代に由来する教養とは、独立した人格の持ち主としての自由人が学ぶべき学問であり、人を自由にする学問である。だからこそ、それはリーダーの行う判断の拠り所とならないといけない。ナレッジ・

フォーラムに参加するビジネスリーダーが教養セッションで哲学、歴史、文学などを学ぶのもそのためである。しかし、いくら教養を深めても、それが実践に生かされないと、ビジネスリーダーにとって意味はない。したがって、ビジネスリーダーにとって肝要となるのは、個別を普遍につなげる力なのである。この力はやはり実体験を通じて磨き上げるしかない。

その一つの場が「経験の共有セッション」である。聞き手が語り手の個別経験に感動するとき、その経験は個別を超えて普遍につながっている。語り手は聞き手が感動している様子を見て、個別が普遍につながる瞬間を実感できる。こうして自らの経験を他者に語る経験を通じて、個別を普遍につなげる力も磨き上げられていくのである。

◆共感、共鳴のリーダーシップ

聞き手の立場に立てば、「経験の共有セッション」は語り手との共感、共鳴が起こる場である。そして、デジタルテクノロジーやAIの急速な進化の中で、人間の共感や共鳴に対する意義が高まっている。

二〇一一年に始まった第三次AIブームの中で、単純労働の分野ではAIによる人間労働の代替が進むと予測され、企業には「人間とAIの共存」「人間とAIとが連携」する新しい業務のあり方の模索が求められている。問われているのは、AIの進化の中で人間の知識創造活動はどうあるべきなのか、依然として何が人間の使命なのか、ということである。

めざましい進化にもかかわらず、現段階のAIは、人間でいうと左脳部分、つまり論理的な分析が得意だ。今後は右脳部分、つまり芸術性、直観、イメージ処理などをコンピュータ・システムでどのように処理するかが課題と考えられている。したがって、目下のところ、こうした部分において人間が果たすべき役割は依然として大きいのである。

また、コンピューティング、ＡＩの隆盛に注目すると、まさに合理的な理性の発揮こそ、知識創造において中核的であると認識されるかもしれない。しかし深く考えてみれば、私たちの生きる世界では非合理性がきわめて重要な働きをしていることを忘れてはいけない。現実世界と理性は、必ずしも一対一で対応していない。

有名な「囚人のジレンマ」が教えるのは、「信頼」という多分に非合理的な要素を含んだ概念――それはある意味では暗黙知である――が、利害当事者双方に利益をもたらすということなのである。共感、共鳴も合理性では説明できない。デジタル化、ＡＩの活用が進化すればするほど、大切になるのは共感、共鳴のリーダーシップであり、これもまた経験の共有によって育まれていくのである。

◆自分らしいリーダーシップ・スタイルの発見

自分の過去を振り返り、それをストーリーにまとめることは決して容易ではない。ナレッジ・フォーラムでも、三〇分という時間の大半が会社紹介や業務報告に終わってしまうこともある。その一方で、多くの人を感動させる出来事を見事にストーリーにまとめることができる人もいる。

その違いはどこにあるかといえば、語り手に自らのリーダーシップの自覚が深くあるかどうかにかかっていると考えられる。「経験の共有セッション」の中で語られる出来事は、それぞれの人々が企業組織の中で、他者とのふれあいの中で起こったものである。成功の経験もあれば、失敗の経験もある。そうした出来事の多くで語り手はそれぞれチャレンジに直面し、それを克服しようと他者と協力しながら努力する中で、多くの学びを得ていた。どうやって困難を克服するか。どうやって人々を動かすか。どうやって他者と目標を共有するか。どうやって自分を鼓舞し、他者をリードしていくか。それらは、リーダーシップに関する貴重な学びの場だった。

つまり、そこで語られる出来事とは、「経験の共有」の語り手が、自分らしいリーダーシップの発揮の仕方を実践的に学んだ貴重な経験となっていたのである。そうした経験を繰り返す中で、リーダーシップとは何かがより深く理解され、その人独自のリーダーシップ発揮のスタイルもさらに確立されていった。

こうして、貴重な経験がちりばめられたストーリーは、語り手のリーダーシップ・ジャーニー、つまりリーダーとしての成長の足跡がまとめられたストーリーになっていたのである。「経験の共有セッション」が、ワイズリーダーの育成をめざすナレッジ・フォーラムで不可欠なセッションとなっているのも、そのためだったのである。

以下では、ナレッジ・フォーラムの卒業生に、ナレッジ・フォーラムでの経験について語っていただこう。ナレッジ・フォーラムに関する「経験の共有セッション」から、知識創造を担うリーダーシップの育成のプロセスをつかんでいただきたい。

会社を率いる予行演習をさせてくれた

飯島彰己（三井物産株式会社　代表取締役会長）

◆雪の中でのチームビルディング

入社以来、研修というものに縁遠く、会社のサポートによる研修に参加したことがあまりありませんでした。二〇〇七年七月、当時の社長の槍田松瑩《うつだしょうえい》から、野中先生が始めたナレッジ・フォーラムという研修の場があるから、行ってみたら、と言われたのがきっかけです。野中先生は弊社の社外取締役でした。「知識より実践」と常々思っていましたので、正直、あまり気のりがしませんでした。

翌二〇〇八年の正月明けに初回の研修がありました。小雪も舞う極寒の中、高尾の森わくわくビレッジという八王子にある野外研修施設で、チームビルディングが行われました。むかで競争、互いの名前を呼び合いながらのお手玉キャッチボール、高所歩行……この年になって、なぜこんなことをするのか、参加意欲がますます減退しました。しかも、当時五七歳だった私が三〇人中、二番目に高齢ということがわかって、さらに気持ちが暗くなり、途中でギブアップしようかとも思いました。

チームビルディングの指導教員が最後に「気分が盛り上がった人は親指を上げ、逆に盛り下がった人は下げてください」と言われたのです。私はすかさず下げてしまいましたが、ほとんどの人が上げていました。それからバスで都心に移動して、懇親会になり、みんなでワインを飲み始めた頃から徐々に気持ちが盛り上がって来ましたが（笑）。

当時の私の肩書は執行役員金属資源本部長で、四月から常務執行役員、六月に代表取締役常務執行役員、一〇月に専務、翌年一月に社長に内定しました。執行役員から専務の間、ナレッジ・フォーラムでお世話になったのです。今思えば、私を社長候補の一人にすることが、槍田の中では固まっていて、そのための勉強をして来い、という意味で私を送り出したのではないでしょうか。

◆対照的な二人がなぜ気が合うのか

ナレッジ・フォーラムでは、毎月第二土曜日を使って講義が行われます。全一二回のうち、北京オリンピックの開会式とモスクワ出張が重なった二回を除いてすべて出席しました。

といっても、講義より大変だったのが、毎回出される課題図書でした。しかも、二冊あったのです。海外に年間一〇〇日は出張していましたから、月一回の土曜日を確保し、課題図書を読み終えることが大変でしたが、おかげで、大学以来ご無沙汰だった哲学や自然科学、歴史、宗教、文学などを総合的に勉強することができました。

それによって、本に対する苦手意識が払拭されました。それまでは書店に行っても数に圧倒され、自分の興味ある作者や特定分野の棚にしか行かなかったのですが、ナレッジ・フォーラムに参加して以来、店内を隈なく見回るようになりました。あっ！　これは読みたい、これも読んでおこうかと。

野中先生の本で一番印象に残ったのは、『失敗の本質――日本軍の組織論的研究』です。私がそれまで読んできたのは、ビジネスのハウツーに近い心理学系の本が中心でした。お客様に接する機会が多いので、人間の行動や心理に興味があったのです。『失敗の本質』はハウツーものの対極で、合理的に動いているはずの組織がこんな形で失敗するのか、と夢中になって読んだ記憶があります。

ナレッジ・フォーラムで特に印象に残っているのは、野中先生、竹内先生の講義です。野中先生はどこにでもいる普通のおじさんのような雰囲気を醸し出しながら、深遠な哲学を語られる。しかもお酒好き。かたや竹内先生は、よくこんな元気が続くなと思わせるエネルギッシュな話ぶりで、思わず聞き入ってしまう。こちらはお酒はやらない。そう、講義が終わってディスカッションの時間になると、受講生の舌がより滑らかになるようにとワインが出てくるのです。野中先生は飲まれますが、竹内先生は飲まれない。まったく対照的なお二人がなぜ気が合うのだろうと不思議でしたね。

五人一組で六グループに分かれ、最後に卒業論文を書いたわけですが、何を書いたかはさっぱり忘れてしまいました（笑）。実務が忙しかったものですから、わがグループでは人材育成の意味もあって、各自で勝手にアシスタントをつくり、それぞれの部下たちに論文の資料集めや執筆を頼んでいたのです。それが野中先生に知れるところとなり、「自分たちだけでやりなさい」と言われてしまいました。でも、今ではそのアシスタントたちはみな要職に就いています。人材育成の成果はあったということでしょう。同じグループの四人とは非常に親しくなり、それぞれのアシスタントたちも含め、今でも頻繁に会って旧交を温めています。

◆ビジネスの課題を解くためのコーチング

私がナレッジ・フォーラムに最も感謝しているのは、個別コーチングを受けさせていただいたことです。野中先生、竹内先生が率いる一橋大学大学院国際企業戦略研究科（ICS）の先生と一対一で、土曜日とは別に、毎回一時間、たっぷり議論ができる場です。初回の日に竹内先生が、この受講料はフリー・オブ・チャージとおっしゃったものですから、これは使わない手

IIJIMA Masami
1950年神奈川県生まれ。74年横浜国立大学経営学部経営学科卒業、三井物産入社。大阪支店審査部、同鉄鋼原料部、英国三井物産鉄鋼原料課長、三井物産製鋼原料部長、同金属総括部長、同金属・エネルギー総括部長などを歴任。2006年執行役員鉄鋼原料・非鉄金属本部長、08年代表取締役専務執行役員を経て、09年代表取締役社長就任。15年より代表取締役会長。

はないと思いました。

戦略やコーポレート・ガバナンス、異文化マネジメント、組織能力など、各先生の専門分野における三井物産の現状や問題点、私の問題意識をお話しし、議論させていただきました。こんな機会はめったにないものですから、会社のスタッフを毎回一名連れて行き、知の共有を図りました。

各先生の専門をよく勉強して質問項目を考えるなど、準備が大変でした。その日が来るまで、結構プレッシャーを感じながら、毎回緊張して臨みました。いざ終わると、「今日もいい話が聞けた」という充実感一杯で帰るのが常でしたが。

ただし、話を聞く一方では先生にメリットがないので、ギブ・アンド・テイクで、こちらもビジネスの生の話を提供するように努めました。先生方も、現場の話は面白がって聞いてくれたようです。なかでも竹内先生が私の話に興味津々で、山ほど質問されたのを覚えています。

◆コーチングの内容が実務に直結

国際競争力をテーマに議論した石倉洋子先生は、ダボス会議において日本企業の経営者の存在感が低下していることをひどく嘆いておられました。私が社長として初めてダボスに行ったのが、それからだいぶ経った二〇一五年でしたが、石倉先生の言葉が頭にずっと引っかかっていたのです。行くだけではもったいないから、三井物産としてダボスをどう活用するか。いろいろな点から考えて参加を決めました。

イノベーションについて議論した大薗恵美先生には、当社の鉄鉱石事業の話をしたところ、新規事業創出をめざし、多産多死でいくのか、少産少死か、もしくは少産無死なのか、明確にすべきだと言われました。この議論がきっかけの一つとなって、三井物産は二〇一二年にイノベーション推進室という組織をつくることになります。

私たちは二〇一四年五月に発表した新中期経営計画において、それまでの、商品を軸にした、いわば縦型の組織体制に加え、それらが横につながりながら総合力を発揮できるような体制も導入しました。これにはチェンジ・マネジメントをテーマにした一條和生先生に話していただいた水平統合型企業の例がヒントになりました。

このように、ナレッジ・フォーラムにおけるコーチングは、後に社長になった私にとって、実践につながる貴重な学びの場になったのです。コーチングは結局、計一一回も受けさせていただき、その内容はすべてレポートにし、冊子にまとめて活用してきました。

私が社長になってから、三井物産の研修体系を大きく変えました。まず中堅社員向けの研修のプログラムにリベラルアーツを加えました。商社の人間は海外で文化の違う相手と仕事をするわけですが、多様な価値観に柔軟に対応するには、自分なりの基軸が必須です。その基軸となりうるのが教養、つまりリベラルアーツです。その大切さを痛感したのがまさにナレッジ・フォーラムで、そこでお話を伺った一人である自衛官（当時）の番匠幸一郎さんにも講義を持ってもらいました。

もう一つ、次世代リーダー向けに、ハーバード・ビジネススクールと組んで、三井ハーバード・グローバル・マネジメント・アカデミー（GMA）を創設しました。これには竹内先生のご協力が不可欠でした。こういった野中イズム、竹内イズムを社内に移植できたのも、私がナレッジ・フォーラムに通った成果だと思います。

◆リベラルアーツが軸になる

鮮烈な思い出として残っているのは、学びの一環としてカリフォルニア州のクレアモントにあるピーター・ドッラカー研究所を野中、竹内先生含め、同期生で訪問したことです。ドラッカーと親交が深く、ナレッジ・フォーラムのゲストスピーカーとしても登壇したイトーヨーカ堂グループの創業者、伊藤雅俊さんが寄付してつくられた学校でした。私は学生時代からドラッカーの著書に親しんでおり、そこに行くのをとても楽しみにしていました。

ドリス・ドラッカー夫人にも会うことができました。ドラッカーは生前、「あなたが書いた本の中でどれがベストですか」と人に聞かれると、必ず「次に書く本です」と答えていた、というお話をされ、深い感銘を受けました。いくつになってもチャレンジ精神を忘れてはいけない、飽くなき向上心が大切だというドラッカーのメッセージを受け取った気分でした。

社長になって自分に課したことが一つあります。政治家でも企業人でも、必ずトップと会うことです。ロシアのプーチン大統領、GEのイメルトCEO、ダウ・ケミカルのリバリス会長などなど、いずれも一対一で面談しました。こうした方々と会うためには、会話のための引き出しがいくつもないと太刀打ちできません。相手に話をするに足る人物だと思ってもらえないと、次はありません。逆にそのように見てもらえれば、お互いの携帯電話の番号を交換し、次からは直接連絡を取り合う仲になれます。

最初の場はまさに真剣勝負で、書類やメモなど見ません。そのときの土台になるのが、自分の軸としてのリベラルアーツだと思います。それを豊かにしてくれたのがナレッジ・フォーラムでした。まさにトップとして仕事をする予行演習をさせてくれたのだと思っています。

グローバルであることの課題を与えてくれた

八郷隆弘（本田技研工業株式会社　代表取締役社長）

◆自己紹介のトップバッター

私が受講したのは初年度の二〇〇八年でした。毎月一回行われる授業の冒頭で、自己紹介を兼ね、受講生が二人それぞれ約三〇分、自分の仕事について発表するという課題がありました。野中先生と竹内先生から「初回はホンダさんでお願いします」とじきじきに言われ、私がトップバッターを務めました。両先生いわく、「会社紹介はせずに、具体的な仕事経験とそこでの思いについて話してください」と。

それまでは車の開発の仕事が長かったものですから、その話をしました。アメリカ向けに販売したミニバン「オデッセイ」の開発から量産体制の整備にいたるまでのストーリーです。開発は日本の研究所、製造は新しく立ち上げたカナダの工場で行い、それをアメリカにあった工場が購買面を支援する、という国際色豊かなプロジェクトで、日本、カナダ、アメリカ、それぞれが持っていた異なるベクトルを一つに束ねなければならず、結構苦労しました。

アメリカには、パッセンジャーカー（セダン型）とライトトラック（バンやSUV）という二つのセグメントがあり、われわれが開発したオデッセイはホンダが初めて出したライトトラックでしたが、とてもよく売れました。それもあり、トップを切った自己紹介では印象深い仕事の話ができたと思います。

◆野中先生、竹内先生というツートップからの学び

毎月の講義は、哲学や文学にも及ぶ、バラエティに富んだ内容であり、理解が難しい話もあれば、耳に心地良い話もあって、大変勉強になりました。特に印象に残っているのは、セブン&アイ・ホールディングスの伊藤雅俊さん、オリックスの宮内義彦さんによる講義です。私たちの業界とは全く違う分野のお話で、しかもお二人とも名うての経営者ですから、講義に迫力がありました。

講義は午前中で終わり、昼食を挟んで、午後はワインを飲みながらの歓談時間です。それも大きな楽しみでした。おかげで他でもワインをよく飲むようになり、この分野にはだいぶ詳しくなりました。

ナレッジ・フォーラムは野中先生、竹内先生という、ご専門は異なる分野であっても、同じ志を持った二人の先生が牽引する稀有な場でもありました。野中先生からは物事を考えるうえでのコンセプトの大切さ、一人一人の人間が抱く想いの重要性、日本人や日本の組織が持っているポテンシャルを学びました。今でもときどきお会いしては教えを受けています。本田宗一郎の伝記を書かれた際には、新宿区西落合にある旧本田邸にご案内し、大変喜んでいただきました。

竹内先生はグローバルで活躍できる人材のお手本のような方で、物事を論理的にわかりやすく説明する方法を学ばせていただきました。非常にスマートな方なのですが、時には人を爆笑させるジョークを連発されるなど、人間としての幅が非常に広い方だと思います。

◆ものづくりの根底には文化がある

ナレッジ・フォーラムでは、五名ずつのグループに分かれ、論文を執筆したのも良い思い出です。私たちのグルー

プが手がけたのは日本的な資本主義の源流をたどったうえで、日本的経営の強みを再確認するという内容でした。最終的には「職人・匠の組織化による日本的経営モデルの考察」というタイトルの論文になりました。

ホンダでは「こんなスペックの車をつくりなさい」と細かい指示が上から来るわけではなく、大枠は提示されるものの、大半を開発現場の自主性に委ねた車づくりが行われてきました。その結果、良い車をつくるために、職人技を駆使し、やらなくても済むようなことにもこだわった「ものづくり」が行われます。

たとえば、ヘッドライトとボディを組み立てる際、その二つの隙間をできるだけ狭く、かつ一定にするために、何種類もの治具を使っては調整を繰り返し、最後は手加工で仕上げていきます。欧米の車メーカーでは考えられないことです。

聞き取り調査のために取材に伺ったセブン‐イレブンでも似たような話を聞きました。中華チャーハンの商品開発で、経営トップ、それこそ鈴木敏文さんから「専門店と同じレベルのものにしなければ、販売はできない」という指示が現場に下りていました。担当者が味を向上させるための方策を探ってみると、中華鍋の温度設定が低過ぎることがわかり、一年の歳月をかけて専用の中華鍋の開発に取り組み、ついに専門店と同じレベルの味を出すことに成功したそうです。

業種は違えども、日本企業には、お客様が喜ぶ高い価値の実現を無限に追求する姿勢があるが、その背後にあるのは日本古来の武士道ではないのか。それが私たちの立てた仮説でした。

HACHIGO Takahiro
1959年神奈川県生まれ。82年武蔵工業大学（現・東京都市大学）卒業、本田技研工業入社。2006年本田技術研究所執行役員、08年本田技研工業執行役員、11年同生産本部鈴鹿製作所長、12年ホンダR&Dヨーロッパ取締役社長、13年中国生産統括責任者、14年常務執行役員などを経て、15年6月より現職。

◆車の乗り心地は、メーカーではなく国によって違う

江戸時代は戦乱がほとんどありませんから、刀を差した武士の存在価値はゼロに近いわけです。農民や町人から徴収した年貢や運上金で生きていますから、いわば、彼らに食べさせてもらっている存在といってよいでしょう。しかし武士は、そういった生産や流通といった経済活動に携わらない代わりに、朝から夕方まで心身を鍛え、あるいは勉学に励み、一旦緩急あれば、命を惜しまず、先頭に立って事に当たらなければなりません。

そうやって武士が一生懸命、自分自身を鍛えることと、日本の企業人が無限の努力を重ねること、この二つは同じではないか、と考えたのです。

その流れの中で私が書いたのは、車という製品に表れた各国の個性の違いでした。各メーカーの車に乗ってみるとよくわかりますが、走りや乗り心地が国ごとに違うのです。日本車、つまりホンダ、トヨタ、日産などの製品は、アメリカ車やヨーロッパ車とは違う味を感じさせますし、GM、フォード、クライスラーといったアメリカ車には共通のテイストがあります。BMWとメルセデスの走りにはドイツ車ならではの味もあります。

この違いは、各国における車の歴史や文化、あるいは道路状況といったインフラの違いによって生み出されるのだと思います。日本車に関していえば、古来、綿々と受け継がれてきた職人技（その背後にも武士道があるはずです）が日本車の味をつくり上げる原動力になっているのです。

コンセプトが固まり、材料が集まったものの、それを論文にまとめるのがまた一苦労でした。平日の夜も打合せをしましたし、ナレッジ・フォーラムの授業がある土曜日は、その後も夕方からホテルの会議室を予約して議論し、さらにお酒を飲みながら続きをやりました。私のグループは弁の立つ人が多く、話し合いがいつしかディベートになってしまい、収束させるのが大変だったことを覚えています。

◆ネットワークが広がり、転機となった一年

ナレッジ・フォーラムで学んだ二〇〇八年は、私にとって大きな転機の年でもありました。二〇〇七年の秋、本田技術研究所の社長から呼び出され、「お世話になっている野中先生がビジネススクールをつくられたから、ホンダも頼むと言われた。第一期生として君が行ってこい」と言い仕ったのが転機の予兆です。本田技術研究所はホンダ（本田技研工業）の一〇〇％子会社で、ホンダの車の開発を担当しています。当時の私はその常務執行役員兼第二商品開発室室長という職にありました。

しかし、翌年の四月にホンダに移り、執行役員購買二部長となりました。研究所というのはある意味、人のつながりがもっぱら業界内のみという職場なのですが、ホンダに異動して購買担当になると、いろいろな業界の人と付き合いが増え、世界が大きく広がりました。そのタイミングでナレッジ・フォーラムにも通いましたから、論文メンバー含め、さらに多様な業界の人たちとネットワークができたわけです。非常に勉強になりましたし、貴重な経験ができたと今でも思っています。

ナレッジ・フォーラムを了えた後は、ヨーロッパに駐在し、現地の子会社の副社長と社長を務めました。その頃から歴史の本をよく紐解くようになりました。外国人と付き合うと歴史や文化の話がよく出てくるので、これを理解しておかないと会話にならないのです。ナレッジ・フォーラムで学び、ある程度の素地ができていたので、関連の本を楽しみながら何冊も読みました。ワインもたしなむようになっていたので、その点ではまことに有意義な駐在生活でした。

◆合言葉は「チーム・ホンダ」

その後、思いがけない人事があって、二〇一五年六月、ホンダの社長に就任します。

その直後、社内に「チーム・ホンダ」を合言葉にしよう、と宣言しました。野球でもサッカーでも、チームにはいろいろな人が必要です。四番バッターやエースピッチャーばかりが集まっても良いチームはできません。多様な役割を持った人たちがうまく組み合わさって初めてチームが機能します。さらに、腕が抜群ではなくても、野球を心底愛し、ピンチの場面になると大きな声を必ず出してチームを鼓舞してくれるメンバーも必要です。

そういう想いのある人たちを、適材適所に配置して、自分の力を思いっ切り発揮できる組織をつくろうと思ったのです。そういう魅力的なチームができれば、自然とお客様も増え、応援していただけるだろうと考えました。

最近の私の関心事は、日本と海外をどのように融合させ、新しい製品や企業文化をつくっていくか、ということです。ホンダは現在、北米、南米、中国、アジア、ヨーロッパ、そして日本という世界六極体制を取っています。成り行きに任せておくと、それぞれの「極」が内向きになって、他の地域には関心がない、という状態になってしまいます。それでは、世界レベルでの「チーム・ホンダ」が成立しません。そんな状態になるのをどうやって回避し、グローバルレベルでの融合、協調を図っていくかは大きな課題であり、それが実現できれば、新しい自動車文化をホンダから世界に発信できるように思います。

良き師や学び舎は、深い知識を生徒に与えるとともに、大きな課題を突きつけてくれるものです。自己紹介のところで述べたオデッセイの開発物語も執筆論文もそうでしたが、私が先生方からこのナレッジ・フォーラムで突きつけられた、もう一つの大きな課題は、「ローカルとグローバルの良き両立」ではなかったのかと思います。

その意味で、この学び舎は、良き師からグローバルであることの課題を与えられた貴重な場であったと思います。

「語る」意味を気づかせてくれた

梶原ゆみ子（富士通株式会社　常務理事）

◆働くうえで大切にしてきたのは、信頼、気概、謙虚

ナレッジ・フォーラムに、「経験の共有」というセッションがあります。仕事でもプライベートでもよいので、これまでのキャリアにおいて自分の糧になった経験を二つか三つ選び、質疑応答を含め、三〇分ほどで他の受講生に発表するというものです。私は早めに済ませてしまいたく、希望枠の残りから初回の二月の回を選択しました。

なぜそんなプログラムがあるのか、経験を共有して何の意味があるのか、当初は全くわかっていませんでした。人の話を聞くのは面白いし、ためになりますから、聞き手側としての意義は感じつつも、いざ自分が話すとなると、何を何のためにと躊躇してしまう。お互い知り合ったばかりですから、ある意味、不特定多数の他人です。そういう人たちに向かって、なぜ自分の過去をさらけ出さなければならないのか、心にブレーキがかかったのを覚えています。ストーリー性を持って語ることの意味が理解できずに、とにかく自分を公に話すのは嫌だな、という感情が先に立ちました。

実はその五年ほど前、同じような思いを社内でしたことを思い出しました。ダイバーシティを推進するために、女性リーダーの育成プログラムが走り始めたとき、研修生にアドバイスをするメンター役を頼まれました。そのとき、研修事務局の人から事前に「冒頭の五分間でまず自己紹介をしてください」と依頼され、「えっ？　自分のキャリア

や大切にしてきたことを話すの？　同じ社内といっても、初対面の人たち相手に？」と普通に考えれば当たり前の依頼に対しても、大きな抵抗感があった私でした。

とはいっても、拒否はできませんから、過去をひも解き、自分は何に悩み、誰に助けられてここまで来たか、結婚して子どもが生まれてもなぜ会社を辞めなかったか、働くうえで何を大切にしてきたかなどを振り返って整理しました。

あまり意識したことはなかったのですが、当時の富士通では私のような女性が管理職になるのは珍しいケースでした。新任で課長になったとき、自分の部下たちがたまたま上司が女性であることによって不利益をこうむるのは気の毒だと思い、何人かの部下がきちんと昇格するまでは頑張って面倒みようと心の中で誓いました。人との関係性の中で目標を持つことの大切さをこのセッションで説明したように記憶します。

仕事をするうえで私が大切にしてきた信条が三つあります。信頼、気概、謙虚です。この三つが揃っているときにプロジェクトが成功していたからです。一人で仕事はできませんから、信頼がないと物事が進みません。たとえ進んでも気概がないと、最後まで成し遂げることができません。最初の一歩を踏み出す勇気、大きな車輪を動かし始める力も気概です。

また、たとえば、苦労して成し遂げても、自分が一方的に勝ち、相手に不利益を一方的に与えるものであったら、次の仕事はないでしょう。謙虚の姿勢が必須となる、そんなことを話しました。ナレッジ・フォーラムの発表でも、真の目的を理解していない私は、そうした過去の資料や記憶を使ってしのいだ感じでした。

◆自慢話にはせず、重要なことは何度でも繰り返す

自分の発表の回が済むと、今度はもっぱら聞く側に回ります。

さすが経営者や経営者候補の方たちだけあって、いずれも感嘆したり、笑いもあったりと興味深い内容でした。ある人は中学から高校、大学まで、合唱部に所属した経験を話してくれました。部員全員の意識を改革し、目標を統一し、素晴らしい歌声をどうやってつくり、大会優勝にまで漕ぎつけるか、そのためのマネジメントの経験を赤裸々に語ってくれました。そうした経営者のような視点をすでに大学で身につけ、会社に入ってからはそのときの経験が大いに役立ち、繰り返しているそうです。

ある人は失敗について語ってくれました。アメリカ駐在時に高速道路で車を走らせていたら、検問で止められ、たまたま飲み差しのワインボトルが助手席においてあったのを警官に咎められ、素直に従わず抗議したら、即座に刑務所に連行され、一晩そこで過ごしたという話をしてくれました。あのときほど、「自由」の素晴らしさを痛感したことはなかったそうです。

また、人によっては、自身の発表の準備が過去を振り返る棚卸しの良い機会となり、そして将来を見据え今後どのように生きるかを考えさせてくれる非常に貴重な機会だった、という声もありました。

皆さんの発表を聞いていく中で、私が語る側に立つことを嫌っていた理由や語ることの意味がだんだんとわかってきました。

ナレッジ・フォーラムとは別の場面で、他者の経験談を聞いたことがあり、そのときはその人の自慢話に聞こえてしまう例が多かったのです。私はこうやって頑張った、絶体絶命のピンチも、こんな機転を利かせて乗り切ってきたというように、一方的なアピールに好感を持って聞くことができなかった。私はそうなってしまうのをひどく恐れていたのです。

一方で、ナレッジ・フォーラムでは皆さんの話が自慢話に聞こえませんでした。なぜなのか、

KAJIWARA Yumiko

神奈川県生まれ。国際基督教大学教養学部卒業、富士通入社。2006年にモバイルフォン事業本部にて知財戦略推進部長、14年に法務・コンプライアンス・知的財産本部副本部長、15年より常務理事。現在、人事本部副本部長（人材開発担当）、ダイバーシティ推進室担当を兼務。産業競争力懇談会実行委員、文部科学省科学技術・学術審議会委員、内閣府総合科学技術・イノベーション会議議員。

その理由を考えてみると、あることに気づきました。自分の成果だけではなく、それに至るまでの失敗を丁寧に語ってくれているからだということに。

さらにいえば、皆さん、会社の将来を託されたリーダーばかりで、ユーモアもあって人望や人徳を備え、聞き手を引きつける魅力ある人が多かったことも影響しているでしょう。

そしてもう一つ、大事なことは何度でも繰り返して話すべきだということも学びました。私はそれまで、人に話をするとき、「前にも話したから、くどいと思われるかもしれないけれど」という枕詞をよく使っていました。しかし、皆さんの発表を聞いて、重要なことは繰り返し言わないと伝わらない、自分がそう信じ、他の人にも伝えなければならないことは、しつこいと思われようが、何度繰り返してもいい、繰り返さなければならないのだということを学びました。人の上に立つリーダーの極意というわけです。

◆一人勝ちの仕事には、後で報いがやって来る

ナレッジ・フォーラムでは、講義の感想をウェブ上でフィードバック入力するのですが、私は経験の共有の各回に一人ずつコメントを入れていたので、この機会に自分のコメントを総ざらいしてみたところ、共感という言葉のオンパレードでした。「こんなことを成し遂げてすごい」ということだけではなく、そこに到達するまでの迷いや逡巡、紆余曲折に対して私が共感し、あのときの自分と同じだ、そういうやり方もあるのか、といった、当時抱いた思いがまざまざと蘇ってきたのです。自慢話にならないようにするには、失敗も含めて語らなければならないのだということも再確認できました。

私の失敗といえば、こんなことがありました。携帯電話の開発業務に従事していたときの話です。私は契約の仕事に携わっており、とある会社と交渉をしていました。あるとき、自社にとってとても条件面で有利な契約をしたこと

がありました。「いい仕事をしたな」と自画自賛で満足していたのですが、しばらく経って、別の案件が持ち上がったところ、相手の担当者が前と同じ人だったのです。

「梶原さん、前回はこう主張されましたよね。だから、今回は逆の立場ですが、同じこういう条件を同じ理由で当然受け入れられますよね」と。そのときに痛感しました。一人勝ちするような仕事の進め方は厳禁、因果応報、いつか自分で自分の首を絞めるようなめぐり逢わせになると。

後々まで良い関係でビジネスを継続させるために、相手の立場も考え、ウィン・ウィンで仕事をすることの大切さが身にしみてわかりました。ナレッジ・フォーラムではこの失敗談は発表しなかったのですが、話していたら、皆さんにもう少し「謙虚の大切さ」の一例を実感してもらえたのではないか、と反省しました。

そこから発展し、私はこう思うようになりました。個人レベルではなく、組織レベル、会社レベルで、まさに失敗の共有が大切だということに。

◆失敗を許容し、共有する文化がイノベーションを生む

ナレッジ・フォーラムでは、経験の共有セッションに並行して、グループごとに論文を書くプロジェクトがありますが、まずは論文の材料を集めるために、私たちのグループも何社かにお邪魔してお話を伺っていました。われわれは長期にわたって好業績を保ち、創業者の精神が今も脈々と息づいている企業の秘密を探りたいと思っていました。

ある企業訪問をした際、役員レベルで定期的に失敗事案を共有しているという話が出ました。失敗の原因を探り、次に同じようなミスをしないよう、反省会を開いているというのです。その頃ちょうど、経験の共有セッションが面白くなりかけており、「組織内でも経験を共有することは大切だな」と思い始めていたので、わが意を得たりの気持ちでした。

他の企業でも似たような話が出ました。何より失敗を許容する文化があると声高に言うのです。イノベーションは一〇〇%うまくいくわけではなく、それどころか成功の確率は数十パーセントいけば良いほうでしょう。かといって、失敗を恐れていたら何も成就しませんから、イノベーションに挑む企業はある程度の失敗は甘受せざるをえません。その確率を上げるためには、やはり失敗を共有してその原因を探り、真摯に反省し、次の成功につなげる必要があるのです。

また失敗は、修羅場の経験をしている証でもあり、こういう修羅場をくぐるのは、なかなか得られない良質な実践経験ともいえます。失敗を認め、謙虚に反省して他者にも展開することで、同じ失敗を組織として繰り返してしまうような危うさを排除し、次の成功に向けた価値あるものに高められます。

私は、せっかく学んだことを実地で生かしてみようと、担当の職場で何が起きるか、冒険心も加わり忘年会にかこつけて、失敗の共有をやってみました。その年に起きた失敗を全員で共有し、同じ失敗を二度と起こさないようにしようとした目論見ですが、あまりうまくいきませんでした。

私がこんなことをなぜ考え、どんな成果を期待しているかをはっきり伝えなかったこと、忘年会というお酒の入る場だったことがあって、仕事の本質にかかわる話というより、スケジュール調整ミスや情報の伝達不足といった些細な失敗の話に終始してしまいました。目的や私の思いを含めた十分な説明もせず、組織風土として根づいていないところでにわかにやっても、やはりうまくいくはずがありません。これも失敗例として心に留め、いつか失敗の共有を成功させたいと考えています。

セッションの過程では、上記のとおり、失敗を共有することの意義を感じていましたが、ナレッジ・フォーラム卒業後は、失敗の共有に加え、リーダーとしての「語る」ことの意味を意識できるようになりました。あれほど嫌がっていたがゆえに、「語る」ことに自身の中のセンサーが働くようです。

社外で経営トップの方々やアカデミアの先生方から、語る（ナラティブ）という表現を聞くたびに、その重要性を改めて受け止めています。語るのは過去のみならず、将来を見通しバックキャストした視点から語ることもリーダーには求められ、納得性ある語りこそが持つ力を理解するようになりました。リーダーが語ることで、感情、情念が動かされ、信頼感が構築され、説得力につながります。

また、イノベーションに必要な多様なメンバーとは、「あうん」では済まされず、話さなければ何も始まりません。心を込めて語ることで共感が生まれ、ついてきてくれるチームが組成できます。リーダーは自らを曝け出し、自らの経験や将来展望をストーリー立てて語る、全身全霊で対応する姿勢・能力が求められることをこのセッションから学びました。

ナレッジ・フォーラムは、異なる会社の方々との他流試合を通し、自らを客観的に見つめさせてくれ、リーダーとしての「語る」意味に気づかせてくれたのです。

ささくれ立っていた私を受け止め、伸ばしてくれた

小座野喜景（株式会社新生銀行　チーフオフィサー　グループ事業戦略　専務執行役員）

ナレッジ・フォーラム時代、竹内先生からこう言われたのをよく覚えています。「小座野君はピュアだよね。何か習ったら、すぐにそれを実行しようとする。話半分で受け流すという『大人の対応』はできないタイプだよね」と。一方の野中先生はこうでした。「小座野君、とにかく実践あるのみだよ」と。

お二人のそんな言葉が後押ししたのか、投資銀行業務を行う新生プリンシパルインベストメンツ（PI）グループが分社化したのを機に入った大手町にある新しいオフィスを、これまでの銀行のイメージとはまったく違うものにしました。

◆知識創造を促進するオフィス

透明なガラスの壁で四つに区分けされた執務スペースの真ん中にアベニューと名づけた幅二メートル、長さ七三メートルの通路を走らせ、そのアベニュー沿いに、壁は全面ホワイトボードでソファーが置かれ、気軽にミーティングができる「ラウンジ」を二カ所、配しています。全フロアの約四分の一を占める「パーク」と名付けたスペースは社内ミーティングや来訪者との面談、ランチや休憩に使える空間です。

みんなの動きや仕事のプロセスを「見える化」するとともに、思わぬ出会いを誘発し、新しいアイディアや暗黙知が次々と生まれる「場」の提供をめざした設計です。野中、竹内両先生が提唱される知識創造を促進しようとしたの

です。二〇一四年に日経ニューオフィス賞を受賞することができました。

特に、野中先生はオフィスのあり方に関心を持っていて、いくつかの先進企業の事例をもとに、「オフィスは企業戦略そのものだ」とおっしゃっていました。そのことが頭に強く残っていました。ナレッジ・フォーラムで習ったことを実践したわけです。

二〇一五年には、マネジメント手法におけるイノベーションを起こすことによって独自性のある価値を提供し、ユニークな方法で競争することを意図的に選択した企業を評価するポーター賞も受賞できました。お二人に出会わなかったら、金融業としてはまったく型破りの、こんなオフィスもつくらなかったでしょうし、新しいマネジメント手法も実践しなかったでしょう。

◆日米のリーダー像の違い

私が新生銀行の投資銀行本部の本部長をしていた二〇〇七年のことです。当時、新生銀行のトップがティエリー・ポルテというアメリカ人でした。ハーバード・ビジネススクール出身で、竹内先生と親しかったのです。それで、新生銀行からも新しくできたナレッジ・フォーラムに一期生を送ってほしい、と竹内先生に頼まれ、白羽の矢が私に立ったようです。

それで、二〇〇八年一月からナレッジ・フォーラムでお世話になったのですが、この年、ハーバード・ビジネススクールの経営者養成プログラム（AMP）にも三カ月間、通わせてもらいました。野中先生が中心となった日本流のプログラムだけを受けさせたら、偏ってしまうから、ハーバードにも行ってこい、和食だけだと栄養が偏るから洋食も食べてきなさい、とポル

KOZANO Yoshiaki
1962年東京都生まれ。86年慶應義塾大学法学部卒業、同年日本長期信用銀行（現・新生銀行）入行。2003年クレジットトレーディング部長就任。企業再生本部長を経て、07年プリンシパルトランザクションズ本部長、11年常務執行役員プリンシパルトランザクションズ本部長などを経て、13年新生プリンシパルインベストメンツ代表取締役社長を兼務。18年より現職。テキサス大学（オースティン校）MBA取得、ハーバード・ビジネススクールAMP修了。

テが言ったのです。

図らずも日米、二つの企業リーダー向けプログラムを同じ年に受けるという贅沢を味わわせてもらったわけです。リーダーシップの大切さを説くという点では両者とも共通していましたが、そのリーダー像が異なりました。向こうが念頭に置くのはトップリーダー。組織階層と指揮命令系統をしっかりつくっておけば組織は安泰だ、というような考え方です。

それに対し、ナレッジ・フォーラムでいうリーダーは、課長クラスのミドルも含み、組織の鍵を握るのが、トップとフロントをつなぐ、そうしたミドルにほかならないと。そうしたリーダー像の違いも、勉強になりました。

ナレッジ・フォーラムで印象に残っているのは、ノーベル経済学賞の候補にもなった青木昌彦先生の講義です。私は法学部出身で、経済学をきちんと学んだことがありませんでした。青木先生の講義は、経済学的見地から組織や経済体制を分析するという内容で、話は中国の経済発展にも及び、経済学でこんなにワクワクすることができるんだ、という新鮮な驚きを感じました。

渡部昇一先生の講義も興味深いものでした。日本人にとって天皇や皇室がいかに重要な精神的支柱になっているか、太平洋戦争で日本が負けてＧＨＱがやって来たとき、日本が瓦解せずに済んだのも、昭和天皇のリーダーシップがあったからこそだ、という話が印象に残っています。

自衛隊のイラク派兵を率いた番匠幸一郎さんの話は、派兵という正念場を前に組織をいかに引き締めるか、というお話で、さすがに迫力がありました。

野中先生は当時、チャーチルにご執心で、彼の巧みなスピーチや歴史に関する知識の深さ、目の前の人を鼓舞するような振る舞い方などを熱心に話していました。

◆ リーダーの決断は重い

私は大学時代に国際政治を専攻しており、野中先生の講義を防衛大学校で受けたことがあります。アメリカでＩＣＢＭ（大陸間弾道ミサイル）が開発された頃でしたから、大量破壊兵器と通常兵器の拡散について議論をされていた記憶があり、『失敗の本質――日本軍の組織論的研究』で書かれていたような軍隊を組織論から見るという話ではありませんでした。軍隊こそが究極のビジネス組織だと気づいたのは、ナレッジ・フォーラムで改めて野中先生のお話を聞いたときでした。

実際、兵器の発達によって、戦略や戦術がまるで変わります。たとえば、欧米列強が機関銃の威力に目覚めたのが日露戦争でした。その後の第一次世界大戦では、どの軍も強力な機関銃を装備したため、攻める側は弾に当たらないよう、塹壕戦を挑みます。そこで戦車が発明され、飛行機が上から爆弾を落とすようになって塹壕が役立たずになってしまった。

これが第二次世界大戦になると、戦闘機による制空権の優位性は海上にも広がります。日本は日露戦争の日本海海戦大勝利の成功体験から抜けられず、何年もかけて大和や武蔵といった巨大戦艦を建造しましたが、完成した暁には戦艦同士で戦いの決着がつく時代はとうに過ぎ去り、海戦においても空母とセットになった艦載機の力がモノをいう時代になっていた。制海権より制空権、日本はその流れに完全に乗り遅れました。

兵器を技術に置き換えれば、まさしく企業に当てはまることでしょう。逆に言えば、ビジネスは失敗しても腕を落とされたり頭を吹き飛ばされたりはしませんが、立派な戦争でもあるのです。

そのときに重要になるのがリーダーの決断です。常に最善の決断を下すためには、現場に赴き、部下や関係者の話を聞き、歴史を振り返り、他社の事例を考慮しなければなりません。どんな規模の組織であっても、上に立つリーダーの決断は非常に重い。その重さに負けることなく、リーダーは決めるべきときに物事を決めなければなりませんが、日本にはそこをやり切れるリーダーが少ない。これがナレッジ・フォーラムで一番学んだことでした。

◆業界を異にした仲間に学ぶ

一緒に論文を書いた仲間にも恵まれました。私のグループはメーカーから来た人が多かったのですが、当時は円高が進行し、一ドル＝八〇円台に突入していました。円高は日本でものづくりをしているメーカーにとって死活問題です。しかも、消費者の志向も、ものづくりの基礎となる素材もどんどん移り変わっていきます。制度に守られている金融業に比べ、明らかに激しい環境変化に耐えながら、会社を存続させて利益を出していくという姿勢に心底動かされました。

その一人、帝人の谷田部俊明さんが、年が離れた私のことをかわいがってくれました。その谷田部さん曰く、「君は受講生の中で一番さされ立っている」と。フォーラムの場は、各社から常務クラスくらいのリーダーが集まる場で、名士が集う知的サロンのような雰囲気があったのですが、私だけが異質で、冒頭の竹内先生の発言につながるような、何か持って帰ろう、元を取ってやろう、というガツガツしたものがあったのだと思います。

私は五人兄弟の三番目で、子どもの頃はどちらかといえばリーダータイプではありませんでした。せいぜい生徒会の副会長を務めたくらいです。それが銀行に入り、社費でアメリカのテキサス大学に留学してMBAを取りに行き、投資銀行業務に従事するようになってから変わりました。自分で決め抜くという姿勢が強くなったのです。おそらく、それまで眠っていた性質が出てきたのだと思います。

◆お前、いい塩梅になったな

留学後、アメリカ勤務を経て帰国し投資銀行業務に従事していた頃、自宅で親父に会って話していたら、「子どもの頃と違って、お前は自己主張が強くなったな。言っていることは正しいけれど、言い方が強すぎる」と言われたのです。親父は学徒出陣を経験し、戦後は長く鉄鋼商社を経営して、何事も「部下や従業員が先で楽しみ、自分のことは万事後に」を実践していた人でした。

父は二〇一一年に亡くなりましたが、その直前、今度は「お前、最近、いい塩梅になってきたなあ」と言われました。嬉しかったですね。経営者の端くれとして認めてくれたのだと。なぜいい塩梅になれたのか。思い当たることといえば、ナレッジ・フォーラムしかありません。

考えてみれば、MBAを取った頃は、人間の価値はお金で測られる部分が大きいと考えていましたし、実際、当時は外資系金融機関が高い金額でオファーしてくれて、転職の機会も数多ありました。自分もその価値をひたすら高めたいと考えたことも幾度となくあり、ナレッジ・フォーラムの仲間からも、もっと良い環境に転職し、存分に自分の能力を発揮してはどうかとのアドバイスももらいました。

しかし、ナレッジ・フォーラムで学べば学ぶほど、逆に部下が働きやすい職場をどうつくるか、彼らの能力をいかに引き出すか、いつも考えるようになっていきました。ナレッジ・フォーラムでの経験が、親父が授けてくれたDNAを引き出し、人間としての幅を広げてくれたのだと思います。

ナレッジ・フォーラムで嬉しいのは、卒業した後も野中先生、竹内先生が書かれた本を贈っていただけることです。なかでも面白かったのは、野中先生が二〇一四年に出された『史上最大の決断――「ノルマンディー上陸作戦」を成功に導いた賢慮のリーダーシップ』です。上陸からパリ解放まで、第二次世界大戦の勝敗を決定づけたノルマンディー上陸作戦のプロセスを仔細にたどりながら、その指揮を任されたアメリカ陸軍大将、アイゼンハワーの生い立ちやリーダーシップを描いた本です。

七人兄弟の三番目、アメリカの片田舎で、まったくの庶民の子どもとして育った平々凡々な軍人が、さまざまな人との出会いを通じて成長していき、史上最大の作戦の指揮官になったばかりか、それを成功させ、遂にはアメリカ大統領まで上り詰めます。

私がナレッジ・フォーラムで学んだときは、野中先生の関心は、もっぱらチャーチルでした。チャーチルは貴族の末裔で、生まれついてのリーダー、アイゼンハワーとは対照的です。私もどちらかといえばアイゼンハワーでしょう。ナレッジ・フォーラムで師や仲間と出会い、リーダーとして一皮むけた。ノルマンディー上陸には成功したわけです。そこから、パリ解放まで行けるか、今、第二幕を戦っているところです。

次に踏み出すきっかけを与えてくれた

竹川隆司（株式会社zero to one　代表取締役CEO）

◆日本の経営者に対する偏見が消えた時間

ナレッジ・フォーラムに通ったのが、三四歳から三五歳のときでした。受講生は五〇代が中心なので、一番、年下です。「竹ちゃん」というニックネームで呼ばれ、皆さんに何かを提供するというより、学ばせていただくことのほうが圧倒的に多い一年でした。

私が一番印象に残っているのは「経験の共有」セッションです。自分は三四年分の話しかできないわけですが、他の皆さんは優に五〇年分ある。仕事の中身や考え方、これまでのキャリアやプライベートまで実に多彩な内容で、学ぶことばかりでした。

何より、日本の大企業経営者のイメージが大きく変わりました。ビジネススクールのケーススタディで学んだような、人を惹きつけ、動かす「リーダー」たちがそこにはいたのです。大企業の中で単に階段を上がったのではなく、人間としての魅力はもちろん、仕事でも大きな成果をあげて、認められたからこその、今の地位だと知ったのでした。

年齢のせいだけではないと思いますが、人間的にどっしりとしている人が多く、日々、重い経営判断を下し、多大な苦労があるはずなのに、自分のやったこと、今取り掛かっていることを飄々と語っていました。それに比べたら、自分の苦労や嫌だと思っていることなど、大したものじゃないと。このセッションを通じて、人間として成長できたのではないかと思います。

◆何でも相談できるお兄様お姉様ができた

私は当時、今後三〇年の人生計画をエクセルで作成しており、その話をしました。一段目には世界経済がどうなるかといったマクロレベル、次は日本で起こりうる出来事、そして、ここで起業し、ここでＩＰＯ（株式公開）を狙う、といった自分のキャリアに関する計画、さらにはプライベートなイベントに至るまで表にして年単位で記していたのです。

しかし、私生活含め、ことごとく計画どおりにいっていなかったので、突っ込みどころが満載。最後に「どうすればよいのでしょうか。先輩、教えてください」という内容でした。おかげで、温かいアドバイスと激励をたくさん頂くことができました。

友人にもあまり口にしたことがないプライベートを明かし、あるいは仕事の話でも、そのときの気持ちや考えていたことをオープンに語る、こうした場があったからこそ、受講生同士が仲良くなり、絆を深めることができたのではないかと思います。

その後、私を含め、走ることが好きな三人が集まって「マラソン部」ができ、当時喫煙所に集っていた面々により「スモーカーの会」が結成されていました。さらに数名で「事務局」を結成して、同期会も定期的に開催しています。学生時代のノリで、こうした「部活動」や同窓会が生まれたのも、経験の共有セッションがあったからこそだと思います。

受講生の人たちとは今も頻繁に連絡を取り、酒を酌み交わす関係が続いています。公私にわたり何でも相談できる仲間といったら失礼なくらい、素敵なお兄様お姉様たちと知り合えたことが、私にとってナレッジ・フォーラムに通った最大の収穫でした。

◆リベラルアーツを学ぶ意義を知る

毎回違ったゲストによる講義も興味深いものでした。私はＩＣＵ出身で、それこそ大学でリベラルアーツを学んだ人間です。キリスト教概論、西洋史、哲学など、確かに授業を履修した記憶はありますが、国連職員になるという当時の目標にそった専門科目は興味深く学んだものの、正直リベラルアーツの大切さ、面白さについてはまったく理解していませんでした。

ところが、ナレッジ・フォーラムで学ぶリベラルアーツの面白いこと！　経営学や経済学はもちろん、経営者がなぜ哲学や歴史を学ぶ必要があるのか、ストンと腹に落ちたのです。個々の講義の後に、野中先生が付け加えるコメントも秀逸でした。

たとえば、ハイデガーに関する講義の後に、自分にとってのハイデガーについて印象的な話をしてくれるのです。より良く生きるために必要な知識、それがリベラルアーツであり、大勢の人間の人生を預かるリーダーこそ、豊かに備えておくべきものなのだと思うに至りました。

◆大震災後のニューヨークで感じた故郷への想い

私が通った二〇一一年は、東日本大震災が起こった年です。私は当時、インターネット接続や教育サービスを行う朝日ネットに在籍しており、ニューヨークにある子会社の社長と本社内のグローバル戦略室の室長を務め、アメリカに住みつつ、日米を頻繁に往復していました。

TAKEKAWA Takashi

1977年神奈川県生まれ。2000年国際基督教大学卒業、野村證券入社。06年ハーバード・ビジネススクールにてMBA取得。ベンチャー企業の経営に加わった後、11年に朝日ネットに入社。米国子会社を設立し、大学向けに授業支援システムを提供。16年にzero to oneを設立。現在は、東北風土マラソン＆フェスティバルの発起人会代表も務める。

ナレッジ・フォーラムの授業に出席するため、日本に戻っていたとき、東日本大震災に遭遇しました。徒歩での帰宅を余儀なくされ、棚から商品がすっかりなくなったコンビニを見て、愕然としたのを覚えています。その三日後、ニューヨークの子会社立ち上げのために成田から飛び立たざるをえず、何か大切なものを日本に残して出て行く気がし、機上で後ろめたい気持ちに襲われました。

ニューヨークに着くと、津波が町を襲う衝撃的な映像がテレビで繰り返し放映されていました。それを見たのでしょう、ホテルのドアマンもタクシーの運転手も、私が日本人だとわかった途端、「お前は大丈夫だったか。家族は無事か」と大いに心配してくれたのです。私の出身地は神奈川県横須賀市で、震災の被害はほとんどなかったのですが、アメリカ人にとっては横須賀も石巻も変わらない、同じ日本です。彼らと話をしていくうち、気づいたのです。自分の故郷は横須賀ではない、日本なんだと。それから、海外にいながらも、東北のことが頭から離れない日々が続きました。

私に何ができるか。国内外から東北に人を引きつける手段を考え、最終的にたどり着いたのがマラソン大会の開催でした。私も市民ランナーの端くれで、あちこちの大会に出かけては楽しんでいました。ただし、普通のマラソン大会では話題にならないし、人も呼び込めない。それなら、どうするか。

◆東北の酒と食、風土を丸ごと楽しむ

そこで考えついたのが、赤ワインの産地として有名なフランスのメドック地方で行われている、その名も「メドックマラソン」です。これの日本版をやってみようと思いました。

メドックマラソンはワインを飲みながら走るマラソンということで有名ですが、正確にいうと、六時間半という制限時間の中、ワインと食、それに風景の三つが堪能できるイベントです。ワインだって、きちんとしたグラスで出て

きます。最初にサンドイッチ、次にフィナンシェ、生牡蠣、サイコロステーキ、最後にアイスクリームといった具合に、フルコースともいえる食を道々味わい、それに合わせて提供される各種ワインを嗜みながら、移り変わる風景も全身で楽しむことができる。いわば、ワイン産地メドックの風土を丸ごと堪能、満喫できるのが売りの大会なのです。

その年の終わりから具体的に動き始めました。最初は被害の大きかった太平洋沿岸の被災地での実施を考えたのですが、大会に不可欠な迂回道路の設定が難しいなどの事情があってあきらめ、内陸部に位置する宮城県登米市に決めました。ご縁があってたどり着いた登米市は、南三陸町、気仙沼市、石巻市といった沿岸被災地とも隣接し、震災直後に復興支援の「ハブ」ともいえる場所だったのです。

風土という言葉にこだわって、名称は「東北風土マラソン」にしました。メドックマラソンと同じく、東北でつくられる日本酒を飲みながら走れる大会にしたかったのですが、警察からの道路使用許可などさまざまなハードルがあったのであきらめ、代わりに、日本酒の仕込み水を口にできるようにしました。もちろん、道中の各ブースで、はっと汁、笹かまぼこ、ふかひれスープ、蕎麦、山ぶどうゼリーといった東北各地のグルメ食材を味わうことができ、ゴールしたら日本酒をしこたま飲むことができるようにしました。

◆ナレッジ・フォーラムの仲間による多大な支援

当初は朝日ネットで仕事を続けながら原型をつくり、細かな部分は地元の人たちに詰めてもらおうとしていたのですが、そんなに生やさしいものではありませんでした。東京ならともかく、地方で新しいイベントを企画しスタートさせるには、単なるビジネスの論理だけではダメだったのです。

二〇一四年四月に第一回目の開催を考え動いていたのですが、前年の後半になっても、うまく実現できるかどうかわからない。毎月一回ほど、時にはアメリカから直接現地に入っていたのですが、それではまるで追いつかない。何とかしてやりたい、やらないといけない、私は会社を離れ、自ら現地に貼りつく決断をしたのです。

最初の予定どおり、二〇一四年四月に第一回目の東北風土マラソンを開催することができました。嬉しかったのは、ナレッジ・フォーラムの同期生たちに、たくさんの有形無形のサポートを頂けたことです。特にマラソン部のメンバーが自ら参加してくれたのはもちろん、地元の子会社に声をかけて、大勢の社員がボランティアになってくれたのです。

実際、第一回大会の総勢二五〇人いたボランティアのうち、実に八〇人がそんなボランティアの皆さんでした。最初から何社かの大手企業のスポンサードをもらえたのも、ナレッジ・フォーラムの縁からでした。大変嬉しく、そしてありがたかった。私がフランスの現地に行って直接交渉し、メドックマラソンの実行委員長のお墨付きももらえ、日本版メドックマラソンと堂々と打ち出すことができたのも幸運でした。

初年度の参加者は一三〇〇人でしたが、それ以後、毎年規模が大きくなって、五年目の二〇一八年は六八〇〇人まで行きました。外国人の参加者も非常に多くいらっしゃいます。オリンピックイヤーとなる二〇二〇年は一万人の参加を目指しています。

当日の飲食と前日からの宿泊代、移動交通費、お土産代などをすべて計算すると、地元への経済波及効果は三億円弱あります。この大会がきっかけになって、東北各地の食材や日本酒が東北以外で、そして世界で知られるようになれば、それこそが地域への最大の貢献となります。何より、このイベントを通して、被災地を中心とした東北の人たちに自分たちの風土とフード（食や日本酒）が持っている魅力にもっと自信を持ってもらう機会になれば嬉しいです。

◆人間が自立できるための教育を世界中に普及させたい

私はこのマラソン大会の企画運営で食べているわけではなくて、今の本職はzero to oneというオンライン教育会社を経営しています。人工知能やビッグデータなど、いわゆる先端IT人材を育てる教育コンテンツをクラウド上で提供しており、大手各社の社員教育にご活用いただいています。

私が一番やりたいのは、最終的には途上国を含め、世界中に広くあまねく、人間が自立して生きていくための最低限の教育を普及させること。その前段階として、私の故郷、大好きな日本にすこしでも恩返しができるよう、日本に今最も足りないといわれる前述のような人材の育成に貢献したいという思いから、今の事業を始めています。

野村證券時代、ハーバード・ビジネススクールに行かせてもらい、MBAを取得しました。同じビジネスを学ぶプログラムですが、ハーバードとナレッジ・フォーラムはまったく違う。ビジネスをやる上での反射神経を養うのがハーバードのMBAだとしたら、人間としての深みを育てるのがナレッジ・フォーラム。そんな感じがします。

思えばナレッジ・フォーラムは私の人生の分岐点でした。三十代半ばという若さもあったし、震災があった年ということも大きかったでしょう。ナレッジ・フォーラムに行っていなかったら、マラソン大会を企画することもなかったでしょうし、今の教育の仕事もここまでスムーズに始めることができたかどうか。公私共々、人生の転換タイミングでいつも、お兄様お姉様に強く、いや優しく背中を押してもらって今があります。

ナレッジ・フォーラム自体は万人に対して開かれた場でありませんが、かといって、特別な場かといえば、そうではないと思います。企業の枠はもちろん、世代や職種を超え、さまざまな人たちが本音で交わり、共同で何かをつくり上げる機会があれば、私と同じような「人生の分岐点」を意図的に設けることができるのではないでしょうか。

ダイバーシティあふれるメンバーとのリアルな学び合いの場、オンラインでもソーシャルでも実現できない、今必要な学びの環境なのかもしれません。

Knowledge Forum

共同研究で共振共鳴できる仲間が得られた

荒牧秀知（ANAホールディングス株式会社　グループ経営戦略室　グローバル事業開発部部長）
河野靖彦（株式会社朝日ネット　執行役員／人事総務部部長）

◆自信たっぷりのプレゼンに先生からのダメ出し

忘れもしない二〇一六年一二月一〇日のことです。この日、東京・竹橋にある如水会館の一室は熱気に包まれていました。六つのグループに分かれたナレッジ・フォーラム九期生総勢三〇名が集まり、五月から研究してきたそれぞれのテーマの成果について発表する最終報告会が開かれました。

野中郁次郎、一條和生両先生からそれぞれの発表内容について講評をいただきます。報告会の後は他の受講生たちから寄せられた意見も参考にしながら、グループごとに論文執筆に取りかかり、年明けの二月二八日までに提出する、というのが受講生に課せられた課題でした。

私たちDグループの発表タイトルは、「魂の共振・波動経営」というもの。発祥が江戸時代初期の一六三四年という長崎が誇る伝統ある祭、長崎くんち（以下、くんち）。踊り手である踊町《おどりちょう》の人々と、見物人である長崎市民と観光客とが魂を共振させ、四〇〇年近い歴史を積み上げてきたことに着目し、人々のエネルギーを引き出し結合させるその仕組みに企業経営に通じるものがあるのではないか、という思いから出発したものでした。もちろん、長崎にも足を運び、くんちも実際に見学してきました。

このくんちにヒントを得て、各企業において社員が魂を揺さぶられ、自らの力を最大限に発揮するための源となる、企業固有の価値観や行動原理を「共振エンジン」と名づけました。これを四社の訪問企業の事例で補強し、「共振エンジンを社内で明示化し、浸透させること」、さらには「戦略策定のベースにすること」の重要性を訴えました。

最終報告会では、くんちの雰囲気を伝えるために、メンバーの衣装を上下黒ずくめに統一し、長崎で入手したお揃いの緑色の手ぬぐいを首にかけ発表に臨みました。くんちの様子を収録したショートビデオも用意しました。

自信満々でプレゼンを行い、会場の反応も上々で、「これは全グループ中、最高の内容だぞ」と感激に浸っていたところ、野中先生の次の一言によって、自信が粉々に砕かれてしまいました。

「まだ共振していないのかもしれないなぁ。企業一つ一つについてプロトタイプになるような事例があって、それを詳細に記述することによって、そのモデル自身が腹落ちするというところまで行かないと。くんちから突然、共振エンジンに行ってしまっている。まさに何が共振エンジンなのかということを示す具体的な事例や仕組みを訪問企業から選んで、最後にやっぱりこうだよ、という流れになると、しっかり腹落ちしてくるんですよね。今の段階では、波動まで行かないような感じだよね」

また、一條先生からは「皆さんがくんちを見て感動した暗黙知を、まだ十分に形式知化されていないので、まだ距離がありますね」との講評。

非常に無念ではありましたが、さすが両先生のご指摘と思いました。くんちの肝は一〇人一組で一匹の龍を操る龍踊《じゃおどり》です。一〇月の本番に向けて、毎年六月から稽古を積み重ねていきます。最初はぎこちなかった動きが最後は本当に生きているかのような躍動感を帯びます。中国

ARAMAKI "Sammy" Hidetomo（右）
1963年大阪府生まれ。88年京都大学法学部卒業、全日本空輸（ANA）入社。業務プロセス改革室イノベーション推進部長などを経て、2017年4月より現職でヤンゴン駐在。
KAWANO Yasuhiko（左）
1963年山口県生まれ。85年日本獣医畜産大学卒業、ダイエー入社。2006年に朝日ネット入社。16年より現職。

上海の同じ龍踊の映像を見たことがありますが、完成度は雲泥の差でした。長崎くんちはすごいのです。

◆「担ぎ担がせる力」が飛躍して、祭の研究へ

まずは、私たちがなぜそんなにくんちに入れ込んだのか、お話ししましょう。

私たちは、公式にはDグループですが、自分たちで「ダイナミックD」と名づけていました。メンバーは荒牧、河野の他に、サントリービジネスエキスパートの菊池鉄穂さん、新日鉄住金エンジニアリングの黒崎裕之さん、電通の片山直子さんの五名です。一番下が四六歳、上が五三歳という年齢構成でした。最初にメンバーが一堂に会したのが五月一四日でした。チーム分けは事務局一任で、五名が集まったのは偶然でした。

私（荒牧）の発案で各自にニックネームを付けることにしました。アメリカに赴任したとき、現地に溶け込むための一策として、アメリカ人風にサミーと名乗ってみたら、現地のスタッフとお互いの目線が合って、早く溶け込めたということがありました。荒牧がそのままサミー、河野がピース、菊池さんがアイアン、黒崎さんがネロ、片山さんがケイティとなりました。

ナレッジ・フォーラムの開催は、月に一回しかありません。そのときだけでは研究が進まないので、平日の夜や休日、場合によっては平日の昼間の時間も捻出し、話し合いの場を持ちました。たまたま五人中三人の会社のオフィスが汐留近辺だったので、そのオフィスも借りながら、ミーティングの機会を数多く持つことができました。

野中先生から示された共通のお題は、「日本独創経営コンセプトの提言」です。デジタル化、グローバル化という二大潮流がますます強くなる中、Unthinkableな時代に日本企業が持続的成長を遂げるために経営者に求められることを探ったらどうだろうという意見が出て、議論をしていくうちに次の三つの力が重要になるのではないか、という仮説を得ました。

すなわち、①捨てきれる力（不要な事業をいかにカットできるか）、②担ぎ担がせる力（企業経営を神輿になぞらえると、担ぎ担がれる人が必要。つまりは優れた人材調達能力）、③伝える力（企業の存在価値を明らかにし、それを社内外に伝えていく伝達力）の三つです。

さらに突っ込んで議論していくうち、「担ぎ担がせる力が面白い。担ぐといえば神輿、神輿が本領を発揮するのが祭だ。そこを掘ってみよう。ナレッジ・フォーラムの歴史で祭に着目したグループはさすがにないだろう」と、具体的な祭を研究することにしたのです。

本や論文もさることながら、実地に視察できる歴史のある祭を探しました。そこで候補に挙がってきたのが、京都祇園祭と岸和田だんじり祭、長崎くんちの三つ。その頃は七月になっていたので、祇園祭はすでに終了、だんじりが九月、くんちが一〇月でした。日程が遠いほど、五人の都合が合う確率が高いので、自然にくんちに決まりました。河野は長崎事業所への出張が多く、ナレッジがあったのも決め手の一つになりました。

◆フィールドワークで長崎へ。くんちと土地の魅力にはまる

くんちの本番までの時間は、資料を集めて読み込みました。最も役立ったのが地元の研究者である大田由紀さんが執筆した『長崎くんち考』（長崎文献社）。豊富な資料と自らの経験を駆使した、くんちの本質に迫る意欲作です。急ぎ、著者の大田さんにもアポを取り、九月の初め、荒牧、河野の二人で長崎まで行き、お話を聞かせていただきました。帰京してその話を他の三名と共有したうえで、いよいよ本番です。一〇月の三連休に今度は五名で長崎に入りました。

くんちを奉納する踊町は奉納踊を披露する町のことで、七年に一度回ってきます。奉納踊は諏訪神社の境内で行われました。朝八時から正午まで演目が行われますが、前日に長崎入りして朝六時から並びました。なかには四時から並んでいる人もいて、熱心なファンの存在に驚かされました。さじき席はずいぶん前から完売で入手できず、私たち

は立見の当日席でしたが、初めて見る龍踊は迫力満点でした。すべてが終わると、周りの観客は感動して涙を流していました。私たちも感動の中に立ちすくんでいました。

その後、前年の踊町であった諏訪町《すわのまち》龍踊の山下寛一総監督のお宅にお邪魔し、祭の歴史やマネジメントのご苦労についてお話を伺い、さらにグラバー園の隣にある長崎伝統芸能館にご案内いただき、祭で使われた龍や山車などを拝見し、手にしました。

夜は思案橋界隈に繰り出し、長崎の酒と食を堪能しました。もちろん、そこでもくんちをどう研究に落とし込んでいくかという議論を延々と続けました。翌日は河野の会社の長崎事業所の一室を借りて、議論の続きを行いました。

そうした中から考えついたのが、長崎には特別な場の力があるのではないか、という仮説でした。南蛮貿易で栄えた戦国時代、鎖国下で外に開かれた唯一の窓口だった江戸時代、坂本龍馬や岩崎弥太郎といった維新の志士たちが集った江戸末期、長崎造船所の技師をはじめ、お雇い外国人が多数移り住み、日本の近代化に大きく貢献した明治初期と、それぞれの時代において人々を引き寄せる強力なパワーが長崎にはあって、その力があったからこそ、くんちも盛り上がり、これだけ長く続いてきたのではないかと。

こうして掘れば掘るほど、いろいろな話が出てきました。そのときは夢中で気づきませんでしたが、思い返すと長崎の魅力にどっぷり浸かっていました。しかし、くんちだけで研究を終えるつもりは最初からありませんでした。企業に聞き取り調査を行い、私たちの仮説と合体させなくてはなりませんでした。

選んだのは、まず長崎市内の中堅企業二社です。地元の長崎ケーブルメディアがユニークな地元企業を特集しており、その中から特殊ボルトで国内シェア九割を誇る濱田屋商店／ハマックスと、各種構造物の設計や構造解析を行うＰＡＬ構造の二社を選びました。そして、さまざまな人脈を駆使して訪問調査をご快諾いただき、一一月にヒアリングを実施しました。また、比較対象の企業として東京で松竹、サントリーにもヒアリングを実施しました。

◆総計五二〇〇行に達したLINEコミュニケーション

さて、「長崎遠征」を終え、最終発表の一二月一〇日に向けて詰めの作業です。時間は一カ月を切っていました。先述したように、月一回のナレッジ・フォーラムの場だけでは埒が明かず、別の機会をつくって顔を合わせていましたが、学生ではなく仕事がある身、急な出張も会議もありますから、毎回、全員が揃うとは限りません。

そこで威力を発揮したのがLINEでした。七月からLINEグループを形成して活発に情報交換を行いました。打合せ日時の設定や出欠の連絡だけではなく、宿題、読むべき本、ふと思いついたひらめき、ねぎらいの言葉、プライベートなつぶやきなど、実に多岐にわたりました。数えたら、合計五二〇〇行もやり取りしていました。

また、私(荒牧)はマネージャー的な役割で、チームの活動日誌をつけていました。それを見ると長崎遠征の後、発表会に向けたプレゼン構成内容を検討する会を、リハーサル含め計七回行っています。

そうした議論を進める中で浮かび上がってきたキーワードが「共振エンジン」でした。お金も時間も体力も注ぎ込み、一生懸命、龍踊の稽古に励む。そこには共振する何かがあるはずだという発想が原点にあります。そして、共振の根底にあるのは、生きがいや達成感、自分が今「生きているという実感」ではないかと。ネロこと黒崎さんが絶好調になると、いろいろな発想やアイディアを次々に語り始めます。他のメンバーは「神が降臨した!」と言って囃しながら、議論が深まりました。

最終報告会の発表役になったのが、アイアンこと菊池さんでした。悩ましいのは伝えたいことがあまりに多いことで、持ち時間は二〇分には収まらず、泣く泣く内容を削りました。校正とリハーサルを何度も繰り返し、本番前の二日間は日中から深夜まで時間の許す限りで頑張りました。

それでいざ当日となったわけです。「長崎市民の魂と共振することで、くんちは生き続けてきた。その中心には一人ひとりの『生きている実感』があった。くんちが持ち続ける『共振エンジン』を企業も備えよ。経営トップが社員と共振し、社員が社員と共振し、企業は社会と共振する」というのがキーメッセージでした。

◆私たち自身が共振共鳴した密度の濃い九カ月

それで冒頭の話に戻るわけです。

私たちは気を取り直し、コンセプトの再構成に取り組みました。一二月の年末に二回、一月は五回、二月は六回集まって侃侃諤諤の議論を繰り返しました、コンセプトと基本構成がようやくまとまったのが二月一四日で、締切までちょうど二週間。その時点ではまだ、論文の体をなしていませんでした。他のチームと比べ、進捗は明らかに遅れていました。

なぜこんなに遅れたかといえば、メンバーが議論好き、しかも論理的な構成にこだわったことが一番大きな要因ですが、私（荒牧）が手早くまとめない方向に持っていったという面もありました。別の研修で、内容を早く固めてしまったことがあり、頭が固定化してそこから抜けられないという苦い経験をしたことがあったのです。そうではなく、オープンな議論をギリギリまで繰り返し、新しいアイディアや情報が出たら、貪欲に取り込んでしまおうと考えたのです。そしてくんちと訪問各社の徹底分析を通して、そこから紡ぎ出された事例や仕組みのモデル化につなげました。

その甲斐あって、デジタル版SECIモデルや、PDCAサイクルに替わるOHA（Observation→Hypothesis→Action）モデルの提案なども入った充実した内容にすることができました。

また、五人がきっちり執筆を分担しました。二月一八日以降は担当原稿のコピーをもとに読み合わせを実施しました。論理の飛躍や重複をチェックし、わかりやすくするためのアイディアをみんなで出し合って書き直す、という作業が続きました。

そうやって出来上がったのが「自発的かつ高度な知の創出プロセスを実現する『共振エンジン経営』」というタイ

トルの論文でした。Unthinkableな時代に未知未曾有の荒波に立ち向かい、さらなる成長を続けるためには、かえって人の役割がその重要さを増していく。過去二〇年間にわたって盲目的に追随してきた欧米型の他律的管理偏重から脱皮し、従来から日本企業が大切にしてきたはずの組織や個人の内面＝ハートに再び注目し、それを点火することで、乗り越えることに挑戦する経営こそ、日本型独創経営のコンセプトといえるのではないか。

一二月の報告会では私たちの発表内容に気を揉まれた野中先生でしたが、論文に目を通され、「よくここまで盛り返した」とおっしゃってくださいました。

論文のエピローグには、こう記しました。

「今回の提案は、くんちにおける龍踊のメタファーで語ることができる。龍は『企業そのもの』である。玉は企業における『ビジョン』である。そして龍の眼は『共振エンジン』にあたる。龍の前で、リーダーは玉（ビジョン）を高々と掲げ、龍を導く。龍（企業）は、その眼（共振エンジン）で玉を見据えながら勇敢に追い続ける」

五月の結成から二月末日の論文提出まで、Dグループの活動時間は記録しただけでも、のべ九八九時間に及びました。また、自習時間はそれ以上かもしれません。みんながみんなを引っ張るという形の「全員リーダー」体制でした。私たち自身が一匹の龍となり、濃密な時間をともにしながら、互いに共振共鳴し合っていたのでしょう。「ダイナミックD」は今も生きています。五人はナレッジ・フォーラムで出会って、心の友になったのです。

第 3 章

Knowledge Forum

論文篇

新しい経営コンセプトを創造する

Introduction

バークレー仕込みのコンセプト創造力を日本の企業人に

野中郁次郎（一橋大学名誉教授）

◆バークレーでの社会学との出会い

カリフォルニア大学バークレー校に留学した二年目の一九六九年のことである。修士課程を終えて、博士課程に進んだ私はどうしたものかと悩んでいた。バークレー校の博士課程プログラムはそれぞれの第一専門の他に、第二専門科目を取らなければならない。私の第一専門はマーケティングで、第二専門として選択できたのは、経済学、社会学、心理学、ＯＲ（オペレーションズリサーチ：意思決定にかかわる科学的アプローチ法）の四科目であった。

私は数学が苦手だったから、経済学やＯＲは端から除外し、計量分析が必要な心理学も敬遠したら、残ったのは社会学だった。それは易しそうにも思えたから、これしかないと思った。

しかし、それがとんでもない誤解だったことを履修登録後に思い知ることになる。当時、アメリカの大学院で社会学部門のトップが著名学者を多く抱えたバークレー校だったのだ。講義の内容は当然、ハイレベルなものとなる。しかも、第二専攻であっても、社会学専攻の博士課程院生と一緒に一年間、講義を受け、同じ試験でＢプラス以上の成績を取らなければ落第することになっていた。

◆ 自分にも理論構築ができるのではないか

私が選択した講義名を「社会学の理論と方法論《メソドロジー》」という。社会学の十数冊の古典を題材に、優れた理論はどうやってつくられたかを学ぶ、いわば理論構築のケーススタディであった。

担当教授が二人いて、一人はニール・J・スメルサー教授、もう一人がアーサー・L・スティンチコーム教授だった。スメルサーは著名な社会学者タルコット・パーソンズの弟子で、人間の集団行動の研究で知られ、講義では、個々の古典に述べられている理論を解説する役割だった。かたやスティンチコームは社会学の方法論分野の俊英で、スメルサーが解説してくれた内容に基づき、理論構築の方法論を講義した。といっても完全な分業ではなく、二人の間で意見の相違が生まれることもあり、講義中に二人が言い争う場面もたびたびあった。

取り上げた著作の作者が存命な場合、ゲストスピーカーとして講義に来てくれることもあった。集団行動に関するスメルサー自身の著書も十数冊の中に入っていた。著者たちがその理論をいかに編み出したかを、「この頃、この著者は失恋してひどく落ち込んでいてね」といったきわめてフランクな内容も含みながら滔々と話してくれた。

それぞれの自宅で講義が行われることもあり、受講生が約二〇名と大人数ではなかったことも幸いし、車座になっての談論風発が行われた。そんな雰囲気の中、理論の構築なんて雲の上にいる碩学しかできないと思っていたが、自分にもできる、失恋に悩むようなごく普通の人間ができたわけだから、という気分になったのを覚えている。

◆ウェーバーの名著はどうやって生まれたか

そのスティンチコームが講義してくれた理論構築の方法論を、マックス・ウェーバーの『プロテスタンティズムの倫理と資本主義の精神』を題材に紹介してみよう。

ウェーバーは同書において「プロテスタントの倫理」と「資本主義の精神」に因果関係を見出した。利潤の追求と正反対の極に位置するようなプロテスタンティズムが内包する禁欲主義が、資本主義の精神を生み出すきっかけになったという仮説である。

人類の歴史をひもとくと、経済活動に専心することは非道徳的だという概念がどの時代、どの地域でも主流だったことがわかるが、プロテスタンティズムは例外で、経済的な成功を罪悪視しない思想が「意図せざる結果」として含まれていた（ここまでの解説がスメルサーの役割だった）。

さて、スティンチコームが導き出したのは次のような方法論だった。

①仮説の設定……ウェーバーは既存のデータや観察から、プロテスタンティズムの倫理が資本主義の精神、つまり、個人の職業における正直、卓越、勤勉の規範に規律正しく従う態度を生み出した、という仮説をつくった。

②現実との対応関係の抽出……プロテスタンティズムの主流をなすカルヴィニズムの予定説（あらゆる人は生まれる前に、神によって救われる人、救われない人があらかじめ定められているという説。いくら教会に通っても、いくら祈りを捧げても変わらない）の影響で、人々が労働を通じた救いを求めるようになり、天職という概念が生み出されたこと、修道院の廃止によって、専門的宗教家だけではなく一般民衆にも当てはまる理念の創出が求められたことなど、先の仮説とさまざまな現実との対応関係を明らかにした。

③プロテスタントという宗派の理念型の確立……救済は教会によってではなく神との直接接触によって実現し、専門宗教者を育成する修道院を必要としないといった宗派の理念型を確立した。
④関係性の理論モデル化……現実や理念型と資本主義を生み出したプロテスタンティズムとの関係性を理論モデル化した。

◆文献読解や解釈は、コンセプトづくりの準備段階にすぎない

こうした理論構築についての理論、つまり方法論という学問が存在することを知ったのは、大きな衝撃だった。それまでの私は著名な学者の理論を解説したり敷衍したりすれば論文や著書ができるものだと思っていたが、大きな間違いだったのだ。文献を読み込むことや解釈することは、自らのコンセプトや仮説づくりの準備段階にすぎないのだと痛感したのである。

後半の六カ月はスティンチコームから方法論に関する直接指導を受けた。問題は最終試験だった。既存の理論を題材にして自分なりの理論やコンセプトをつくり上げ、論文にしなければならない。

私はスティンチコームが講義で取り上げた、組織と市場の多様性を情報処理モデルで捉えた「集権性と分権性」というコンセプトに興味を抱き、当時、組織論の分野で台頭しつつあったコンティンジェンシー(環境適合)理論を参照しながら、組織多様性、市場多様性というコンセプトをつくり上げ、論文に書き上げた。

先述したように、これでBプラス以上を取らないともう一年、やり直さなければならない。膨大な学費と生活費がまた必要になるわけだ。そこで、スティンチコームに「これから出す論文の内容が悪かったら、もう一度書き直すチャンスをいただきたい」と申し出たところ、「それはアンフェアだから駄目だ」と言われてしまい、頑張るしかなかった。私の生涯で、これほど脳味噌を振り絞ったときはない。「頭の使いすぎで髪が薄くなったわ

ね」と女房に言われたくらいだ。そうやって粒粒辛苦して書き上げた論文を彼に提出したところ、Aマイナスという予想外の高評価を得ることができた。

この論文が後に「組織と市場」という博士論文の原型となり、さらにそれが帰国後の私のデビュー作『組織と市場――組織の環境適合理論』（千倉書房）につながり、同書が日経・経済図書文化賞を受賞したのだから、人生というのは面白いものだ。

理論家と方法論家がペアになって一つの講義を担当することは、バークレー社会学の長い歴史において、実はこの年行われたこの講義のみであったらしい。たまたま履修届を出した私は今から考えると本当に運が良かった。ここで叩きこまれたコンセプト創造力が私の人生を大きく変えたのだ。

後に世界の企業人との交流が広がるにつれて、日本の企業人の弱みが、物事や現象の本質を洞察し概念化する、このコンセプト創造力の弱さにあるのではないか、という思いに何度か駆られていたので、ナレッジ・フォーラムのプログラムには、それを鍛えるための論文執筆をぜひとも入れたかった。

しかし、受講生は企業という組織の一員であり、純粋な研究者ではない。「個別的」ではなく「組織的」知識創造の方法論を実践し、身につけてほしいという思いから、グループでの執筆を課すことにしたのだ。実際、日本でも優れた経営者はほとんど例外なく、新しいコンセプトを自らつくり出し、実践してきたのではないか。共同で論文を執筆することは、現象学でいう一人一人の「本質直観」を、知的バトルを通じて、相互主観に昇華させ、グループ全員の「集合本質直観」を理論化するプロセスにほかならない。

◆ヘミングウェイ作品で物事の本質表現力を磨く

『プロテスタンティズムの倫理と資本主義の精神』を著したマックス・ウェーバーがそうだったように、優れた理論構築を行うためには物事の本質を洞察できなければならない。

私の場合、それに役立ったのがヘミングウェイの作品を読み解くことだった。読むようにと勧めてくれたのが同じバークレーの修士時代、マーケティングの指導教官だったフランセスコ・M・ニコシア教授であった。私の英語力不足を見抜いており、それを高めるためには言葉遣いが平易な現代文学、なかんずくヘミングウェイを読むに如くはない、と彼は言った。彼は実はイタリア人で、英語の習得に苦労した経験があり、自身が自ら編み出したその方法で英語力を向上させたからだった。私はそのとおりにし、じきにヘミングウェイ作品の虜になった。

彼の作品は多くが短文で構成され、名詞と動詞が中心で、形容詞や副詞があまり使われていない。大げさな美辞麗句も出てこない、いわゆるハードボイルドといわれる文体である。対象を凝視し、物事の本質を洞察し、考えに考え抜いたうえで表出化しなければ、そうした文章を書くことはできない。読み手はそのヘミングウェイの世界に自然に入っていき、そうした視点で物事を捉えるようになる。

私の場合、英語力向上のために読んだヘミングウェイが、物事の本質を洞察し、最小の言語で最大の意味を表現する力を向上させるのにも役立ったというわけだ。以来、私はダラダラしゃべることも少なくなり、論文を書くときもヘミングウェイの文体を意識するようになったことも付け加えておこう。

◆日本独創経営コンセプトを提言せよ

さて、ナレッジ・フォーラムでは、「日本独創経営コンセプトの提言」という毎年共通のテーマの下、『ハーバード・ビジネス・レビュー』誌に投稿できるくらいのグローバルなインパクトを持つ論文をグループごとに書いてもらっている。

スケジュールはこうだ。まず四月にグループ分けがあり、われわれが相談に乗る形で執筆テーマを検討していき、七月に行われる二泊三日の合宿で具体的なテーマを全体に向けて発表する。そこから、文献や資料収集、読み込み、企業への聞き取り、打合せをグループごとに行う。九月にテーマと内容に関する中間報告会、一二月に論文の骨子をパワーポイントにまとめて発表する最終報告会がそれぞれ設けられている。

受講生にとっては、ここからが正念場となる。テーマ選定の関門を潜った後、アイディアを磨いて仮説をつくり上げ、コンセプトに結晶させ、年明けの二月末までに論文に仕上げなければならない。このモデル化、理論化、物語化を経ないと、コンセプトは身体化されないのである。

コンセプトの創造とは、新しい意味や視点を持つ言葉をつくるプロセスにほかならない。受講生たちは無数の知的バトルを繰り返し、あるいはさまざまな現場に赴き、その中で他者と自分との感覚の違いを実感しながら一字一句の意味にこだわり、起承転結の物語やモデルに表出化していく。ここで現象学や物語論の教えが生きてくるのだ（第1章のイントロダクションを参照してほしい）。

◆フロネシス（実践知）を練磨する

コンセプト創造力を鍛えることは、リーダーシップの養成にも直接的につながってくる。そもそも、コンセプトの素になるアイディアや物語は、自らが他人や環境とかかわる中から生まれるものなので、社会性や主観的感性、直感などから構成されるリーダーシップと密接な関係を持つ。つまり、リーダーシップそのものがコンセプト創造に必要な主要能力なのだともいえる。

ここでいうリーダーシップは、もともとアリストテレスが提唱した「フロネシス（phronesis）」もしくは「実践知」を指し、著名な戦略理論家であるクラウゼヴィッツが唱えたクー・ドゥイユ（戦局眼）、つまり、予期しない新しい状況であっても、それを一瞥して的確な攻撃点を観取できる資質の一つにも通ずる。

フロネシスを持つリーダーは、①善い目的をつくる能力、②ありのままの現実を直観する能力、③場をタイムリーにつくる能力、④直観の本質を物語る能力、⑤物語りを実現する能力(政治力)、そして、⑥実践知を組織する能力、という六つの能力を発揮することができる。コンセプトの創造やその物語化に関しては、特に①から④の能力が重要な役割を果たす。

ナレッジ・フォーラムでは、このコンセプト創造の課題を通して、受講生にフロネシスを練磨してもらう。それも、われわれの大きな狙いの一つである。

各グループに対して、われわれによる厳しい指導と助言が適宜行われることはいうまでもない。竹内弘高もバークレーでは第二専門が社会学だったから、高度なコンセプト創造力を持っている。英語力もきわめて高く、グローバルレベルの企業動向にも詳しい。一條和生はミシガン大学経営大学院で学んだ経験を持ち、コア・コンピタンス経営の提唱者の一人、C・K・プラハラードの愛弟子であり、これまた幅広い視野を持ち、コンセプト創造力にも長けている。

日本独創経営コンセプトの創造という高い目標に向かって、チーム単位で「われわれの思い」(相互主観)をつくり上げ、それを仮説に落とし込みながら、論文に仕上げる。この過程を通じ、イノベーション国家の建設をリードする経営者が一人でも多く生まれることをわれわれは願っている。

そうした刻苦勉励を経て形になった論文に対し、内容が最も優れたものを毎年選び、表彰している。

以下に掲載するのは、二〇〇八年から二〇一六年までの九年間で執筆された全五四編の中から、われわれが優れていると評価する五編をそれぞれ圧縮し、編集し直したものである。いずれも斬新な経営コンセプトが述べられ、企業経営に役立つ実践的な知見も多く含まれている。ここから有益なメッセージを受け取ってもらえれば幸いである。

人間力経営――創業者リーダーに学ぶ「普遍」の見出し方

ナレッジフォーラム2009 グループB
飯田雅明、安部浩文、伊東晃、井上勝夫、山本修

◆人間力を醸成するＢａと番頭

日本は低成長とデフレに苦しみ、財政は先進国で最悪の状況にある。グローバルな競争が激化する中で、日本企業は苦戦を強いられている。そうした企業のトップ、なかでも平成の創業者はＩＴや金融業界に多い。その多くは才人であるが人物ではない。自負心だけで人格がない。儲けるのはうまいが志がない、という人間力に欠ける傾向がありはしないだろうか。

一方で、同じ世代の創業者でも、数は少ないが確かな人間力を持った逸材もいる。私たちはそういった創業者の何人かを抽出し、成功した人、曲がり角にいる人、沈み込んでしまった人の間でどこに違いがあったのか、特に成功した創業者が持つ成功要素に焦点を絞って分析してみることにした。

「人間力」という言葉を公的用語として用いたのは、二〇〇二年六月に閣議決定された「経済財政運営と構造改革に関する基本方針二〇〇二」である。六つの戦略の最初に、人間力戦略が掲げられた。これを受け、二〇〇三年には「人間力戦略研究会」が報告書を取りまとめた。

そこでは、人間力を「社会を構成し運営するとともに、自立した一人の人間として力強く生きていくための総合的な力」と定義した。さらに、人間力と類する概念として、「大義」「器量」「使命感」「理想」「道義性」「美徳」「信念」「倫

理性」といった言葉も挙げる。

これらを踏まえ、本稿では、人間力を「人間的魅力を含めた、力強く生きていくための心のあり方」と定義したい。

創業者が持つ猛烈ともいえる人間力の根源には、戦争や貧困を潜り抜けた、いわゆる修羅場経験があるケースが多い。その力は社会的環境に適合した形で発揮されなければ意味がない。そのためにはＢａ（場）の存在が重要になる。互いに切磋琢磨して議論を繰り返し、正しい方向へ人間力を発揮するやり方を学び、想いを高質化させるためのＢａである。

もう一つ、人間力を正しい方向に導くために重要な役割を果たすのが番頭の存在だ。通常は組織のナンバー2を指すことが多いが、本稿では、創業者の想い、すなわち暗黙知を形式知化して組織に伝える一方、組織の実情を創業者に伝え、さらには創業者の暴走をも牽制する存在とする。

番頭の事例としては、本田宗一郎に対する藤沢武夫、井深大に対する盛田昭夫が有名だが、私たちの調査においては孫正義（ソフトバンク）、中内㓛（ダイエー）などでもその存在が確認できた。

創業者と番頭は、良い意味の緊張感を保ちながら、苦言も呈し合う仲でなければ意味がない。創業者の傀儡としての番頭は、むしろ企業の存続に悪影響を与えてしまう。

◆創業者リーダーの役割

創業者リーダーは企業の進むべき道を発想し、その上を歩む実践にあたって組織の先頭に立つ。この発想と実践の繰り返しから、各企業に個別具体的な体験が積み重ねられる。優れた創業者リーダーは、そのような体験と、自らの原体験や想いを掛け合わせ、組織や時間を超えて通用する「普遍的な学び」をつくり出す能力を備えている。

「僕は、理想や希望みたいなものが他の人よりも高いと思うんですよ。できそうもないことを考えていて、それを実現するためにはどうすればよいかを考える」

「われわれは売れたものとか、あるいは売れた売り場とか、あるいは反対に売れなかったものとか、売れなかった売り場とか、毎週徹底して調べます。問題があれば、その週のうちに解決していくことを徹底的にやっている」

この二つはファーストリテイリングCEO、柳井正の言葉だが、発想力と実践力の重要性を端的に言い表している。

第一の言葉は、創業者リーダーが組織の実践力を高めようとするときには、「できそうもないこと」を発想し、組織に提示する必要性を示している。

一方、できそうもないことは組織に提示されただけでは不十分であり、確実に実践されなければならない。柳井の第二の言葉は、この実践力の重要性を言い表している。

実践段階において創業者リーダーには「当たり前」のことを現場に徹底する能力が求められる。「現場・現物・現実」に代表されるように、実践面においてわが国には製造業の現場を中心として脈々と受け継がれてきた普遍的な学びが数多く存在する。

優れた創業者リーダーは、このような先人の学びを上手に取り入れながら、自らの組織に適応した当たり前のことを生み出し、それがさらに組織や時空を超えた普遍的な学びへとつながっていくという「知恵の連鎖」の重要な一端を担い、発想と実践の両局面において進化のスパイラルを生み出すことができる。

◆ 企業の永続性と人間力の役割

創業者リーダーの物理的寿命には限りがある。企業が永続するには、創業者リーダーがいなくなった後も、発想と実践における進化のスパイラルが機能し続ける必要がある。これを可能とさせるには、創業者リーダーが「組織が存在する意味」を自らの言葉で語り、組織に浸透させる必要がある。

これができれば次のリーダーはその意味をよりどころとし、時代ごとの経営環境に合致した、発想と実践の進化のスパイラルを回し続けることができる。創業者リーダーが提示する意味は組織が永続するための羅針盤の役割を果たす。

私たちは、組織が存在する意味とは創業者リーダーの原体験や想いと、普遍的な学びが掛け合わされて生み出されてくるもので、いわば創業者リーダーの人間力が昇華したものと考えている。

「食足世平（食足りて世は平らか）。食の仕事は聖職であり、そこに携わる人は、平和の使者だという想いを伝えたかったのである」

これは日清食品の創業者、安藤百福の言葉である。安藤にとっては、創業時に手がけていた繊維流通事業で培ったグローバルな仕事経験と、戦後の食糧難という原体験が食品事業推進のエンジンになっていた。この原体験に、チキンラーメンやカップヌードルの世界規模での成功から導き出された「食品事業には無限の可能性がある」という普遍的な学びが掛け合わされ、「食の仕事は聖職」「携わる人は平和の使者」という日清食品が存在する意味へと昇華したのである。

安藤が掲げた日清食品の意味は、食文化および食の基礎研究分野への貢献につながった。二〇〇七年の逝去にあたっては、ニューヨークタイムズ紙が社説で「人類の進歩に貢献」と安藤を称賛したくらいだ。

創業者リーダーの人間力が企業の意味にまで昇華した段階の経営を、私たちは「人間力経営」と呼ぶ。この段階に至った企業は創業者リーダーの寿命を越えて永続できる可能性がある。

◆成否の分かれ目

松下幸之助や稲盛和夫、本田宗一郎や井深大など、超一流と呼ばれる企業を育て上げた著名な創業者は「発明や創意工夫を重ね、革新的な技術や商品を生み出したい」という強い想いから起業を決意している。日本電産の永守重信やオムロンの立石一真にも、これが当てはまる。近年、ベンチャーを創業した堀江貴文(元ライブドア)や折口雅博(元グッドウィル)はそれぞれIT時代の到来や介護・人材派遣業市場の成長を予見し、少年時代からの大きな成功を収めたいという想いから起業している。

彼らの想いの強さはどこから来るのであろうか。資質という先天的な要素は否定できない。本田や立石はやんちゃで好奇心旺盛だったし、永守は何でも一番にならないと気がすまないガキ大将だった。他方、折口や堀江の場合、貧困生活や親の暴力に耐えた原体験から早くその窮状から脱したい気持ちが自立心を高め、将来は必ず成功してみせるとの想いを強くした。

こうした資質や原体験からくる人並み外れた想いの強さは、それぞれが就職した企業では許容されなかったり、仲間と立ち上げた事業会社では満たされなかったりした。最終的にその想いを貫くため自身で起業するという原動力になったと考えられる。

松下、井深、本田らは幾度の難局を乗り越えながらも、それぞれの企業を飛躍的に成長させた。松下電器もソニーもホンダも今日では世界も認めるグローバル企業だ。他方、堀江や折口の創業した企業は社会的問題を起こし、彼らはその企業から姿を消している。この運命の分かれ目はどこにあるのだろうか。

グッドウィルの折口は、訪問介護大手コムスンの買収から狂いが生じたようだ。彼の生い立ちから起業、そして事業を拡大した経緯を日本電産の永守と比較してみたい。

どちらも幼少期は裕福な家庭に育ったものの、後に折口は父親の事業の失敗、親の離婚、永守は父親の死から苦学を強いられたという共通の経験を持つ。この原体験から折口は将来必ず成功して金持ちになり、周りを見返したいという想いを抱く。その後、折口は若くして経団連理事に就任し、紺綬褒章を受章するまでは評価されていたが、子会社の不正請求が発覚し、転落が始まった。

一方、永守は母親の「楽して儲けたらあかん」という教えから、小学校で興味を持ったモーターの研究に勤しみ、将来、この道で大成すると情熱を燃やした。職業訓練大学校を卒業した後、一度は就職するが、かねてからの想いを実現すべく、二十代で仲間と起業。企業買収などを経て事業を拡大して成功を重ね、名経営者の仲間入りを果たした。

二人が起業するまでの原体験、また起業後ある時期の成功までは酷似している。ではその後の違いは何によって生じたのか。どちらも優れた発想と実践能力を兼ね備え、進化のスパイラルを通じて組織を大きくした、紛れもない創業者リーダーである。

しかし、折口の場合、組織を永続させるための必要条件である企業が存在する意味が不足し、リーダー自身の人間力に問題があったと考えられる。彼の近くにいた人間が、「グッドウィルを創業する前、巨大ディスコの企画で成功したが、その際に信頼する仲間に何度も裏切られたという挫折経験と、そこで知り合った人たちが持っていた、世間一般の常識とかけ離れた価値観に染まってしまったことが彼を変えた」と証言している。

こうした原体験はグッドウィルを創業した後、「個人持株比率に異常なまでに執着する」「人を人とも思わない絶対君主化」「コンプライアンスに平気で違反する」といった負のパワーの発揮につながり、組織が瓦解、自らも創業者リーダーとしての役割を終えたのではないか。

永守も少年期には教師からいじめを受けていたし、貧困や苦学の原体験から、折口と同じ多大な負のパワーを発揮してしまう可能性があった。しかし、彼には強い母がいた。母の存在と教えが今日の永守を永守ならしめているようだ。「今も母から受けた訓戒を守り、さまざまな場面で実践している」と語る姿からは負のパワーは微塵も感じない。

永守の学生時代の恩師や起業時の仲間との交流は今も続いている。社員を自宅に呼んだ食事会や若手社員との昼食懇親会、買収した企業の社員と昼食会を盛んに行い、対話する人間の数は年間一〇〇〇人を超すという。こうした場は、単に創業者の想いを直接伝えるだけではなく、人間力を高め合う効果があるのではないか。

◆欧米の創業者に学ぶ人間力経営モデル

ここまで日本の創業者による人間力経営を分析してきたが、海外の創業者はどうだろうか。誰もが成功者と認めるマイクロソフトのビル・ゲイツ、アップルのスティーブ・ジョブズを、以下の四点から取り上げる。

①生まれ育った環境、風土、文化など、創業者の人生の方向性を決めた原体験
②創業者が、創業した当時の事業に対する想い
③社会貢献、芸術・文化への貢献とそれらの手法における日本との違い
④成功するまでに創業者を育てたＢａ

ビル・ゲイツのケース

一九五五年生まれのビル・ゲイツは裕福な家庭に育った。父親は法律事務所の所員、母親は銀行員の秘書だった。シアトル市内の名門私学、レイクサイド・スクールの中等部に進学し、ＢＡＳＩＣプログラムに出会い、初めに三目並べのプログラムを作成した。その後、バグ探しのアルバイトをする一方で、ポール・アレンら仲良し四人組でレイクサイド・プログラマーズ・グループという名前の組織を立ち上げ、発注元を開拓していった。このときゲイツは、ハードウエアがなくても価値が減少することのないソフトウエアの重要性に気づき、この頃から自分の将来を見すえていたと考えられる。

実際、「テレビと同じように、一家に一台、事務所の机に一台ずつ、コンピュータがのる時代が必ず来る。コンピュータを動かすプログラム、ソフトウエアの需要が大量に生まれるはずだ。だから大きなビジネスチャンスが到来する。是非ともこの先陣を切りたい。小さなチップを目の当たりにして、はっきりそう確信できた」と語っている。

その後、ハーバード大学に進学したが、世界初の市販パソコン「アルテア」が一九七四年に発売されると、販売元のMITSにBASICプログラムの販売を持ちかけ、受け入れられると大学を休学し、ポール・アレンとともに、一九七五年にマイクロソフトを設立、一九八六年には株式を公開し、莫大な上場益を手に入れた。同社は超巨大企業に成長している。

ゲイツはいろいろな形で社会貢献活動を行っている。代表的な例がコービスとビル・メリンダ・ゲイツ財団である。

一九八九年、ゲイツはプライベートカンパニーを設立し、芸術作品、写真のデジタルアーカイブに着手した。これが後にコービスとなる。歴史的、文化的に価値が高い写真、絵画、版画などのデジタル化権を買い取り、アーカイブ化したのだ。これによって、人類の遺産がデジタルコンテンツとして扱えるようになった。

二〇〇〇年に設立されたビル・メリンダ・ゲイツ財団は、世界で最も規模の大きな慈善団体の一つで、健康・公衆衛生面の支援、教育機関、公共図書館への書籍購入費援助、教育機関などへのコンピュータ導入支援などを行っている。「事業で収益を得たら、地域や社会に貢献を」というのが実家の家訓でもあった。

スティーブ・ジョブズのケース

同じく一九五五年生まれのスティーブ・ジョブズは、生まれて数週間でサンフランシスコに住む、子宝に恵まれない夫妻の養子となった。養母は、「一〇歳の頃からエレクトロニクスに興味を示し、電子機器の魅力に取りつかれた」と述べている。

その頃、一家はマウンテンビューに住んでいたが、一九六七年にロスアルトスに引っ越した。エレクトロニクス関係のエンジニアが数多く住む町だ。ジョブズの好奇心がさらに高まったに違いない。

一九七四年、ビデオゲーム会社、アタリにテクニシャンとして入社する。オレゴン州ポートランドにあるリード・カレッジを中退し、ヒッピーのようなボロボロの服装をした一八歳だった。

一九七六年、スティーブ・ウォズニアック、ロン・ウェインとともに自分たちでつくったパソコン「Apple I」を売る会社を設立、大きな利益を上げた。一九七七年、今度はウォズニアック、マイク・マークラとともに、アップルコンピュータカンパニーを設立、「Apple II」を販売し、大成功を収めた。一九八〇年にアップルは株式を公開、ジョブズは億万長者になった。

アップルの元社員は、後に同社が成功した理由を「お金のためではなく、世界を変えるために仕事をしていたからだ」と述べている。「お金のためではない」というのがまさにジョブズの価値観だった。

一九八三年、ジョブズはマッキントッシュのプロジェクトに傾注していたが、彼の需要予測の誤りから、過剰在庫が大量に発生する。結果、アップルは大きな赤字に陥り、ジョブズは会社を追放されてしまう。

時間を持て余した彼は、自分自身を見つめ直したに違いないが、一九八五年には「僕が一番得意なのは、画期的な新製品をつくることだ」と語っている。

翌一九八六年、アニメ制作会社ピクサーを買収し、CEOになった。その後、コンピュータ会社ネクストを立ち上げ、新しいOS「NeXTSTEP」の開発に成功。なんとそれをアップルに売りつけるとともに、ネクスト自体が一九九七年に四億ドルでアップルに買収されることになった。ジョブズもアップルの暫定CEOに復活する。

前述の「お金のためではない」という価値観はアップルを離れても一貫している。創業間もないネクストからは給料をもらっていなかった。ピクサーでは年間五〇ドルの年もゼロの年もあった。CEOに返り咲き、アップルが復活しても、医療保険に加入できる最低限の給与でいいと、増額には応じなかった。取締役会から株の受取りを要請されても拒否し、年俸はわずか一ドルだった。

二五歳の若さで億万長者になったジョブズは、ネパールとインドの盲人関連団体に多額の寄付を行っている。全米の学校に一台ずつコンピュータを提供しようと、アップル教育資金を創設、実際に、カリフォルニアの全校に総計一万台のコンピュータを贈った。

ジョブズはアタリで働いている頃から禅に傾倒していた。菜食主義を信奉し、断食に代わるものとして無粘液食事療法を取り、禅の瞑想修養会にも出席するようになった。きっかけは、通っていたリード・カレッジで読んだ精神修養の本だった。内なる意識を通じた直感を重んじる禅に興味を持ったのだ。日本から来た指導者の下でも禅を学び、その人間を深く尊敬している。

ゲイツとジョブズを突き動かしているのは、「世の中を変えるために、いい仕事をしたい」という情熱だ。その情熱に動かされた多くの人が協力者になった。一方、自分と意見が合わない者は忠実な部下であれ恩人であれ、容赦はなかった。

特に、その傾向が強かったのがジョブズだ。アップルが株式公開した際、古くからの仕事仲間の一人も株主にしていない。自分をアップル社に呼び戻してくれた恩人をアップルから追い出しもした。波風立てず、周囲との協調に努めた松下幸之助とは好対照である。

一方で、ライバルとも平気で提携し協力し合った。ゲイツとジョブズが一九九七年に行った業務提携が典型だ。日本であれば、しがらみやつきあい、系列といった壁を越えなくては実現しないことが、欧米ではすぐに実現する。方針を明確に変え、新しい方向に舵を切る経営者は日本には少ない。過去の協業関係や系列を意識し、中庸という絶妙なバランス感覚が要求されるのが、日本の人間力経営の特徴と思われる。

社会貢献活動についても、欧米と日本では違いがある。ゲイツの例で見たように、欧米における経営者の社会貢献活動は設立した財団を通じて実践するケースが多い。会社を通じた社会貢献はあまり例がない。

日本の場合は、ダイエー創業者の中内㓛の場合が典型的だ。個人的な社会貢献として中内育英会を立ち上げ、ポケットマネーから毎月一〇万円の奨学金を学生に支給していた。中内はこの活動を目立たないように行い、社会には大きくはアピールしていない。

それには成功者に対する世間の見方も影響しているだろう。日本ではビジネスに成功し、金持ちになると、「悪いことをして成功したのではないか」と、「出る杭を打つ」風潮がある。これでは創業者をめざす若者が育ちにくい。私たち自身が、もっと寛大になり、包容力を持って若い創業者を育てる環境が必要である。

ゲイツもジョブズも、「自分の想いやアイディアを実現したい」という純粋な発想を持っていた。ビジネスの成功と会社の成長は結果にすぎない。彼らの人間力経営が優れた部分がそこだ。その考えに賛同する多くの人がいて、ともに働き、そのユニークな発想を共有、実現しようとするからこそ、優れた製品・サービスが両社から生まれてくるのである。

日本でも、自らの想いの実現をめざす若き創業者が、人間力経営を実践し、日本経済の新たな推進役となることを期待している。

兆しを力に——産業連携による日本の製造業の復権

ナレッジフォーラム2012 グループA
加藤良文、渡辺美砂子、村山久夫、河合利樹、本坊吉博

私たちがナレッジ・フォーラムに参加した二〇一二年は、日本の製造業が厳しい局面に陥った年であった。「なぜこのような事態に陥ったのか?」という疑問が、研究の出発点となった。

技術の高さと精緻なモノづくりの力で一時代を築いた日本モデルが、新しい付加価値を生み出すコンセプト創出力と高いレベルの先端技術を持った欧米企業と、大胆な投資に裏打ちされた経営でリードする中国、韓国、台湾企業によって苦境に陥っている。技術で勝ってビジネスで負けている。どうすればよいのか。日本流の製造業のどこを残し、どこを変えていくべきか。その変革ポイントを提言したいと考えた。

議論の末、たどり着いた仮説がこうだ。日本の製造業の強みが弱くなったのではなく、別の種類の戦いを挑まれているのではないか、と。

たとえば、韓国や台湾の半導体メーカーは日本のメーカーと比較し、より微細な加工技術のロードマップや要素技術の完成時期を明示化して開発を進めている。自動車の先進安全分野では、欧州がシステムの標準化を進めてデファクト・スタンダードを獲得しようとしている。日本の製造業の復権のためには、個別の企業の競争力向上に加え、産業の枠を超えた大きな仕掛けを考える必要があるのではないか。

そうした産業連携による複合イノベーションの実態をさらに掘り下げたい。具体的には、上記キーワードにまつわる競争の本質を明らかにし、課題を抽出するために、まずは、①自動車の先進安全分野における欧州の取組み、②半

導体産業における日本メーカーのポジション、③東レによるカーボンファイバー開発の変遷、という三事例について分析を行う。そして、日本企業の取るべき道を提案する。

◆自動車の先進安全分野における欧州の取組み

先進安全システムとは、レーダー、画像センサー、超音波センサー、車車間・路車間通信（見通しの悪い交差点などで、車両同士が情報をやり取りして安全運転を支援するのが車車間通信。同じ目的で信号機情報、規制情報、歩行者情報などを路側機から車両に電波で飛ばすのが路車間通信）を用いて車両周辺の状況やドライバーの状態を認識し、事故を軽減、回避するシステムのことだ。高度なエレクトロニクスおよび車両制御技術を必要とし、その開発は難易度が高い。

一九九〇年代後半から二〇〇〇年代初頭にかけて、この分野で世界をリードしていたのは、日本企業だった。デンソーが一九九八年にレーザーレーダー（自車と先行車の距離を計測するセンサー）の装備を自動車メーカーに提案し、世界初のＡＣＣ（Adaptive Cruise Control：エンジンやブレーキを制御し、自車と先行車の距離を一定に保ちながら走行するシステム）の実現に貢献した。

その後も複数の日本の自動車会社から、ＡＣＣ、衝突軽減装置（衝突が回避できない場合、ブレーキを作動させ衝突エネルギーを下げ、被害を軽減するシステム）が市場に投入されたが、高級車用に限定されたものの、普及することはなかった。

二〇一〇年代に入ると、欧州で世界初の低速緊急回避ブレーキ（衝突軽減でなく、衝突そのものを回避する機能を持つシステム）が導入され、急速に普及した。欧州の技術が世界のデファクトになりつつある。表面上は日本と欧州の安全部品メーカー同士の競争に見えるが、そうではない。日本に先を越された二〇〇〇年代初頭、欧州各国は産学官一体で着々と先進安全システムでの主導権を握る準備をしていた。

まず自動車安全に関する大きな方針を策定した。e-safety というコミュニティを設立し、Euro-NCAP（新車アセスメントプログラム）という仕組みを用いた欧州流の安全推進を行った。

NCAPはユーザーが自動車を購入する際に安全な自動車を選択できるよう情報提供をする仕組みだ。米国を発祥とし、現在は欧州、日本、中国、南米、韓国、ASEANなどにも存在する。なかでも欧州のEuro-NCAPの活動が積極的で、世界をリードしている。

Euro-NCAPはベルギーに本拠を置く。構成メンバーは自動車連盟、各国政府代表、保険会社団体、消費者調査団体などだ。欧州自動車工業会、欧州自動車部品工業会、各種研究機関、評価機関とも密接に連携し、Euro-NCAPのプロトコルを策定している。

この他、欧州は安全技術においても、半導体、ソフトウエア、保険といった周辺産業を巻き込み、あるいは国家プロジェクトという形で開発を加速させてきた。

図表1は、Euro-NCAPが二〇一三年から二〇一七年にかけてどのような安全システムを

図表1｜Euro-NCAPの動向（2013〜17年）

	BOX1 乗員保護（大人）	BOX2 乗員保護（子供）	BOX3 歩行者保護	BOX4 安全装備
2013		更新		**速度支援システム** 制限速度情報① スピードリミッタ② ISA①＋②
2014 予防安全の年	**AEB City** （時速10〜50km）			**AEB Inter-Urban** （時速30〜60km） **LDW/LKD** **ESC Dynamic Handling**
2015 衝突安全レビュー	前突・側突更新	前突・側突更新		
2016 AEB歩行者			**AEB歩行者**	
2017				**LDW/LKD性能試験**

注：AEB：Advanced Emergency Braking system　LDW：Lane Departure Warning
ISA：Intelligent Speed Adaptation　LKD：Lane Keeping Device
出所：Euro-NCAP資料に基づき作成。

安全格付けの対象にするかをまとめたものである。

これはまさに安全システム開発のロードマップになっており、これに従って、自動車、自動車部品、半導体、ソフトウエア、開発ツールの各産業が互いに連携しながら開発を行っている。

マップが公表される前には、水面下の議論がなされているはずだ。各企業はその情報を最も早く入手でき、必要なパートナーを選びながら、開発に最も早く着手できる。世界のNCAPはこの影響を多大に受けている。欧州発の先進安全技術を世界標準にするための巧妙な仕組みといえる。

自動車の先進安全分野における日欧のアプローチの差は、次のようにまとめられる。

日本のアプローチ

- 個々の企業が競争してシステム開発を行う
- 先行するも息切れ
- 高級車から展開（高コストで普及せず）
- グループ企業で閉じた開発
- 各社が独自技術で競争
- 日本のみで過当競争

欧州のアプローチ

- 産業をまたぎ、「安全とは何か」から議論（e-safety）
- 着々と推進（安全は万人のための価値）
- すべての車種に搭載（先進技術の民主化）

- 保険会社などの異業種と連携（水平連携）
- 標準化とブラックボックス化の使い分け
- ルールづくり・仲間づくり、ロードマップの共有（e-safety、Euro-NCAP）
- 国・地域レベルで有利なルールを策定
- 共通善をめざしてスタートするが、あるところから非関税障壁化
- Euro-NCAPを使い、欧から日・米、さらに中国、ASEAN、南米にも影響力を行使

◆半導体産業における日本メーカーの事例

次に、かつては日本が最も得意とし、「産業の米」といわれた日本の半導体シェアがなぜ減少したのか、その要因を考察したい。

歴史を紐解くと、半導体の生産は一九八〇年から世界規模で拡大した。大型コンピュータ向けのDRAM（メモリー）が主要製品だった。日本では大手四社が鎬《しのぎ》を削り、一九八五年に日本メーカーが売上で世界トップになり、一九八八年には日本の半導体シェアは五〇％を超えた。そこで米国と貿易摩擦が起こり、日本市場へのアクセス改善、ダンピング防止という日米半導体協定が結ばれると、日本メーカーのシェアはじりじり低下、再び米国に逆転され、以降差が広がった。

一九九五年のウィンドウズ95の登場からパソコンが普及し、マイクロソフトとインテルがPCの標準規格を取り、独占的に高収益を取る仕組みが確立された。その結果、インテルはCPUで八〇％のシェアを獲得。一九九四年以降、一八年にわたって世界首位を維持している。

一方、携帯電話とスマートフォンでは、クアルコムとアップルが同様に標準規格を取り、それら向けの半導体生産

は台湾メーカーと韓国メーカーが確固たるポジションを確保した。これに半導体設備投資に関連する準国家施策や税制優遇措置制度が後押しし、大規模投資によるスケールメリットで日本メーカーが追従できないシェアと利益差が生じる。技術革新が速く市場変化が激しい半導体産業において、半導体に専業する形で投資するメーカーが現れなかった日本は、標準規格争いでも厳しい局面を余儀なくされた。

◆東レによるカーボンファイバー開発の変遷

化学素材産業は日本メーカーがグローバル市場において主導権を持ち、確固たる地位を築いている。なかでも東レの炭素繊維事業はボーイングによる機体用途への採用もあり、大きく需要を伸ばしている。

炭素繊維の歴史を紐解くと、一九六一年に東レが開発をスタートさせて以来、採算に合わない時代が五〇年近く続いていた。この間、日本政府による支援がないまま、米国が主導する新規用途需要に粘り強く食らいついた成果がようやく実り、風力発電用の風車や航空機の機体用に活用されるようになった。

成功事例といわれている炭素繊維ですら、このありさまである。要は日本の素材産業はいまだにモノづくりの域を出ておらず、コトづくりのアドバンテージはすべて欧米主導なのである。日本企業が真のグローバル企業になりうるかどうかは、コトづくりの可否にかかっている。

◆事例考察と日本企業の取るべき道

以上の三つの分析事例から日本企業、あるいは企業連合に欠けているものを考察する。

まずは、ビジョン（共通善）の表出化・共有化が苦手なことだ。欧州には、多様な人々と「安全とは何か」といった共通善を語り合える風土がある。しかも、その共通善もすぐに明文化できる。日本はどちらも苦手とし、いつの間にか目的を見失い、ルールを守ることだけが目的化したオーバー・コンプライアンス（過剰法令順守）に陥ってしまう。

同じく欧州では異業種がロードマップを共有し、共同でデファクトを取ろうという風土がある。それには特定のワイズリーダーとそのネットワークが肝になっている。そうしたワイズリーダーの要件は以下のように考えられる。

- 個々の企業の利害を超えた共通善（安全、産業全体の効率化など）に関するビジョンを持ち、その推進に意欲的なこと
- 一方で、共通善の推進が推進者に利益をもたらすことで、その仕組みが継続できることを理解していること
- 競争相手をよく認識し、競争と協調の巧みな使い分けと協調領域での仲間づくりや利害関係の調停ができること
- リーダーに複数の企業、産業に属した経験、あるいは産学官の複数領域での経験があり、豊富な人的ネットワークを持つこと

以上を踏まえ、日本企業の変革に向けたポイントは以下のとおりである。

- ビジョン……共通善に基づくビジョン・ロードマップが複数の産業で共有されること。単独企業で可能な場合は別として、ビジョンやロードマップが共有されないと、大がかりな開発や新しいビジネスモデルは構築できない
- 関係性……自他の関係性をよく認識し、競争と協調を巧みに使い分ける
- 人財……上記を達成するために産業の枠を越えて活動できるワイズリーダーを登用する

以下では、日本において、この三つのポイントの萌芽が見られる取組みを取り上げたい。

デンソー――KIZASHIプロジェクト

KIZASHIプロジェクトは、デンソーのデザイン部が中心となり、社外の専門家も参加する形で二〇一一年一月からスタートした。目的は、自動車とそれを取り巻く環境変化の「兆し（KIZASHI）」を捉え、「未来の車の使われ方」を予見することだ。

変化の兆しとして特に注目したのが都市交通のあり方であり、下記の仮説を立てた。

- 運転できない人、免許を持たない人、高齢者、妊婦、子ども、車を保有しない人といった交通弱者が増加する
- 移動のための車、移動そのものを楽しむ車といったように、車の使われ方が二分化する

こうした活動を続けるなか、ユニークなタクシー会社と出会う。茂呂運送を事業母体とする「こころタクシー」である。同社は流しのタクシーが苦手な女性、高齢者、子どもに安心で優しいサービスを提供する一方、新たな女性の職場を創造する。流しで客をつかまえず、給料は歩合制ではなく固定月給制、運転手は女性で、ドライバーではなくアテンダントと

図表2｜日本製造業の変革のポイント

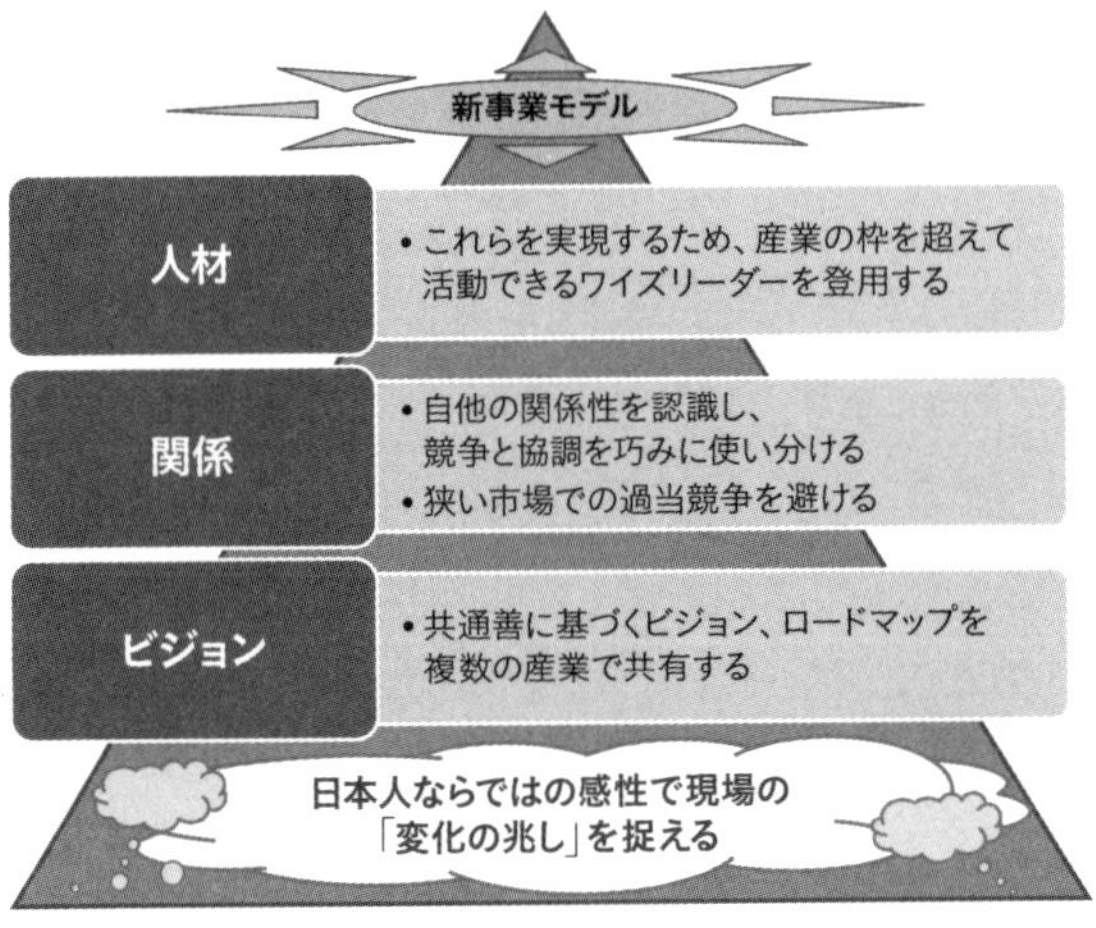
新事業モデル
人材
• これらを実現するため、産業の枠を超えて活動できるワイズリーダーを登用する
関係
• 自他の関係性を認識し、競争と協調を巧みに使い分ける
• 狭い市場での過当競争を避ける
ビジョン
• 共通善に基づくビジョン、ロードマップを複数の産業で共有する
日本人ならではの感性で現場の「変化の兆し」を捉える

呼び、客にはあらかじめ会員になってもらい、利用は予約制となっている。

子どもの塾の送迎、出産後の退院時などでよく使われる。乗り降りの遅い高齢者にもアテンダントは嫌な顔をしない。女性ならではの気配りがあるからだ。

一方で課題もある。事業規模が小さいこと、サービスの品質がアテンダントの技量に左右されること、運賃以外の収入がなく採算が厳しいことだ。同社の専務、吉田守泰氏は、こころタクシーの今後について以下のように語った。

「うちは通常の流しのタクシー事業も行っている。それに関しては顧客からの電話はほとんどが苦情だが、こころタクシーに対する電話は『採算が厳しくてもやめないでほしい』という内容がほとんどだ。働くアテンダントの満足度も高い」

この事業にヒントを得てＫＩＺＡＳＨＩプロジェクトでは、近距離移動に関する新たなビジョンを立案した。

- 人々を安心・安全・快適に運ぶ
- コミュニティと一緒に取り組む
- 最新のＩＴ技術を活用しユーザーの反応・変化を継続的にモニターする
- 他の移動手段と協調し全体最適を図る
- 日本にとどまらず、世界（高齢化や近距離モビリティの課題のある地域などを抱えた海外諸国）に発信する

現在は、デンソーとこころタクシーで上記のコンセプトで試験車をつくり、実証試験をするとともに、各自治体にもコンセプトの紹介をしている。

富士通——農業クラウドの取組み

富士通はＩＣＴを活用した農業経営を支援するサービスを運営している。食・農クラウド「Akisai（秋彩）」である。農業現場でのＩＣＴ活用を起点に流通・地域・消費者をバリューチェーンで結ぶ。企業的農業経営も支援し、農業にイノベーションを起こすことをめざす。

もともと富士通は、ＩＣＴを新たな産業に活かす先を模索していた。農業もその一つだった。なぜ農業なのか、ここにはプロジェクトリーダーである山崎富弘氏の強い思いがあった。日本の農業はきわめて労働生産性が低い。ここに日本の強みである製造業のノウハウを適用すれば、世界と伍せる製造業に変革できる可能性があると考えたのだ。これまで個人の経験や勘に頼ってきた分野で、広範なデータを収集してデータベースをつくり、行動と計画に落とす。これによって、良質な農産物が低コストで安定して生産できる。

富士通は、二〇一一年より和歌山県有田市の先進的みかん農家である早和果樹園、和歌山県果樹試験場、有田市と組み、詳細な実証実験を行った。

果樹園五〇〇〇本の木一本ごとにＩＤナンバーをつけ、生育状況をチェックするとともに、園内に設置したセンサーで空気中と土中の水分を計測し、そのデータを富士通のサーバに送信して蓄積する。職員や作業者がスマートフォンを持ち、現場で栽培情報、虫や病気などのトラブル情報をリアルタイムで入力する。

これらは果樹園がコスト計算に用いると同時に、果樹試験場で解析を行う。それをもとに早和果樹園に適切な指示を出すとともに、有田市全体のみかんづくりにも活かす。実証途中ではあるが、以下のような効果がすでにあるという。

- 園単位でデータ解析ができ、生産量や糖度を上げるための仮説を立てることができ、生産量が向上、糖度が向上した園が現れた

・スマートフォンの導入で、現場で起きているリアルタイムの課題をメール・画像・ビデオなどで簡単に営農指導員に送信でき、すぐに指導や解決案が提供されるようになった
・「仮説構築→計画→実行→解析→仮説検証」というPDCAサイクルを富士通が指導し、今では農家自らが行えるようになった
・若い後継者が育成された。四戸の息子たちが後を継ぎ、部門長になった

KIZASHIプロジェクト同様、Akisaiも事業が始まったばかりだが、先に抽出した三つの要件を有している。

・ローカルな農業（果樹園）とグローバルに活躍する製造業（富士通）がビジョンをシェア
・農協、果樹園センター、自治体など既存の関係団体と協働することで、対立や競争を避けるとともに、既存の知との融合で新たな知を生み出す効率を高めている。他のみかん農家も巻き込み、地域のハブとしてコミュニティの育成を担っている
・果樹園の代表（秋竹俊伸氏）および富士通の山崎氏という二人のワイズリーダーの存在

今後、新たな産業モデルに育成するには、以下の二点が必要である。

①顧客との協働……価格に見合う価値を理解して購入する消費者が増えなければ、ビジネスとして持続できない。消費者交流会やネット販売などに加え、富士通のノウハウを活かした顧客との関係性づくりを取り入れることを期待する。
②他地域への水平展開……みかんづくりのルールや農業マネジメントシステムを他地域に展開し、システムを標準

化する。日本各地のみかん農家に加え、地形も気候も類似した小規模多品種を生産するアジアの農業には適応可能だ。欧米の大規模農業とは競合しない新モデルを構築できる可能性がある。

東京エレクトロン——産学連携による開発

二〇一一年一二月、東京エレクトロンが東北大学と組んで、スピントロニクスメモリの集積化技術とその製造技術に関する共同開発を行うことを発表した。

同社が二二億円を投じ、世界最先端の次世代半導体メモリー研究棟を仙台市の東北大学青葉山新キャンパスに建設、寄付する。スピントロニクスメモリは磁石の性質を利用し、現在主流のＤＲＡＭに比べ、記憶容量と書き換え速度のそれぞれが約一〇倍も大きい。電源を切っても記憶を保持できるため大幅な省電力が可能な夢のメモリーで、スマートフォンやタブレット端末への利用を見込む。

同大の遠藤哲郎教授が研究開発の中心となり、東京エレクトロンが技術者を派遣する。半導体メーカーや素材、システム関連約一〇社が参加し、数十名の研究者が勤務する拠点になる。二〇一六年に試作品出荷、二〇一八年に量産開始をめざす。

東京エレクトロンの保坂重敏常務執行役員（当時）は、「半導体の技術開発は単独では難しく大学と組みたかった」と話した。遠藤教授は「新産業が創出できれば復興の希望になる」と述べた。

本プロジェクトは、以下の三つの特色を持つ。

- 国立の東北大学勤務の研究者が開発の中心となる
- 国内外の半導体メーカー、企業が参加する
- 各社から集まった数十人の研究者が同じ建物で働き、実用化ロードマップを共有する

産学官の連携がうまくいかない、過当競争が起こりがち、ワイズリーダーの不足、ロードマップ共有の難しさなど、冒頭に挙げた日本企業の不利を翻すヒントとなる事例に育つことを期待したい。

◆日本の製造業の復権のために

最後に、ここまで紹介してきた六つの事例分析から見えてきたことを整理したい。

日本製造業の要素技術は、今でもグローバルな競争力を有している。なかでも顧客からの厳しい品質要請に磨かれながら粘り強く技術力を上げてきた炭素繊維や半導体製造装置は他の追随を許さないレベルにある。

他にも、スマートフォンなどの最先端電子デバイスの構成部品は日本製が多く、日本の中小企業が持つオンリーワン技術が世界中で高く評価されるなど、日本の製造業の競争力は依然として強い。

しかし、こうした優れた要素技術を活用したイノベーションがなぜ日本から生まれないのか。アップルのスティーブ・ジョブズに代表される天才的な経営者か、サムスンに代表される徹底したマーケティングのどちらかが不足している。今まで多く語られてきたことではあるが、本稿では新たな視点を提供した。複数の産業が連携する大規模イノベーションの推進であり、そのための変革ポイントは先に紹介したとおりである。

戦後、戦勝国に追いつき追い越せの大号令の下、リバースエンジニアリングを極めた日本の製造業はいつしか目標を失った。ワイズリーダーを喪失し、技術革新のもたらすその先に何があるのか、明確なイメージを持てぬまま、迷走状態に入ったのではないだろうか。

一方、韓国、台湾企業は強烈なリーダーシップのもと、巨大中国市場を傘下に収める「日本追随型」の事業を急展開してきた。日本はあえてそれを無視し続けたあげく、今、手痛い代償を払っている。かたや欧米は急成長する日本の成長技術に畏怖を覚えながらも、世界標準を巧みに設定する仕組みを構築してきた。今や日本はモノづくりへの自信までも喪失しつつあるように思えてならない。

明治維新の頃や焼野原が広がるばかりだった戦争直後に比較すれば、私たちはきわめて恵まれた環境下にある。当時は多くの日本人が新しい国をつくろうと全知全能を振り絞り、行動した。それ以来、世界は常に変わり続けているにもかかわらず、変化をあえて無視し、現状の延長線上に将来があると信じ続けた結果、今があるように思えてならない。

成功モデルは明らかに変わった。先の三つのポイントが日本の製造業復権に向けた鍵となることを期待したい。

新規事業を生み出し、成長し続ける仕組みを永続させるための仕掛け（ROO）の提言

ナレッジ・フォーラム2016 グループA
小川立夫、望月篤、三田野好伸、片山寛太郎、小堀信吾

◆ROE経営への疑問

昨今、アメリカ発のROE（株主資本利益率）経営が喧伝されている。当期純利益を自己資本の値で割ると算出されるその数字は「投資に対する利回り」を意味し、株主は値の高さを歓迎する。

企業価値を向上した結果として純利益が上がり、ROEが高まることは企業のめざすべき姿であるが、自社株買いや社員の解雇、設備の売却などによって自己資本の値を低くしてもROEを高めることができる。そうなると、社会に求められる商品やサービスの提供や働く人の幸せが二の次になり、中長期的な成長をめざす健全な経営ができなくなるおそれがある。

ここ数年、日本企業はアメリカ企業のやり方を物真似し、元気をなくしている。その原因の一端がこのROE重視経営にあると私たちは考える。そこで、ROEに代わり、今後の企業経営の羅針盤になるような新たな指標はないかという問題意識の下、まとめたのが本稿である。

◆六社への聞き取り調査

まず日本企業の強みを探るべく、既存事業の拡大を図るだけでなく、ドメインを開拓し、新規事業を起こすことに成功した企業に聞き取りを行った。具体的にはＪＳＲ、ＴＤＫ、富士フイルム、日立製作所、大日本印刷、スリーエムジャパンの大手メーカー六社である。

JSR

一九五七年、合成ゴムの国産化をめざして設立されたＪＳＲは、一九七三年のオイルショックを期に、半導体のフォトレジスト材料、電子材料の製造といった多角化経営を推進する。最近ではライフサイエンス事業、個別化医療の研究やバイオ医薬など、医療分野にも進出している。

新しい技術、新製品のネタは常に現場、研究所から出てきており、国内の研究開発拠点が重要な位置づけになっている。なかには製造時の廃棄物から生まれた新素材もある。

電子材料事業部、上席執行役員の杉本健氏によると、新規事業を生み出すには、企業トップの技術に対する深い理解と財務面の長期支援が必要条件、研究所長のマネジメント手腕と技術を見極める力、ユニークな発想ができる人材が十分条件となる。そのうえで、新しいことにチャレンジする社風がなければイノベーションは起こせないと力説していた。

TDK

ＴＤＫは一九三五年、日本独自の磁性材料フェライトで社会の発展に貢献したい、という創業者の願いから発祥した。これまでに四大イノベーション（フェライト素材、磁気テープ、積層部品、磁気ヘッド）を実現し、磁気応用製品、フィルム応用製品など、社会の発展を支える製品を開発してきた。

会長の上釜健宏氏による「社長在籍一〇年間で将来に向けた新しい種を蒔いた。自分で土壌を耕したこともあった。成功も失敗もあるが、種を蒔くと社員をワクワクさせるのは間違いない」という話が印象的だった。

新しい事業の探索は社内提案による。研究開発発表会には会長、社長が立ち会い、社外ゲストも招待して評価を行う。研究開発は企業の将来を左右するものであり、重要な先行投資と位置づけられている。特に自動車関連の事業は芽が出るまで五年から一〇年の時間がかかる。上釜氏は「その時間を無駄とは思わず、研究開発を続けさせる度胸、胆力がものを言う」と力を込めた。

富士フイルム

富士フイルムは一九三四年の創業以来、多くの困難を乗り越えて発展してきた。

二〇〇〇年前後に押し寄せてきたのが、コアの写真事業を破壊するようなデジタル化の波だった。同業のコニカミノルタは二〇〇六年に写真事業から撤退、二〇一二年にはコダックが破産申告する。

そうした中、二〇〇〇年に古森重隆氏が社長に就任、事業構造改革に着手した。早速、事業ドメインの変更による新たな成長戦略の構築が模索された。まず富士フイルムの潜在力が一年半かけて整理され、あらゆる技術を棚卸ししたうえで、世の中のニーズと突き合わせるマップが作成された。

このマップを詳細に検討した結果、既存技術が医薬品や化粧品、高機能材料といった分野で応用可能なことが明らかになった。そうやって生まれた製品の代表例が機能性化粧品「アスタリフト」だ。写真フィルムの主原料であり、人間の皮膚の主成分でもあるコラーゲンの抗酸化作用を応用して生まれた製品である。

この成功をきっかけに同社は総合ヘルスケア企業へと急速に脱皮している。内視鏡などの機器事業は黒字となり、新規の再生医療事業も先行投資が実りつつある。

外部との協働を図るオープン・イノベーション・ハブという組織も設けられた。館長を務める小島健嗣氏は、同社が事業ドメイン変革に成功した理由について、「コア技術がとにかく深かったこと。それからリーダーの変革への執念が大きかったこと、この二つではないか」と語っている。

日立製作所

日立製作所は二〇〇九年三月期に巨額の赤字を計上した。業績悪化の責任を取って当時の経営陣が辞任し、子会社に転出していた川村隆氏が社長となり、経営改革がスタートした。

総合電機路線から一線を画し、電力や鉄道などの社会インフラ事業や情報通信、環境関連事業などに資源を集中する一方、上場五社を完全子会社化するなど事業再編を進めた。

同時に、綿密なコストダウンとキャッシュフロー計画を立て、物品の集約購買やグローバル購入などで業務の効率化を図った。これはコスト削減に終わらず、グループのガバナンスに求心力を取り戻すきっかけにもなった。

戦略企画室室長の山崎武氏は、「結果的にドメイン変更につながったが、一連の改革の目的は仕事のやり方を変えることだった。生産現場優先のプロダクトアウトの発想からマーケットインの思考に変化させた。デジタル化の進展により、モノからコトへと価値が移る中、幅広い事業領域を連携させて新たなコトを提供する会社をめざしたい」と語る。

一方、厳しい環境下でも一貫して技術に対する投資や研究開発は強化しており、「根源的価値は技術にあり」という哲学が感じられる。

大日本印刷

大日本印刷は高い印刷技術を自らの最大の強みとし、それを情報処理、微細加工、精密塗工などに応用させてきた。

北島義俊氏は、一九七九年から現在までの長きにわたり社長を務める。この間、顧客の要望に応え続ける「プロダクトイノベーション」と、それを支える「プロセスイノベーション」としての技術の深化の両輪で事業を拡大してきた。出版印刷を「第一の創業」とし、包装分野から新規分野への拡印刷を「第二の創業」、従来の顧客からの注文を待つ受身の姿勢を改め能動的に事業を進める「第三の創業」に着手している。

背景にあるのが、デジタル化の進展に伴い、印刷物が長期的に減少していくという構造的な問題である。紙媒体への印刷がなくなるかもしれないという危機感があるのだ。

そこで、全社横串の技術研究開発を担う技術開発センター、研究開発センターとは別建てで、二〇一三年に新規事業を担うＡＢ（Advanced Business）センターが設立された。

研究開発センター長である三宅徹氏によれば、同社の強みは社員とトップとの距離が近く、意思決定が迅速で、オープンな議論が行われていること。社長、副社長、専務による朝食会での意思疎通、情報共有に加えて、経営企画、ＡＢセンターのマーケティング、Ｒ＆Ｄの各責任者の三名で、重要案件の戦略を練って早期に判断する仕組みを運用している。

新規事業については「われわれは何者か」を改めて自分たちに問いかけ、他社を徹底的にベンチマークしたうえで、黒子に徹し、顧客がやりたくないこと、できないことの代行を意識する。その際は能動的に、生活者視点で先回りすることと勝つ得意先につくことを重視する。

スリーエムジャパン

スリーエムは、「一つのアイデアを、次のアイデアに」「一人ひとりのアイデアを結集して、世の中にないアイデアに」をモットーとし、一九〇二年の創立以来、無数のイノベーションを実現することによって発展してきた。

新規ドメインへの挑戦は、社員が企画提案書を事業部のコミッティに提出し評価を受けることから始まる。ここで提案したドメインの成長計画が審査される。五年計画に加えて初年度の売上高のＫＰＩ（重要業績評価指標）が、グローバル地域ごとのＧＤＰの成長値を上回っているのか、ＩＰＩ（輸入物価指数）より高い数値になっているのか、利益率は税引後一六・五％以上を取るかが問われる。認められると、発案者をリーダーとするミニカンパニーが結成され、プロジェクトが始まる。その進捗度も評価され、次のフェーズに進めるか否かがその都度、判断される。

プロジェクトが製品の上市まで至り、売上高が一定の規模以上になると、マーケティング機能を保有する製品部となり、さらに売上高が約五〇億円に達すると、一つの事業部となる。

「研究開発の種を生み出す仕組みとして、一五％カルチャーが根づいている」と執行役員の大久保孝俊氏がいう。ビジネスに役立つことであれば、与えられたテーマとは別に働く時間の一五％を費やして、その研究に取り組むことができる。その活動は人事考課の対象外になっている。

スリーエムは売上高の約三五％以上が新製品のそれで占められる。イノベーションが次々に起こり、利益を確保し続けているという証左だ。

図表１は、六社の聞き取り調査から得られた成功要因をまとめたものである。

本業が先細りする中で、危機感をバネに、既存の技術から新たな強みを発揮できる技術を探し出して新規事業を生み出し、全社員を巻き込んで、事業ドメインの変革を成し遂げる。これが各社の共通点だ。

今回、研究対象にしたのは売上高一兆円を超える大企業ばかりだ。その巨艦を沈没の危機から救い出した後、見事に舵を切り、新たな進路に向かわせることができたのは、ワイズリーダーたる企業トップの果たした役割が大きい。

舵を切りすぎれば、船はバランスを崩してしまう。絶妙なバランス感覚が求められるのだ。ワイズリーダーはいかにそれを成し遂げるべきか。さらに深掘りしたい。

◆種から果実を実らせるワイズリーダー

先にTDK会長の上釜氏による「経営者は将来の種を蒔くことが必要だ」という言葉を紹介した。まさにそのとおり、経営者は種蒔く人でなければならない。千葉県で梨園を経営する知人へのインタビューをもとに、果実（梨）を実らせるまでを以下に記す。それは企業での新規事業の育成プロセスにまさに重なるものだった。

フェーズ1：種蒔き

①根が土中深く伸びるよう、樹冠の拡大と土づくりをしっかり行う
②日当たりと排水の良い土地を選ぶ
③苗を植えつける前に穴を掘り、堆肥、栄養素を入れ、盛り土をする

【企業目線で考える】社員がワクワクし活気のある企業風土、職場環境を準備する。特に企業の新陳代謝を上げるのに役立つ新製品開発の場に継

図表1｜ドメイン変更を成し遂げた6社の成功要因

	各企業共通の成功要因
ドメイン変更のきっかけ	• 大赤字による事業継続の危機 • 既存事業の先細り • 絶えずイノベーションが行われる風土がもともとある
トップの想い	• 次世代の技術で勝負したい • 刈り取った倍の種を蒔きたい • ドメイン変革をやり遂げたい • 事業部制では顧客の求めているものが届けられない • 自ら会社を変えたい
人材	• ドメイン変革をやり遂げる人材がいた • 社内にいる異才をマネジメントした • 最後は人を見る。面白い発想ができるならやらせる • 意図的に人材を育成する
技術	• 深いコア技術がある • 足りない技術を探索する • 前社長自身が廃棄物から新素材を開発した技術者だった
企業体力（資金力）	• ドメインを変革できるまで耐えられる資金力があった • 先行投資分を株主にきちんと分配している • イノベーションに資金配分する

続的に資源配分していく。土壌づくりは経営者が行うが、その土壌を継続的に耕し、次の種が蒔ける土壌に耕していくのは、次世代リーダーの役割となる。優秀な人材が事業化（発芽）に向けて頑張り、人材を育成し（土壌をつくり）、組織能力の向上を果たしていく。

フェーズ2：発芽、育てる

①一定の間隔をあけて苗を植えつける
②苗木は接ぎ木部分から五〇センチ上で切り返し、伸びる方向へ誘引する
③主枝を三～四本選び、上に向ける
④長大な枝や不要な枝は間引く。四年以上古くなった側枝は、品質の良い果実ができなくなるので、新しい枝に更新する
⑤開花する三～四日前に、枝先端の蕾をすべて取り、玉太りの良いものだけを残す
⑥親和性のある他品種の花粉を用いて、一個一個、手作業で受粉する

【企業目線で考える】障害を取り除き、新規事業に専念できる場をつくる。継続する既存事業と新規事業の資金配分を決めて、必要なタイミングで剪定する。古くなった枝には若枝を継木して（M&A）、伸びる方向、品種を調整する。

フェーズ3：収穫

①開花後一五日頃に、病害虫による被害がない形の良い実だけを選び、他は間引く
②果実を採取し、食味して収穫に適した時期を判断する
③期を逃さず、収穫する

④収穫が終わったら、再び土壌改良に戻る。何十年も同じ土壌で同じ果実を栽培していると、「忌地《いやじ》」を起こす。寿命が近づく木も多く、時期を見計らって若木を植える

【企業目線で考える】美味しい果実が実るまでは、手間をかけて育てる。これは人材育成そのものだ。出荷可能な実に育ったかという味の見極めが重要な作業だが、これは収益性を見極める基準を決め、そのとおり実行することに似ている。また、土壌改良や若木植えはまさにドメイン変更に相当する。

このように、「種から果実を実らせるワイズリーダー」は、顧客が喜んでくれる美味しい果実を生み出すために、土壌改良、種蒔き、接ぎ木、間引き、食味、収穫を行い、さらにまた土壌改良へと、表には見えない地道な努力を社員とともに重ねている。この一連のサイクルが新規事業を生み出し、企業の持続的成長を後押しするのだ。

◆背景知とオポチュニティ

企業トップが主体となって新規事業の種を蒔くことから始まり、その種が芽を出し、実をつけるまで、いくつもの段階を経る。収穫された果実だけに注目するのではなく、土地、種の選択、種蒔き、育苗から収穫までの栽培全体のプロセスに目を配りたい。

つまり、豊かな土地、土地に合った種の選択、種に合わせた土地の改良、時期を選んだ種蒔き、日々の天候の変化に合わせた手入れなど、育成プロセスそのものと、その背景にある人間の知恵が重要になるということだ。

土地について明示的・形式的に測定できるのは広さや形だが、美味しい果実を実らせる土地にするためには、目には見えない地味や水質、あるいは採光状態を知り、それぞれをうまくコントロールしなければならない。こうした知

を私たちは暗黙知の一種、背景知と名づけたい。

背景知とは、Whatの背景にあるWhyを探る知であり、各種のプロセスそのものを重視する。それは組織に内在する、イノベーションの土壌になるような機会、すなわちオポチュニティと捉えることができる。

種蒔きから収穫まで実を結ばせるには、結果よりもプロセスを重視し、一つ一つの行為の意味を不断に問い続けなければならない。その結果、組織に内在する能力であるオポチュニティは平衡状態を通過し、上に向かって伸びていく。それが新規事業を生み出すとともに、そうした成長を生み出す仕組み自体を永続させるのだ。

◆アブダクションによる成長の仕組み

このように種蒔きから収穫まで実を結ばせるには、結果よりもプロセスを重視し、不断に一つ一つの行為の意味を問い続けることが必要である。問い続けた結果、組織に内在する能力であるオポチュニティは平衡状態から、その方向性を上昇させていくことになる。それが新規事業を生み出し、成長し続ける仕組みを永続させるための仕掛けである。

平衡状態が螺旋状に上昇していくことは、Whatの背景にあるWhyを知ろうとする組織的な意思結果として捉えた暗黙知の性質による。

柴田庄一氏と遠山仁美氏は、暗黙知をベースとしてより上位の目標遂行のた

図表2｜背景知の考え方

	形式知	背景知（暗黙知）
①土地	広さ、場所、形	地味、水質、採光
②種	種類、数量	種としての適性、優秀性
③育成～収穫	成長速度、水量 日照時間、収量	水遣り、草取り、害虫駆除 収穫時期
④人	人数、誰	身体知としての育成ノウハウ、成長
⑤プロセス	①～④の分析、フィードバック	より良い土地、種、栽培、人に向けた意思

めには、その能力がいわば閃きの下にジャンプしながら上昇していくことが求められることを述べている。

「目標行為の遂行は、むろん下位レベルの資質の潜在能力に左右されるので、基礎的技能の強化や基礎感覚の陶冶が求められる（中略）ことを前提としたうえで、さらになお、内外の諸条件を点検し、正負のフィードバック効果を検証することなどを通して各要素間の微調整を図りながら、しかるべき最適値を見つけようとするプロセスこそ『創発』を支える具体的様相である。（中略）その場合、境界条件の制御にあたる、より上位の原理は、その都度新たに構築するしかないものであるだけに、（中略）持続的な『企て』を前提としつつも、一瞬の『閃き』に導かれたすばやい決断によって生み出すしかない性質のものである」

（「『暗黙知』の構造と『創発』のメカニズム」『言語文化論集』二六巻二号）

図表3に示したように、「組織に内在する能力＝オポチュニティ」は平衡状態から、背景知、暗黙知をもとにアブダクションに非連続に上昇させて企業価値を向上させていくことが必要になる。

その上昇を一回限りのまぐれに終わらせないために、トライと成就を安定化させてシステマティックに構造化して捉えることが必要になる。企業研究で見てきた元気な企業は、「組織に内在する能力＝オポチュニティ」の絶えざる革新と増大により、非連続な上昇を成し遂げてきたといえるだろう。

◆組織能力の評価とROO

組織に内在する能力、つまり、オポチュニティが望ましい上昇方向へと進んでいるのか、はたまた停滞、下降しているのかというベクトルを知ることができれば、それを手がかりにトップは企業の組織能力の向上へ手を打つことができる。

こうした考えに基づき、私たちはオポチュニティに対してどれだけのリターンがあったのかを示すＲＯＯ（Return on Opportunity）という指標を提示する。これはＲＯＩやＲＯＥなどのように効率性（分母にＩやＥを取る）で測定するものではなく、オポチュニティの総量に対してのリターンを考える指標であり、定性的な評価と定量的な評価を組み合わせたものだ。

評価の主軸となるのが、組織能力の構成要素に関する定性的な評価だ。

具体的には、まずデイビッド・ウルリッヒ氏の挙げる組織能力の一一の構成要素（①人材、②スピード、③思考様式の共有化と一貫したブランド・アイデンティティ、④結果責任、⑤コラボレーション、⑥学習、⑦リーダーシップ、⑧顧客リレーションシップ、⑨戦略の共有、⑩イノベーション、⑪効率性）を評価項目として利用する。

加えて、より重要なリーダーシップの評価項目については、野中郁次郎氏の唱える「賢慮のリーダー」の六つの能力（①善に基づく意思決定、②本質の理解、③相互交流の場をつくる、④本質の伝達、⑤政治力の行使、⑥実践知の育成）を採用する。

その下に具体的な判断基準（数値化、相対化できるファイブ

図表3｜アブダクションによる成長の仕組み

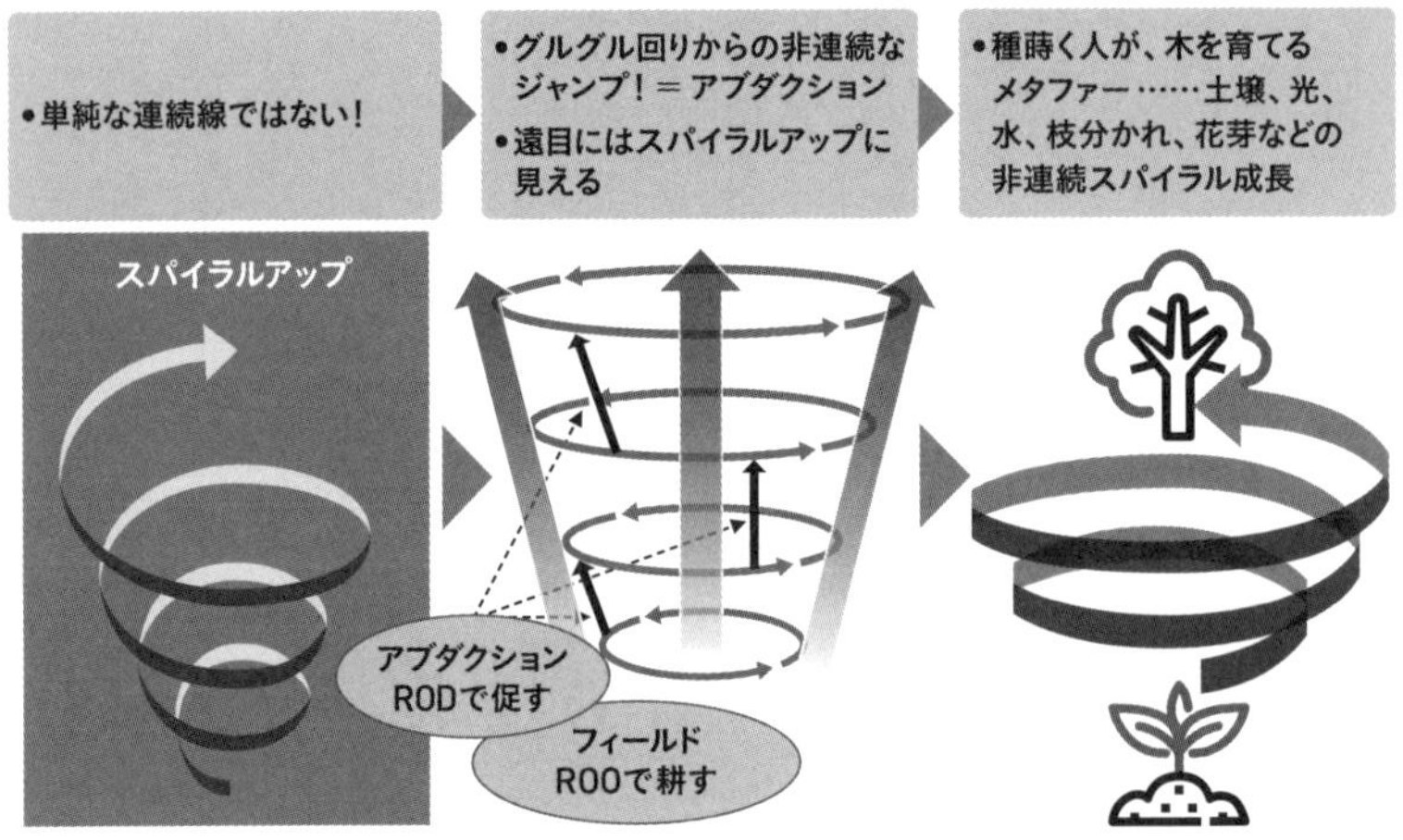
•単純な連続線ではない！
•グルグル回りからの非連続なジャンプ！＝アブダクション
•遠目にはスパイラルアップに見える
•種蒔く人が、木を育てるメタファー……土壌、光、水、枝分かれ、花芽などの非連続スパイラル成長
スパイラルアップ
アブダクション
RODで促す
フィールド
ROOで耕す

バー評価など）を設けて定量化を図る。トップ、ミドル、フロントはもちろん、可能ならば株主や顧客、取引先、競合他社などを含めた当事者へのインタビューやアンケート調査などによる継続的な測定を行うことによって、変化の方向と変化量、定量的な到達点を把握することで、企業のめざす姿に向けた経営判断が可能になるはずだ。

そのためには、各組織における項目間の紐づけとその構造、また関連強度とその変化を計測できる、練られた「問い」を評価項目とし、その判断基準とともに示すことが最も重要である。

ワイズリーダーには、組織能力を評価する項目（賢慮のリーダーの六つの能力と、組織能力の一一の構成要素）と背景知を結びつけ、資源配分を行う役割が求められる。それは図表5における線のつながりをより太く、重なり合うようにマネジメントすることに等しい。

オポチュニティの評価は、当該企業の無形資産の評価を行うことでもある。その中でROOを最終的に企業業績評価指標として見える化すべきだ。

前述のアンケートなどによって計測されたオポチュニティに対して、中長期の企業業績や無形資産の利益貢献度との相関を探り、ROOとして数値することも考えるべきだろう。数値化できれば、経営の意思決定に資する指標とすることができる。ある組織能力を獲得するための方向づけにもなる。

図表4｜ROOの評価項目

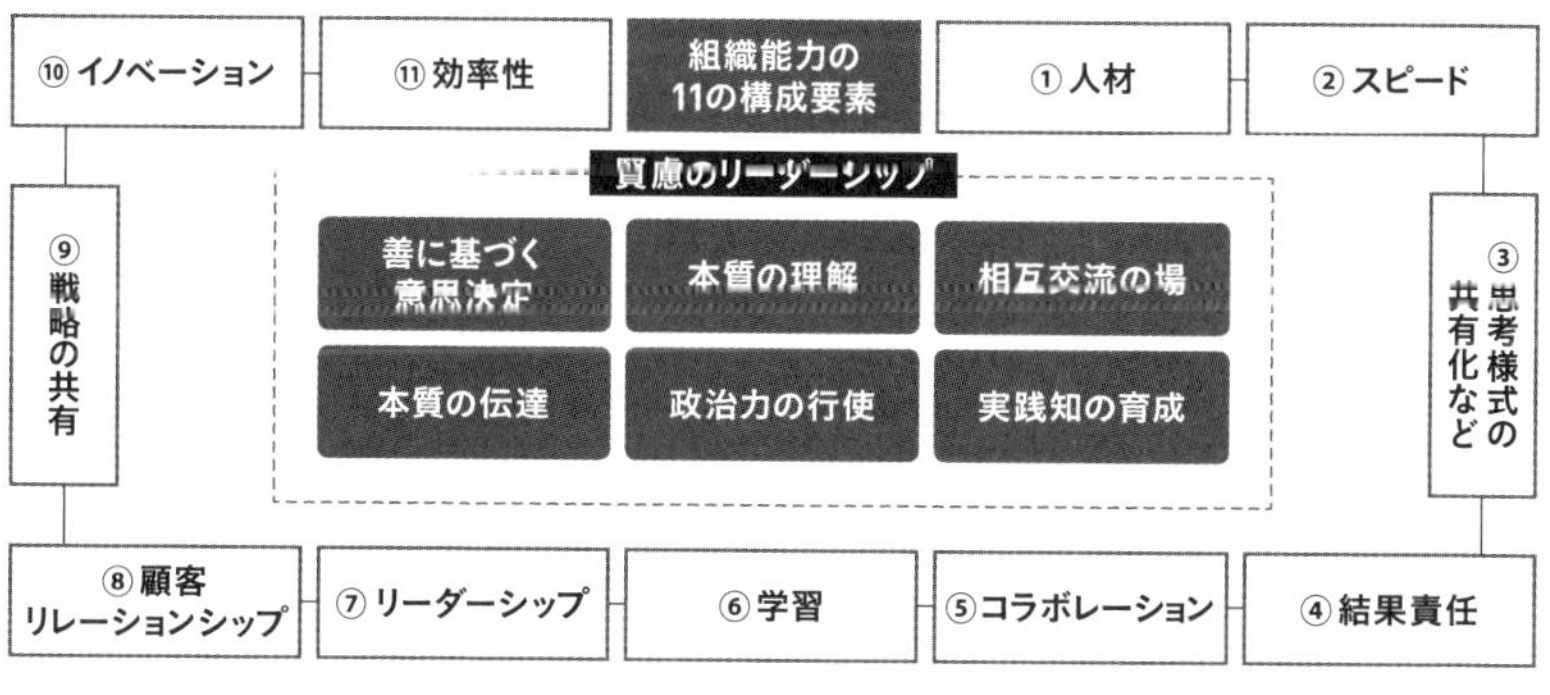

企業には成長が欠かせない。成長するには既存事業だけではなく、新規事業も立ち上げなければならない。組織に内在する能力、オポチュニティに光を当て、標準化し、中長期の企業経営数字との相関を指業績と連動させて見ていく。新しい日本的経営はそこから始まると確信している。

図表5 | 組織評価項目と背景知の相関図

ワイズリーダーとして、有効なメタファーにするために、賢慮のリーダーシップと組織能力の11の構成要素から評価するROOと資源配分（線のつながりをマネジメント）を最適化する

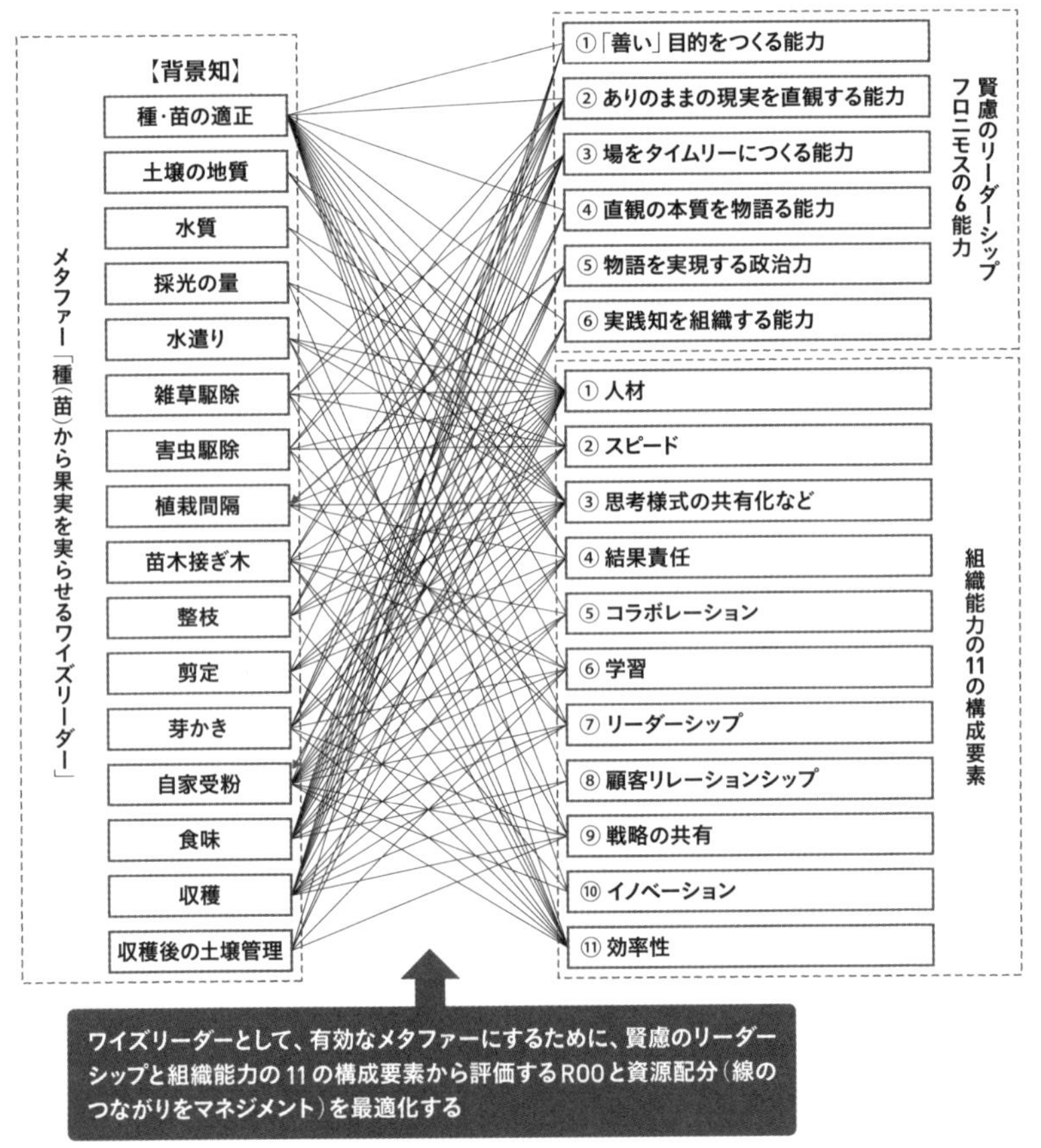

自律進化するマーケットイン型イノベーション
――実践的SECIモデルの提言

ナレッジ・フォーラム2013 グループD
水谷謙作、鍋島昭久、岩渕洋一、梶村啓吾、田中三教

イノベーションを直訳すれば「革新」だが、その実体は一様ではない。「ゼロからイチ」を創造するものもあれば、既存技術をベースに、顧客や市場との積極的なかかわりを通じて「イチからジュウ」で新たな価値を創造するものもある。数としては後者が圧倒的に多い。私たちはこれを「マーケットイン型イノベーション」と名づける。

イノベーションを創出するプロセス理論としては、野中郁次郎と竹内弘高が『知識創造企業』で示したSECI《セキ》モデルがある。暗黙知と形式知の継続的な相互変換を説明したもので、共同化、表出化、連結化、内面化という四つの変換モードからなる。

◆SECIモデルとナレッジイネーブラー

まずは、共同化（Socialization）である。ここでは、身体・五感の直接経験による暗黙知の獲得と共有、共感の創出が行われる。

次の表出化（Externalization）は、暗黙知が形式知化されるプロセスであり、思索や対話による言語化、喩えを活用した概念や図像の創造が行われる。具体的目標はコンセプトの設定である。

三番目は連結化（Combination）である。概念や図像の組合せによる形式知を体系化し、物語化あるいはモデル化を行う。

最後が内面化（Internalization）だ。具体的行動によって物語を実現させるとともに、新たな暗黙知を体得するプロセスだ。

　このSECIモデルをうまく回すためには、野中によれば、六つの能力を備えた実践知リーダーが必要になる。これは賢慮のリーダーとも呼ばれ、①善い目的をつくる、②ありのままの現実を直観する、③場をタイムリーにつくる、④直観の本質を物語化する、⑤物語を実現する政治力を持つ、⑥実践知を組織化する、という能力である。

　SECIモデルを机上の空論としないために必要なのが、知識創造を促進するナレッジイネーブラーだ（ゲオルク・フォン・クロー／野中郁次郎／一條和生『ナレッジ・イネーブリング――知識創造企業への五つの実践』）。

　具体的には、①ナレッジビジョンの浸透、②会話のマネジメント、③ナレッジアクティビストの動員、④知識の適切な場づくり、⑤ローカルナレッジのグローバル化、という五つのナレッジ・イネーブラーが必要とされる。

　私たちは、このSECIモデルおよびナレッジ・イ

図表1｜SECIモデルと実践知の6つの能力

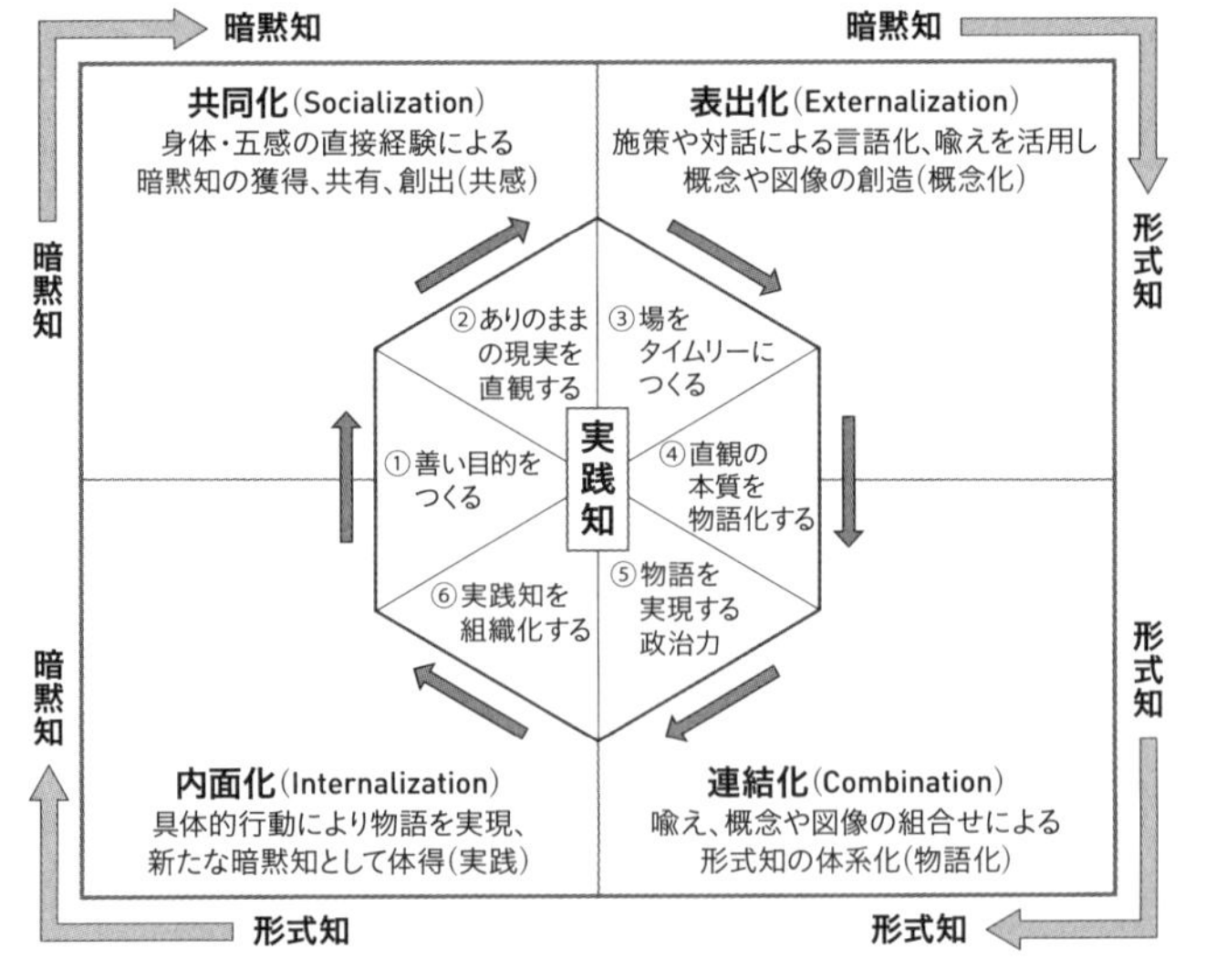

ネーブラーと、イノベーションの関係についてこう考えた。SECIモデルとイネーブラーが存在すればイノベーションが必ず創出されるとは限らないが、イノベーションは少なくともどちらかを基礎に成り立っていると。その仮定に立って聞き取り調査を行い、イノベーションのプロセスを検証してみた。イノベーションを創発する、より実践的な仕組みが見出せるのではないか、と考えたからだ。

◆五社の聞き取り調査

私たちが聞き取りを行ったのは、エーザイ、富士通、デンソー、ユニ・チャーム、富士ゼロックスの五社である。各社の事例から、イノベーション成功のポイント（特にSECIモデルの実践につながる出来事）、イノベーションを実現できた要因を整理する。

エーザイ――日本初のナレッジマネジメント促進組織「知創部」

エーザイは、ヒューマンヘルスケア（hhc）をスローガンに、「患者様と生活者の皆様の喜怒哀楽を考え、そのベネフィット向上を第一義」とすることを企業理念に掲げる医薬品メーカーである。アルツハイマー治療薬のアリセプトで知られる。

一九九七年、日本初のナレッジマネジメント促進組織である知創部を設立した。企業理念を全社に浸透させること、知識の蓄積と共有を進め、知識創造に向けた環境整備を行う。二〇一一年現在、知創部主導で五三四テーマのプロジェクトがエントリーされている。

エーザイにおいて数々のイノベーションが成功している要因は、以下のようにまとめられる。

①型の存在……組織単位、プロジェクト単位の型で共有される「型」が存在する。現状からあるべき未来の姿（患者の幸せ）を思い描き、その実現に向けて進むことである。改善ではなく改革であるが、同社ではこれをイノベーションと位置づける。

②患者に本当に必要とされるものを追求……そのために一番重要なのは、患者の喜怒哀楽を理解することを通じた「本質の見極め」だ。そのために就業時間の一％を使って患者とともに時間を過ごすことが社員には求められている。会社も「小児ガンの子どもたちとの対話」「認知症患者とのふれあい」「老人ホームでの現場体験」など、数多くの機会を設けている。

③絶対的理念の存在……ｈｈｃが全社員共通の絶対的理念となっている。その実現のためには、資金も時間も無制限に使ってよいとされる。

④ＳＥＣＩモデルの重視……知創部設立以来、ＳＥＣＩモデルがプロセス管理の基礎になっている。イノベーションがどこまで進んだか、成功や失敗の要因は何か、すべてＳＥＣＩモデルに即して類推される。

⑤個人も組織もイノベーションを常に意識……各セクションがイノベーションのテーマを知創部に自主的に提出する。二〇一一年は五三四にものぼり、社長の決裁により、そのうち五つが実現に向けて動いた。個人や組織がイノベーションを常に意識する状況にあるのだ。

本事例から得たイノベーションを起こす成功要因は、以下のとおりである。

- 患者との共体験に象徴される共同化（Socialization）の徹底
- 時間、資金を度外視した形で、絶対的理念の追求が公認されていること
- ＳＥＣＩモデルの実現を支援する組織、知創部の存在

富士通――世界一を獲得した「京」プロジェクト

次世代スーパーコンピュータ（以下、スパコン）「京」は、富士通と理化学研究所による国家プロジェクトによって開発され、二〇一一年、世界第一位の処理性能を達成した。

「京」プロジェクトの成功には、複数の要因がある。

①トップの理解……同プロジェクトには富士通の他、NEC、日立製作所が参画していたが、投資に耐えられず撤退していた。富士通においても当初から経営陣の全面的賛同が得られていたわけではなかった。そこで、プロジェクトメンバーは経営幹部を開発現場へ頻繁に招き、現場の体感および開発・評価状況の共有を図った。これがグループ一丸となった支援環境を確立させるとともに、現場スタッフの意欲向上にもつながった。

②目標の共有……「世界一」へのチャレンジは、技術者にとってこれ以上はない明快な目標であり、プロジェクトメンバー全員の「ワクワク感」につながった。

③DNAの継承……インタビューした中で特に印象に残ったのが、「DNAの継承にギリギリ間に合った。あと数年遅かったら継承が途切れていたかもしれない」という言葉だ。富士通はコンピュータ業界のトップ企業であるが、近年は、技術の細分化とコモディティ化により、技術に関する世代間での断絶が広がりつつあった。本プロジェクトでは、後述のフラットな組織体制の下、熟練技術者と若手とが短期間に同じ場所で共同作業を繰り返したことで、暗黙知の継承が達成された。

④技術力……今回のプロジェクトでは、新たな技術イノベーションを多数起こす必要があり、富士通はそれを可能とする技術力を有していた。具体的には、莫大な電力消費を抑制する技術、並列動作するCPUを超高速なネットワークでつなぐインターコネクト技術、CPUから発生する熱を効率的に冷却する技術などだ。

⑤「場」の醸成……若手からの積極的な発言を可能とするフラットな組織体制下で、プロジェクトが運営された。具体的には、「ストロングコーヒー」と名づけられた部門をまたぐ非公式の意見交換の場だ。組織の枠になじまない異才を許容し、彼らの技術力を最大化する取組みが行われた。

本事例から得たイノベーションを起こす成功要因は、以下のとおりである。

- 世界一という絶対的な価値観と理念の共有
- 自社のコアコンピタンスの重視
- 個人の知識・能力を共有・発展させる場づくり

デンソー——イノベーション創出へのR&Dマネジメント

デンソーが手がける自動車部品は、リレー、スターター、オルタネータなどの電装品、ラジエータ、エアコンなどの熱機器と、多岐にわたる。

これら製品のR&Dマネジメントを支えるのが技術開発センターだ。三～五年先を見据える「次期型開発研究所」と一〇年先の要素技術の選定を行う「基礎研究所」で構成される。取り扱っている自動車部品の製品数は約八〇品目以上あり、うち約二〇製品で世界一のシェアを獲得している。

デンソーのR&Dマネジメントが成功している具体的ポイントを整理する。

①理念・価値・目標の共有化……「地球環境技術の維持」「安心・安全」という理念の下、「既存の事業ドメインにとらわれない」「地球環境と人々の幸福に貢献する」といった価値観が全社員に浸透している。

②ロードマップ活動……「将来にわたりイノベーションを興すために『受身的ではなく主体的』に『日本中心ではなくグローバル、オープン』に」という標語を掲げて、ニーズを探索し、ロードマップに落とし込んでいる。マップは次期型研究所に設置されているステアリングコミッティが主体となって作成する。技術統括副社長による技術開発会議、社長による開発計画審議会が年一回ずつあり、こうしたトップマネジメントの承認によりプロジェクトが起動する。

③イノベーションを支える技術力と開発力……要素技術を外部依存することによって発生するリスクを避けるため、コア技術は社内で開発・蓄積されている。製品開発は事業部内のプロジェクトチームに機能別の本社生産技術部が加わるマトリクス組織の下、複数のプロセスを同時並行で進め、開発スピードのアップやコストの削減を図るコンカレントエンジニアリングが行われている。エンジニア育成の肝がデンソー工業学園である。そこの卒業生の多くが世界最高レベルの技を競う技能五輪国際大会のメダリストとなっている。こうした質の高いエンジニアの育成が、多くのイノベーション創出を可能にしている。

④将来技術の探索活動……将来の事業拡大に必要となるコア技術の獲得に向けた長期研究テーマを重視している。欧州では車社会の先進システムのコンセプト、北米においては情報、通信、材料などの新規コア技術だ。いわば世界の頭脳を最大限に活用して技術の潮流をつかみ、ロードマップへと反映させている。

本事例から得たイノベーションを起こす成功要因は、以下のとおりである。

- マーケットインによる潜在ニーズの顕在化
- コア技術の蓄積とエンジニアの計画的育成
- 開発スピードを上げるための組織編制

●新たなコア技術を獲得するための場づくり（世界の頭脳の活用や大学との組織連携）

ユニ・チャーム――共振の経営

ユニ・チャームは生理用品・紙おむつなど衛生用品で国内トップシェアを誇る。二〇〇一年、二代目社長となった高原豪久氏は、「共振の経営」を標榜し、経営陣と社員の間の距離を縮め、全社員が共通の価値観を持ち、瞬時に行動できる仕組みづくりを進めてきた。

同社の情報と知恵を還流させ、実践力に転換する仕組みを見ていく。

①人と志を第一義に考える（共振の経営）……「共振の経営」とは、一人ひとりが革新の震源となり、各人の振動がより大きく会社全体で共鳴しあい、社員一人ひとりのビジョンの実現につながる経営のことである。その基盤となっているのは、経営トップ・社員が共通でめざす企業理念だ。高原社長は、社長就任直後、世界一になるという目標を掲げるとともに、「赤ちゃんからお年寄りまで、生活者がさまざまな負担から解放されるよう、心と体をやさしくサポートする商品を提供し、一人ひとりの夢を叶える」を企業理念に掲げた。そのために一〇年後、会社は何をめざし、社員はどうなりたいのか、を常に問い続けている。

②型の徹底（SAPS経営モデル）……共振の経営を現実化する手段としては、SAPS経営モデルがある。SAPSとは以下の略である。S：Schedule（思考と行動のスケジュール化）→A：Action（計画に沿って実行）→P：Performance（効果を測定し反省点、改善点を抽出）→S：Schedule（今週の反省を生かし次週の計画立案）。週末に「この一週間、自ら掲げた目標に対し、何をどこまで行い、何ができなかったか。次週、どんな優先順位で何をどこまで行うかを振り返り、具体的なスケジュールに落とす。経営トップおよび経営陣が率先垂範し、全世界の全社員がこのサイクルを毎週繰り返す」。ユニ・チャーム流のPDCAサイクルであり、同社が一〇年かけて血肉化して

た組織の「型」である。

③技術力……ユニ・チャームには長年培ってきた技術力・商品開発力がある。強力なコアコンピタンスを活かし、新規参入国であっても急激にシェアを獲得している。海外進出の際には幹部クラスの人材を送り込み、拠点確保、関係づくり、生産ラインを軌道に乗せるまでの戦略立案を短期間で行い、一気に勝負を挑む「垂直立ち上げ」を行う。

本事例から得たイノベーションを起こす成功要因は、以下のとおりである。

- 明確な理念の提示とビジョンの全社共有
- ＰＤＣＡサイクルを圧倒的なスピードで回す「型」を全社員に習得させ、行動実践できる仕組み
- 自社のコアコンピタンスをグローバルに展開していくマーケットイン戦略

富士ゼロックスＫＤＩ――ＳＥＣＩモデルを実現させる要因

富士ゼロックスＫＤＩ（Knowledge Dynamics Initiative）は、「新しい働き方と革新的なワークプレース環境のデザイン」に関する研究とコンサルティングを行う事業部組織である。知行合一をめざし、各社の知識創造経営の推進をＳＥＣＩモデルに従って支援している。

インタビューから得られたのは、次の三つの知見である。

①日常業務でＳＥＣＩモデルを回すことで社員の主体性を取り戻す

ＫＤＩが調査した、日本企業の知識創造活動量（ＳＥＣＩ時間消費）の二〇〇〇年から二〇〇八年にかけての推移を

見ると、「Ｓ＝共同化」の活動量が年々減っている。役職別に見ると、部長クラスの「Ｓ」に関する活動量は増えているが、逆に若手、係長クラスは減り、その活動はデータ分析や主体性のない「Ｅ＝表出化」のほうが多かった。

ＫＤＩによれば、「部長クラスの『Ｓ』がいくら活性化してもイノベーションにはつながらず、逆に企業の閉塞感が高まる可能性がある。若い人の知恵を活用できる企業のほうがイノベーションを継続的に起こせるはずだ」という。

例として挙げるのは、新日鉄住金、アイシンＡＷだ。両社とも、失われつつあった「主体的に問題設定を行う力（共同化力）」の活性化を図ることでＳＥＣＩモデルに力を与え、イノベーションができる力を回復してきた。

②S→ECIにつなげるための成功要因

次は、優れた「Ｓ」から、その後のＥＣＩにつなげた事例だ。まずは、「商品開発のＳＥＣＩ」を巧みに回したＪＲ東日本Ｓｕｉｃａの事例である。Ｓｕｉｃａは顧客にとっては改札機を素早く通過できるという利便性、駅にとっては保守業務の軽減や人件費のコストダウンといった業務効率の向上と不正乗車の防止、会社にとってはＩＣカード導入によるニュービジネス展開といった、誰もが納得できるコンセプト（強み）を設定できたことが成功の要因だった。Ｅの表出化が優れていたのだ。

二番目は金型職人の暗黙知を形式知化するエンジニアリングサービスを提供するＳＯＬＩＺＥ《ソライズ》の事例である。鍵を握るのは職人が持つノウハウを形式知化するやり方だ。現場の職人と対話を繰り返し、それぞれの仕事における判断基準や暗黙的ノウハウを聞き取り、言語化していく。職人自身にとって知識の棚卸しになるだけではなく、このプロジェクトに若手を参画させることで職人の暗黙知が伝承されることで、人材育成につながる。

③顧客価値創造型企業の事例（ヤマト運輸、大塚製薬）

最後は社会や人々の価値観の変化を予兆し、顧客自身が気づいていないニーズを発掘して価値創造につなげた企業の事例である。こうしたマーケットイン型のイノベーションには、徹底した現場主義が重要とＫＤＩは考える（『組織開発フォーラム二〇一三』富士ゼロックス資料より抜粋）。

【ヤマト運輸――まごころ宅急便】地域連携のビジネスモデルまで含め、「買い物難民」と「孤独死」という深刻な社会問題の解決を、セールスドライバー自らが構想し、実現した。それが「まごころ宅急便」である。現場主義の徹底によって新たな顧客価値を創造した例だ。

【大塚製薬――ポカリスエット】長時間の手術をした後に点滴用輸液を飲むドクターがいるという事実や、海外で食あたりになって脱水症状を起こした際、飲める水がなくて苦労した社員の経験が商品開発の原点にある。また、インドネシアでは、断食明けしたイスラム教徒が最初に口にすべき飲料という地位を築きつつある。

本事例から得たイノベーションを起こす成功要因は、以下のとおりである。

- 優れた「Ｓ」を自律的、継続的に生み出すための主体的な問題設定力
- 「Ｓ」からその後のＥＣＩのプロセスに確実に移行させるための、優れた商品コンセプト、現場の暗黙知（信念、価値基準）を形式知化するプロセス
- 顧客価値創造につなげるための社員の実体験

◆ SECIモデルの各段階に付加すべき要素

イノベーションを促進させるという観点から、ＳＥＣＩモデルについて改めて考えてみたい。まずは聞き取り事例

に共通する要素を、ＳＥＣＩモデルの四つのプロセスに即して挙げる。

①共同化（Ｓ）に関して

- 絶対的価値観と理念の共有
- 顧客価値創造のための場
- 顧客価値創造のための情報収集
- 顧客価値創造のための問題設定力

②表出化（Ｅ）に関して

- 投資価値（時間、労働力）を決定する問題解決コンセプト
- 現場の暗黙知（信念、価値基準）の形式知化

③連結化（Ｃ）に関して

- 分析とモデル化（技術力／スピード）
- 成功と失敗を見越した状況の可視化とそれを判定する明確な基準

④内面化（Ｉ）に関して

- 実行者（リーダー）、意思決定者（トップ）それぞれの役割と組織内教育
- 粘り（個人の熱意を基礎にした自己進化型組織）
- 結果主義
- 創造を促進させる場や型

◆「目標」「目標達成の鍵」「達成度合いの評価基準」の設定

そして、SECIモデルをより確実に回すための仕掛けとして、SECIの各段階における目標、目標達成の鍵、その達成度合いを測る基準という三点をそれぞれ考えてみたい。それが明確になれば、SからEへ、そしてC、Iへ、確実な移行が可能になると考えるからだ。

まずは、共同化である。ここでは、身体・五感の直接経験による暗黙知の獲得と共有、共感の創出が行われるわけだが、その本質は「問題設定」といってよい。その問題を解くためにイノベーションを興そうとするのだから。達成の鍵となるのが、企業独自の理念や価値の共有であり、マーケットインの発想だ。達成度合いを測る基準はそれによって顧客価値を想像できるか否か、ということである。

次は表出化である。暗黙知が形式知化されるプロセスであり、思索や対話による言語化、喩えを活用した概念や図像の創造が行われる。具体的な目標はコンセプトの設定である。その鍵を握るのが問題解決に向けた企画力だ。この段階の基準は時間、資金量、投資価値となる。

三番目は連結化である。概念や図像の組合せによる形式知を体系化し、物語化あるいはモデル化を行う段階だ。形式知を具現化する

図表2｜SECIプロセス別の一覧

	目標	実践化のキー	評価基準
S	問題設定	理念 価値共有 マーケットイン	顧客価値創造（成長性・将来性）
E	コンセプト設定	企画力	時間軸 資金 投資価値
C	プロトタイプ完成	分析力 技術力 スピード	完成度 市場・競合への優位性 実現性（オペレーション）
I	成果・結果の実現	組織力 教育	財務数値結果 実行検証

プロセスであり、実務の世界では何よりプロトタイプが求められる。その過程においては、技術力、分析力を駆使したスピーディーな対応が鍵となる。その際の基準はプロトタイプの完成度、競争優位性、実現性となるだろう。最後が内面化である。具体的行動によって物語を実現させるとともに、新たな暗黙知を体得するプロセスである。実務でいう内面化プロセスは、プロトタイプを実用化し、世の中に送り出すプロセスと考えられ、それによって成果や結果が現れる。鍵となるのは、組織力であり人材育成力である。基準は財務数字であり実証可能な価値である。

◆ SECIモデルの精度を高める三要素

これらはSECIモデルの精度を高める十分条件だと私たちは考える。では、必要条件とは何か。事例で得た材料から次の三つを提案したい。

①スパイラルアップ・ドライバー（SUD）……共同化においては、既存技術や顧客情報、物事の観察結果など、外部情報が寄与する部分が大きい。そのような外部情報と合わせてイノベーションに向けたSECIモデルが回り始める。私たちはこうした外部情報を「スパイラルアップ・ドライバー（SUD）」と名づける。

②S回帰……聞き取りの結果では「イチからゼロ」ではなく、「イチからジュウ」のマーケットイン型イノベーションが多かった。SECIの各段階で細かな判断基準を設け、「壁は必ず超えられる」という粘りを発揮した結果、実現したイノベーションがほとんどである。その際の基準は「原点に立ち返る」「絶対的理念を押し通す」というものが多かった。SECIモデルに照らし合わせると、「共同化（S）の過程に立ち返り、モデルを回し直す」ことだ。これを「S回帰」と名づけた。

③発射台……エーザイの知創部の働きのように、イノベーションが創出されやすい環境をつくれることがわかった。

図表3｜SECIモデルの精度を高める3要素

3大要素	エッセンス	実践化
SUD （スパイラルアップ・ドライバー）	• スパイラルアップするためには、Sでは新たな外部情報が必要	最適情報 観察結果 既存技術 状況／環境 シナジー
S回帰	• ECIの各フェーズでチェックを行い、素早くリスタート(S回帰) • 成功するまで何度も粘り強く繰り返す	粘り 判断基準
発射台 （S重視）	• Sでの問題設定が最重要 • 自律進化する型	価値観の共有 絶対的理念 顧客価値創造 リーダー

図表4｜SECI――3大要素の実装モデル

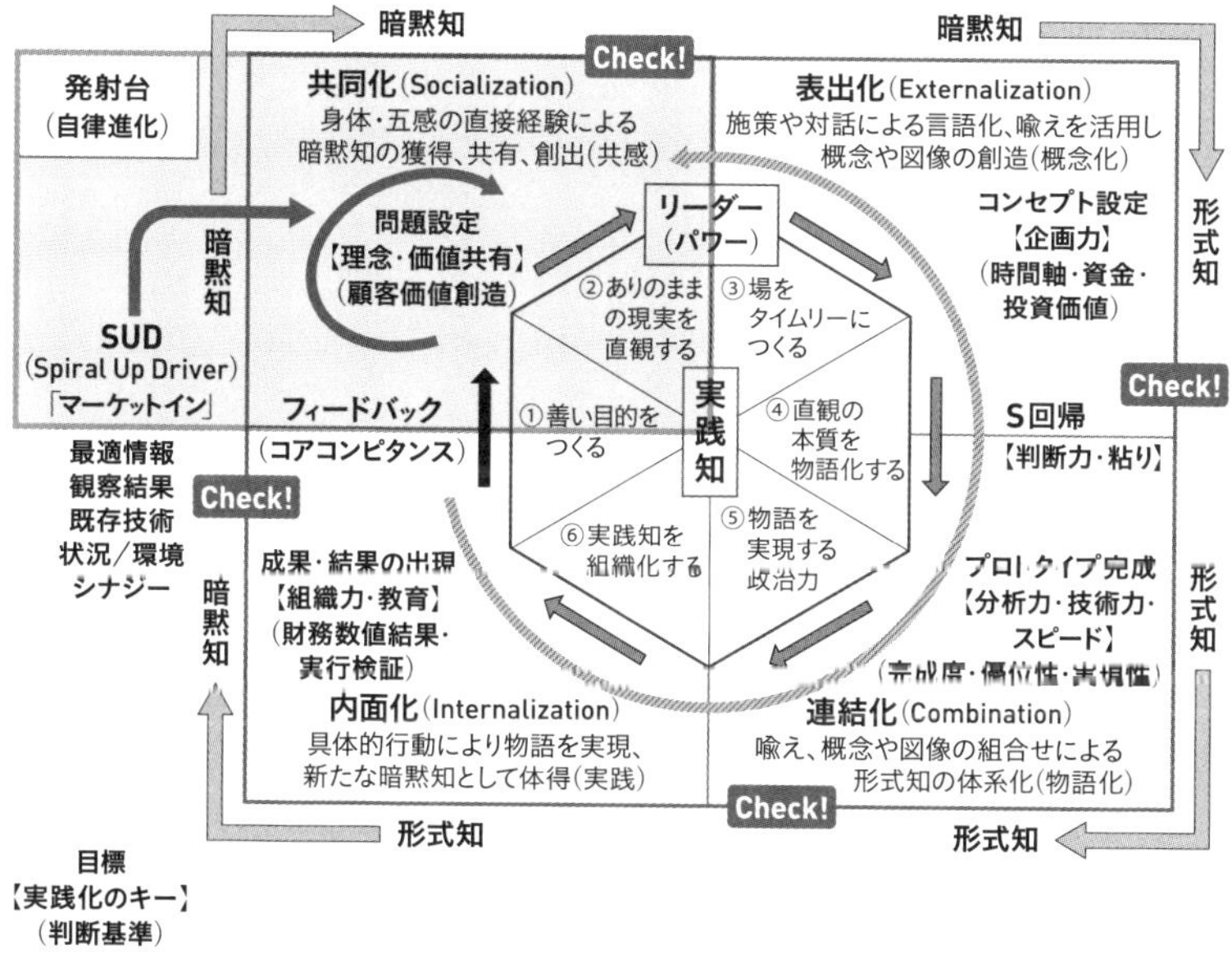

いわば「イノベーションの発射台」をつくるのだ。自律進化型のイノベーション創出を可能にする仕組みとして、その設置を他社にも推奨したい。

以上を既存ＳＥＣＩモデルに付加する形で図式化したのが、図表3と図表4である。

◆企業の自律進化に向けての実行ステップと留意点

上記モデルにおけるＳＥＣＩモデルを促進させる実行ステップと留意点を以下に述べる。

Step 1 共同化段階：発射台

共同化の精度を高めるために、絶対的理念や価値観を共有したうえで、ＳＵＤを取り込み、顧客価値を創造するための共同化を実行する。このＳＵＤは社員のマーケットインを支援する情報でなくてはならない。このプロセスを促進するのに必要なのが発射台である。

Step 2 リーダーの選定

賢慮のリーダーに求められる六つの能力、これらを兼ね備えたビジネスリーダーを指名し、ＳＥＣＩモデルを完遂するための機動力や実行力を持たせる。

Step 3 Ｓ回帰（E→C→I）

それ以降のＳＥＣＩプロセスにおいて、具体的な目標を設定し、常にチェックする。そのうえで、段階ごとに可否の判断を行い、目標に達しなかったり壁に当たったりした場合は、常に原点回帰する（S回帰）。これを何度も繰り返し、とにかくやり切る。

Step 4　発射台からのスパイラルアップ

最終的な成果や結果が出た後、さらに発射台にそのフィードバックが行われ、新たなマーケットイン情報であるSUDを取り込み、新たな問題設定が行われる。次のSECIモデルがこうして回り始める。

これらのステップを総称し、私たちは「3-D SECIモデル」と名づけた（3-DとはSUDS回帰、発射台のこと）。SECIが自律的かつ永続的にスパイラルアップしながらイノベーションを促進していくモデルである。

本論文で得られた提言に基づき、実際に日本公文教育研究会で実践が始まっている。経過を長期的にたどり、成果に注目していきたい。

Knowledge Forum

日本型大企業発創造型イノベーションを持続的かつ効果的に廻すモデルの研究

ナレッジ・フォーラム2014 グループB
内田親司朗、竹部幸夫、辺見芳弘、安武彰、山内和海

◆日米のイノベーション風土の違い

この一〇〇年、世界は劇的な変化を遂げながら豊かになってきた。一九二〇年には一・七兆ドルだった世界総生産（名目ベース）は二〇一三年には七四兆ドルに増加し、国家間の所得格差も縮小した。一方で、豊かになると、自由や余暇、贅沢、利便性といった人々の「幸せ」への欲求も高まる。そうした欲求が満たされると、今度は資源や食料の枯渇、環境汚染、成人病や肥満などの健康リスクといった新しい問題が発生する。これらは従来の技術やビジネスでは解決が難しい。より多くのイノベーションが必要となるゆえんである。

では、イノベーションはどうやったら起きるのだろうか。

アメリカ西海岸ではイノベーションをめざす多くのベンチャー企業が生まれている。それは起業家を支援し、ヒト、モノ、カネの良い循環を促進するベンチャーキャピタル（VC）の存在を抜きには語れない。

一方、日本に目を転じると、ベンチャー市場は育っておらず、VCの存在も貧弱だ。その背景には、人が簡単には辞めない長期雇用システム、失敗を罪悪視し挑戦を阻害する風土、異端を疎んじ成功者を尊敬しない社会風潮があると考えられる。当面は既存の企業がイノベーションの担い手とならざるをえない。なかでも、財務基盤が強固な大企

業の役割が期待されている。

日本の大企業にはイノベーションを実現しやすい強みがあるのも事実である。まずは優秀な人材を数多く抱えている。イノベーションを遂行するための人材プールが豊かなのだ。また、日本の大企業は長期的視野に立った技術投資が得意であり、これも息の長い投資が必要なイノベーションの実現に役立つ。

一方で、大企業がイノベーション創出を担うためにはチャレンジも多い。イノベーションを担う起業家と既存事業をうまく回す管理者は、資質や役割の面で全く違う。株主が期待するものも異なる。つまり、異なる役割を持った経営者が、異なる期待値を持った株主により、統治される二つのシステムを一つの企業に併存させる経営が求められる。

では、日本の大企業において、イノベーションを効果的に実現するのはどんな仕組みが必要なのか。私たちが提唱するのが、以下のTPMOモデルである。

◆ イノベーションを促進させるTPMOモデル

TPMOモデルは、以下の四段階から構成される。

- **T**（**Trigger**）……個人がイノベーションを生起する、もしくは、個人にイノベーションを生起させる過程
- **P**（**Passion**）……個人や組織がイノベーションに向けた活動を維持する過程
- **M**（**Move/Management**）……イノベーションに向けた活動を事業化に導く過程。あるいは、その活動を新規事業と位置づけて既存事業と一線を引く過程
- **O**（**Operation**）……イノベーションに向けた活動を既存事業に組み込む過程

ビジネスを推進する同じような四段階モデルとしては、品質管理で有名なエドワーズ・デミングらが提唱したＰＤＣＡモデル、野中郁次郎が提唱した暗黙知を活用するＳＥＣＩモデルがある。前者は改善に重点を置いたもので、イノベーションには不向きなモデルだ。後者は、暗黙知を形式知化し、それを共有することによって高次の暗黙知に昇華させる過程を繰り返す。まさにイノベーションに焦点を当てたモデルといえる。

私たちは、知識の他に、本人の心的要因も重要であると考え、新たにPassion（情熱）に注目するとともに、それを誘発するTriggerを起点とするモデルを考案した（図表1）。

ＴＰＭＯモデルは、ＰＤＣＡモデルやＳＥＣＩモデルと対立しない。ＰＤＣＡモデルは明確な管理指標を持つ顕在市場に対して品質工学手法を用いた改善アプローチを行うのに対して、ＴＰＭＯモデルは、市場や技術の創造をPassionを中心に回す。いわばＰＤＣＡモデルの前に来るものだ。

ドライブフォースを暗黙知と捉えるのか、Passion（情熱）と捉えるかという点がＳＥＣＩモデルとの違いであり、互いに補うべき存在だと私たちは考える。

図表1 | TPMOモデル

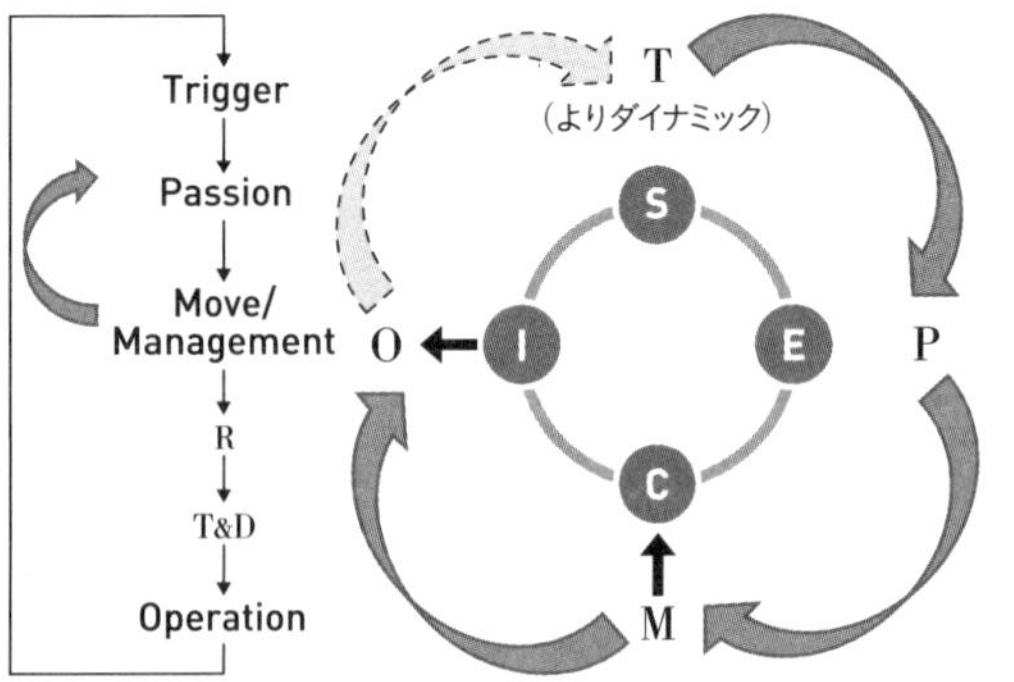

◆ TPMOモデルで七社を考察する

私たちは、イノベーションに積極的に取り組んでいる企業へのインタビューを通して、成功の鍵となった要因を抽出するとともに、TPMOモデルで整理した。対象企業は以下の観点から選定した。

- 技術イノベーションに偏らないよう、できる限り幅広い分野に目配りする。
- 研究テーマである「日本型大企業でイノベーションを持続的かつ効果的に廻すモデル」にある二つのキーワード、「日本型大企業」と「持続的」に対する要因を抽出するために、以下の対比を可能とする。
- 「日本企業」対「外資系企業」
- 「大企業」対「中堅企業・ベンチャー」
- 「持続的」対「単発的（本業の売上・利益減などの危機時）」

ミクシィ

ミクシィは二〇〇四年にソーシャル・ネットワークサービスを開始した、この分野の日本における草分け的存在の企業である。スマートフォンの急速な普及、ツイッターなど、他のソーシャル・ネットワークサービスの広がりによって業績が悪化していたが、スマートフォン向けアプリの開発というイノベーションを成し遂げ、見事V字回復を遂げている。

成功の鍵をTPMOプロセスに当てはめると、以下のように整理できる。

Trigger

- ソーシャル・ネットワークサービス関連の業務の一部をアウトソーシングし、強制的に仕事をなくす「あぶり出し」を行ったり、部門別の財務数値を提示したりすることで危機感を醸成し、社員がイノベーションに取り組まざるをえない環境をつくった。
- イノベーション・センターの設立とリーン・スタートアップ方式の採用により、提案型イノベーションが起こる環境をつくった。

Passion

- 事業変革によって会社を変えようとする愛社精神あふれる社員がいた。
- 新規事業チームの職場と現業部門の職場を隔離させたことと、成功報酬型の独自の評価制度の導入によって、新規事業チームの取組みの意欲が向上した。

Move/Management

- 前述の隔離施策を実施した。
- 前述の評価制度を導入した。
- 開発サイクル短縮のために、権限を現場に大幅に委譲した。
- 失敗の経緯を説明する発表会を通じ、失敗をポジティブに受け止める風土をつくった。

日揮

日揮はオイル＆ガス（ハイドロカーボン）分野における日本を代表するエンジニアリング会社である。一九七〇年代前半までの事業の中心は国内の石油精製・化学プラント建設だったが、第一次オイルショックによる国内需要の落ち込みに伴い、海外展開と新規事業への取組みを余儀なくされた。

新規事業の一つ、医療分野では一九八〇年の病院案件の初受注を契機に、三五年間で二五〇件の実績を上げている。特に注目すべきは、建設のプロがいない、病院という施主に対するコンサルティングを事業化したことである。現在では病院の運営管理も手がける医療ビジネスの成功の鍵をＴＰＭＯプロセスに当てはめて整理する。

Trigger

- ハイドロカーボン分野で培ったコアコンピタンスである「プロジェクトマネジメント力」を医療分野に展開した。
- 外部のコンサルタントの助言により、上記プロジェクトマネジメント力が応用できそうな分野として病院が浮上した。日本の病院には建設やエンジニアリングに詳しい人材が欠如している点にも着目した。

Passion

- 新規事業を牽引するパワフルなリーダーや、新しい分野の仕事に熱心に取り組む社員が存在した。ゼネコンとの差別化を図るため、彼らはコンサルティング技能まで習得した。

Move/Management

- 既存分野で醸成された自由な風土（プロジェクト単位の運営管理、フラットな組織、多様な人材）があった。
- ニーズに適合できる組織が存在し、フレキシブルな人的資源配分が可能だった。
- 事業化の重要局面でトップの後押しがあった。

富士フイルム

二〇〇〇年当時、売上の五〇％以上、営業利益の七〇％を占めていた写真事業がデジタル化の進展に伴って急速に衰退する。二〇〇四年に「第二の創業」に向けた中期計画を立て、事業構造の大変革を図った。メディカルシステム分野やディスプレイ材料分野に資源を投入するとともに、スキンケア化粧品「アスタリフト」などの新商品開発によって危機を乗りきった。
こうした変革における成功の鍵をＴＰＭＯプロセスに当てはめてみる。

Trigger

●経営危機に直面し、事業構造変革の指示がトップからあった。
●材料のナノサイズ分散と化合物の合成設計などのコア技術を新分野に展開した。

Passion

●写真事業に大きく依存する一本足状況から脱却する必要性を痛感する社員がいた。
●経営層の強力なリーダーシップによって、社員の意思が統一され、全員のベクトルが一致した。

Move/Management

●新規事業について、市場導入時点の売上規模よりも成長性を重視する経営層の寛容な姿勢があった。

ファイベスト（**現・MACOM Japan**）

ファイベストは光通信用デバイス分野の研究開発や事業化を行っていた富士通勤務の五人のメンバーによって二〇〇二年に設立され、光伝送部品の製造・販売で業績を伸ばしている。
ベンチャーとしてスタートしたファイベストの成功の鍵を以下に整理する。

Trigger

●大企業での新規事業の創出、製品開発に限界を感じていた人たちが、「この技術を世の中に出せば必ずものになる」という思いで起業した。

Passion

- 起業メンバーは技術の事業化に対する多大な情熱を持っていた。
- 成長期に合流したメンバーにとっては、光通信分野の第一人者とともに最先端の開発テーマに取り組むことができた。

Move/Management

- 完璧を求めるのではなく、顧客の評価を聞きながら開発を進めることで、市場の要求をうまく取り込んだ。
- 自社のルールではなく、市場のルールや慣行に従って事業を進めた。
- トップが開発メンバーを一貫して支援し続けた。
- 経済的インセンティブの設計を巧みに行った。

富士ゼロックス

富士ゼロックスの事業の中核は、複写機の製造と販売である。この分野では、先頭を走り続けることができていたが、高速機や大型機では強みを発揮し続けているものの、競争の激化とペーパーレス化の進展によって収益性は低下している。

こうしたなか、同社はソリューションやサービスといった非ハードウエアの比率を売上の五〇％以上にすることを目標にしている。R＆Dスクエアには高いポテンシャルを持った社員が多数在籍しており、イノベーションを起こすための仕組みがつくられ、活動している。

Trigger

- 横浜にあるR＆Dスクエアに設けられた共創ラボラトリーには、技術やサービスを発信し顧客とつながる場

（オープンラボラトリー）がある。

- 営業と技術が一緒に活動し、顧客の課題解決を図っている。
- コアコンピタンスであるマーキング技術の展開を模索している。

Passion

- 上記のような仕組みがつくられているが、イノベーションに対する各社員の意識には違いがある。

Move/Management

- 特筆すべき項目はなし。

ネスプレッソ

ネスプレッソはネスレの一社員の発想から誕生した。高品質のコーヒー豆を高圧かつ高温、しかも最適なタイミングで抽出する技術の開発に成功し、本場イタリアでしか飲めないエスプレッソの再現に成功したのだ。その事業を行う組織は、親会社であるネスレとは別に設立された。

その成功の鍵をＴＰＭＯプロセスに従って整理する。

Trigger

- 一九八〇年代、イタリアに旅行中だった社員が「本場のエスプレッソと同じものを再現できないか」と考えた。それがネスプレッソの出発点だった。ネスレは社員に対し、こうした自由な発想を奨励している。

Passion

- 着想期には熱意ある人材を社外に求める。
- 着想後は社内外から機能・役割に応じて人材を集め、事業を軌道に乗せる。

●リーダーは組織内の多様なコミュニケーションを促進している。

●即断即決するスキルを磨くトレーニングを受けさせる。

Move/Management

●リーダーは二～三年先を見据えた組織設計を行う。事業がある程度の規模に育つまで組織を隔離し、異なるKPI（最重要評価指標）で管理する。育ったら、権限委譲を維持したまま、次のフェーズに対応できる組織をつくる。

スリーエムジャパン

スリーエムジャパンの前身は、米国ミネソタ州に本拠を置く、産業用素材・日用品メーカー、3M社の日本法人として一九六〇年に発足した日本ミネソタスリーエムにさかのぼる。その後、住友スリーエム株式会社への社名変更を経て、二〇一四年九月に3M社の出資比率が一〇〇％となったのを機に、スリーエムジャパン株式会社となる。日本法人の発足以来、3M社と同じ企業理念および経営方針の下、運営されている。

3M社はテクノロジープラットフォーム（技術基盤）と呼ぶコアテクノロジー群を常に更新し、個々の技術基盤を掛け合わせて革新的な製品を生み出すことで、高い営業利益率を維持し続けている。また、ポスト・イットノートの開発ストーリーでも知られるように、研究者・技術者の自由な発想を製品化につなげ、新規市場を開拓してきたことでも有名である。

この成功事例にならうために、多くの日本企業やマスコミが3M社にインタビューを行い自由発想の一五％カルチャーや、新製品比率を重視している点に着目して、それらを導入したが、その多くで成功が得られていない。

3M社は、持続的イノベーションには、①イノベーションを醸成する組織風土の上に、②効果的なプロセスやツールを構築するだけではなく、③プロセスの機能を維持するマネジメントの規律も同時に構築する必要があると考え、以下の施策をとっている。

Trigger

・全社員がトリガー(きっかけ)を持てるように、現在、四六のテクノロジープラットフォームを社内の技術資産として一覧化し、3M社員なら誰でも活用することができる状態になっている。

Passion

・全社員が業務時間の一五%を自己の自由な発想の実現にあてることが可能となっている(一五%カルチャー)。ただし、本来の業務を効率化し、自ら一五%以上の時間余裕をつくることが前提。

・自らトリガーをかけ、パッションを維持できる人材の採用を大切にする。

Move/Management

・個人レベルでの業務のKPIを客観的に定量評価する仕組みがある。

・売上高に占める過去五年間の新製品比率のさらなる向上で、継続的なイノベーションが義務づけられている。

・管理職の人事考課に部下の自主性を尊重する項目を入れることで、上記の規律を担保している。

◆イノベーションを生み出し続ける企業になるために

以上、TPMOのフレームワークで七社のイノベーション事例を説明してきた。それらを横断的にまとめてみよう。

T(Trigger)

事業の成功には、優れたビジネスアイディアが不可欠だ。七社の事例を見ると、スマートフォンの劇的な普及(ミクシィ)やデジタル化の進展(富士フイルム)といった技術環境の変化に即したアイディアの創出例があったし、自社の強みであるプロジェクトマネジメントを軸に新事業構想を考えたアプローチ(日揮)もあった。

一方、同じような形でアイディアが創出されても、多くが失敗に終わっていることもわかった。イノベーションを継続的に実現するには、歩留りという点でアイディアの数の多さも重要になる。

P(Passion)

ほとんどのイノベーションは想定どおりにはいかない。どれだけ必死にあがくか。そのためのパッションをどう維持させるか。これが問題になる。

今回の事例の中で唯一のベンチャー企業がファイベストだ。事業の成否が自らの生活と直結していることが社員の熱意を生み出した。大企業でこれをいかに再現できるか、である。

そのためには、社員の通常業務をなくし強制的に新規事業に専念させる手法(ミクシィ)もあれば、成功報酬型インセンティブの設計(ミクシィ)やR&Dスクエアの創設(富士ゼロックス)のような手法もあった。厳しすぎれば続かないし、甘ければ真剣にやらない。その間のバランスをどう保つかが肝心になる。

M(Move/Management)

良いアイディアがあり、パッションのある人材がいる、それでも経営がうまくなければイノベーションは形にならない。カリスマ経営者は不要でも、良い経営は必須なのだ。

経営者は新規事業創出にコミットしなければならない。打率を考えて複数のテーマを走らせなければならない。多くが失敗に終わるが、一つくらいは成功例が生まれるかもしれない。経営者がこのプロセスに本気かつ継続的にコミットしなければ社員はついてこない。

新規事業の管理については、既存事業と異なるスタンスで臨まなければならない。「一〇年間業績貢献期待なし」

という考え（ネスレ）をはじめ、成果については長い目で考えるべきだ。そうでなければ、ただでさえ確実性の低い事業に積極的にかかわろうとする社員はいないだろう。

仕事の進め方も、できるだけ現場に任せなければならない。ネスレはネスプレッソを自社内に知見がない高級品直販事業と捉え、組織を別会社化してトップを外部から招聘したばかりか、既存事業と異なる場所にオフィスを構えた。直営店の開店、コールセンターの構築など、新しいビジネスモデルを構築していく現場の試行錯誤のプロセスについても一切、口を挟まなかった。

経営者は、社員のパッション高揚のためにも尽力しなくてはならない。挑戦や成功に報いる報酬制度、社内での認知を高め、失敗を共有しポジティブに受け止める事例共有会など、さまざまな仕組みも重要になる。

図表2 | インタビュー結果の概要（TPMOモデルでの整理）

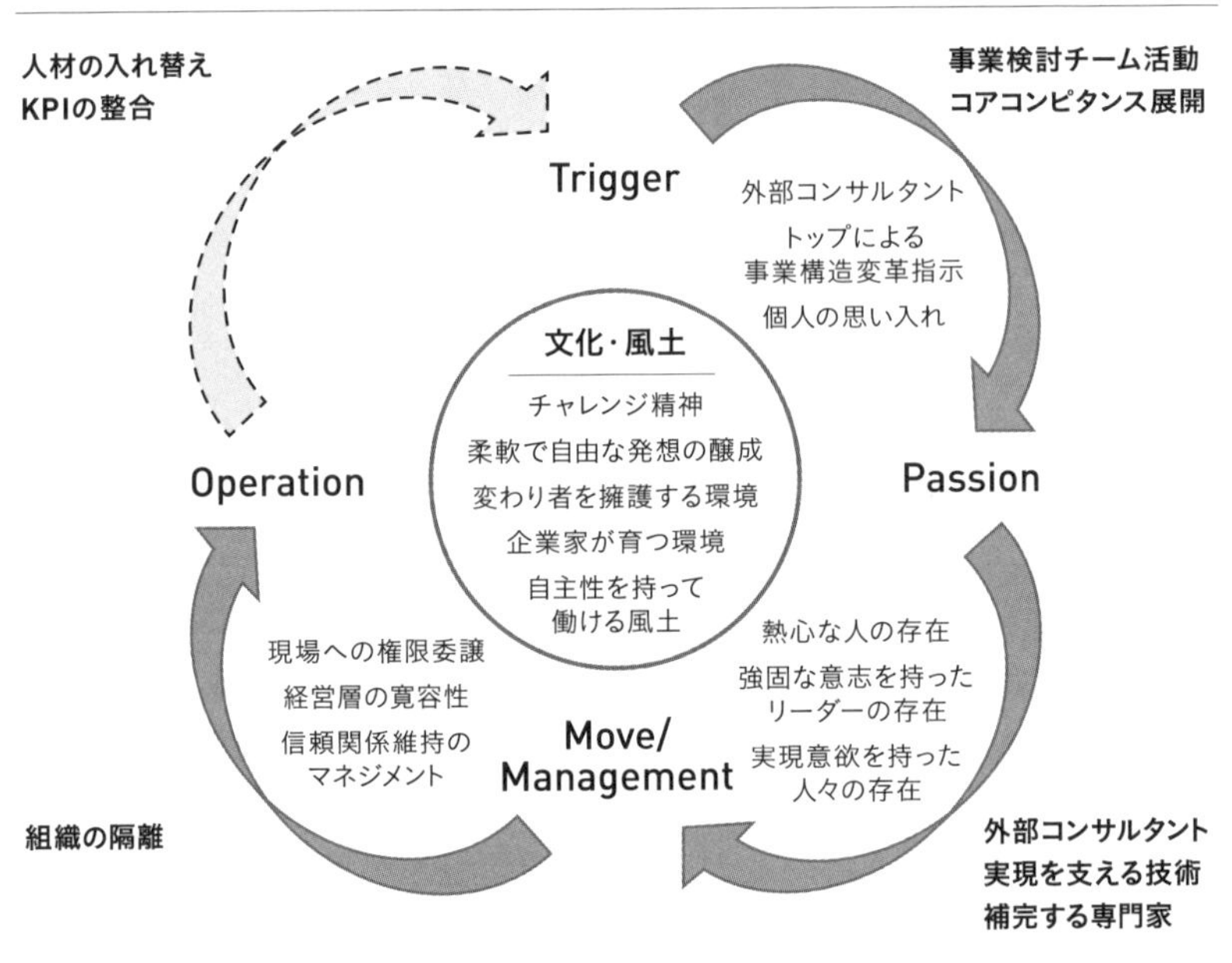

◆サステナブルＴＰＭＯモデルの提案

今回のいくつかの事例は会社が危機的な状況に見舞われたなかで生まれた。一種の「火事場の馬鹿力」的事例である。起死回生の新規事業はドラマとしては格好よいが、良い経営の賜物とは言えない。平時からイノベーションの創出に向けた活動を実践しておくべきだろう。そのための「サステナブルＴＰＭＯ」モデルを提案したい。

T（Trigger）

全社員がアイディアを提供したくなるような仕組みが必要である。社員の誰でも技術情報が見られる仕組みや一五％の時間をイノベーションに割けるルール（いずれも3M）が参考になる。

P（Passion）

イノベーションに従事する社員のPassionを維持する仕組みが必要だ。リーダーが新規事業のスポンサーを決め、メンバーを集められる制度（3M）や、自社にない能力を持った外部人材を採用する権限を与えられること、即断即決するスキルを磨くトレーニング制度（いずれもネスレ）が参考になる。

M（Move/Management）

マネジメントの役割は、イノベーションを前向きに捉える組織文化を醸成することだ。ネスレではミドルマネジャーがイノベーション活動を促進しているかが人事評価の対象になっている。トップだけが音頭を取っているのではないのだ。

新規事業の成熟に応じて仕組みを変化させることも重要だ。新規事業を成功させるには、最初は広範な自由を与えるものの、ある程度まで育った段階で、全社のシナジー向上に役立つ仕組みに移行していく必要がある。

当初は別会社で外部人材が中心、業績貢献期待なしでスタートしたネスプレッソ事業も、成長するにつれ、ネスレ本社との人材交流、売上と利益貢献への期待ありというように、通常のマネジメント体制に転換している。

今回、分析した七社のうち、日本企業の事例から「サステナブルＴＰＭＯ」モデルへの示唆になるような事項は得られなかった。どうすれば日本企業でもサステナブルＴＰＭＯを根づかせられるだろうか。

◆社内の知を増やし、長期投資を覚悟せよ

本稿の冒頭で、日本の大企業はイノベーションの実現という意味で強みを持っていると述べた。優秀な人材を数多く抱えていること、長期的視野に立った投資が得意なことだ。ＴＰＭＯモデルの検証で得られた示唆に当てはめて、それぞれの有効性を見ていく。

一点目は、日本の大企業には優秀な人材が多いことを改めて実感した。しかし、会社が危機に至るまでイノベーションが起きなかったということは、優秀な人材を十分に活用できていない経営に問題があるのではないか。

二点目であるが、日本企業に投資に対する長期的な視点が依然残っているものの、競争が激しくなり、経営の余裕がなくなるなか、イノベーションにつながる投資は残念ながら目減りしている。かつてのように基礎技術や要素技術ではなく、「イノベーションに資する」という点から精査した技術開発に取り組むべきではないか。

以上のことは、いずれも経営のイノベーションに対する意識の変革を要求している。以下の二点が日本の大企業の経営陣に求められる。

・自社内の異質・異端者の保護・活用、外部機関や人材の活用によって、特にTriggerとなりうる「知」を増す。
・「想定どおりいかないのが当たり前」という覚悟を持ち、イノベーションに一定量の資源を長期的に投入する。

こうしてボトムアップで生まれた新規事業の種に会社に愛着を持つ優秀な人材を合流させると、Passionを持ったチームができ、新規事業の創出活動を展開する。3Mやネスプレッソの事例に見られたような経営によるコミットやサポート（既存事業と異なる評価、権限委譲など）を受けつつ、新たな環境と相互作用しながら自己革新を進めていくのだ。

　こうしたチームが複数あり、TPM

図表3｜日本型大企業発創造型イノベーションモデル

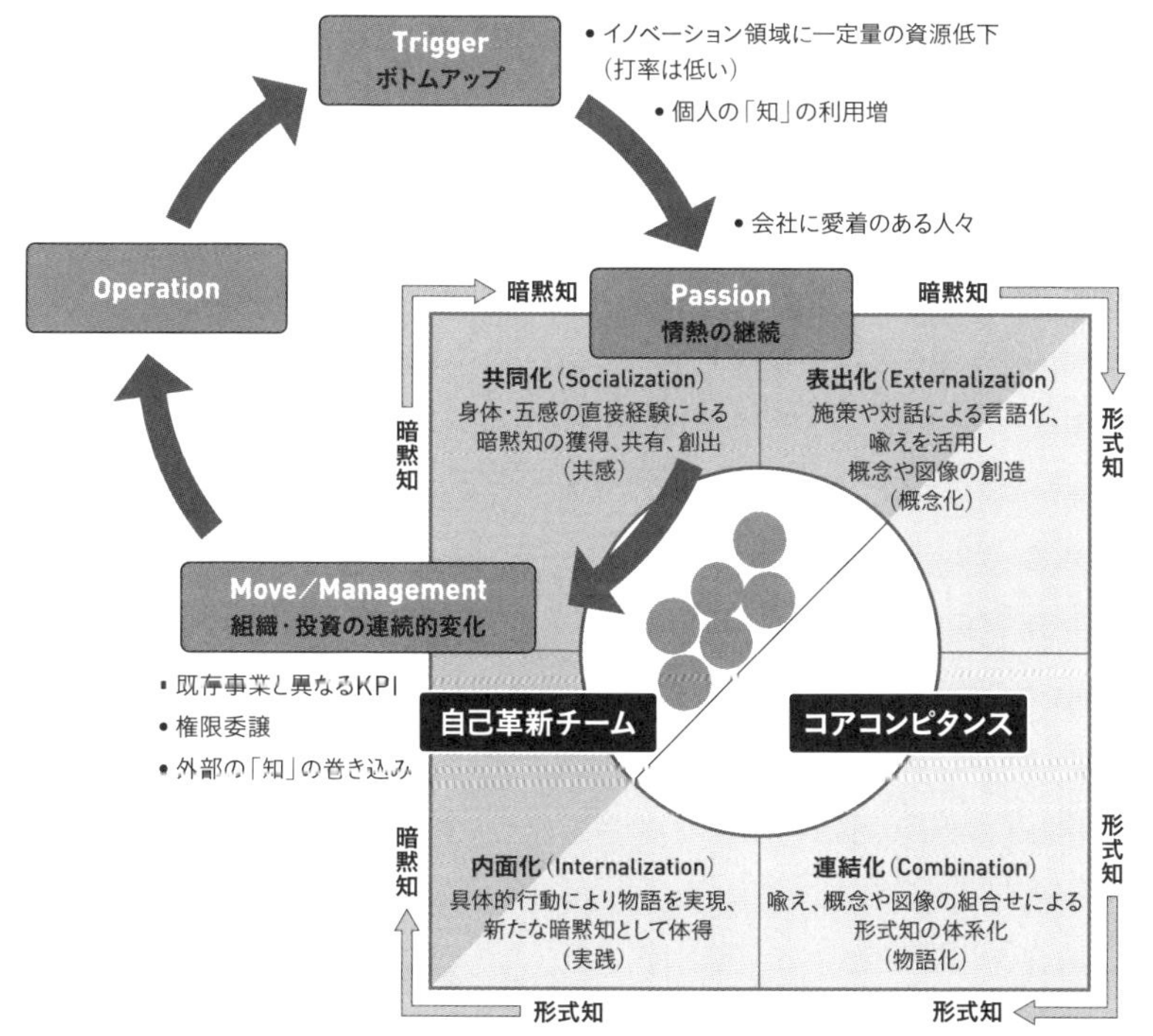

Oサイクルで動き、イノベーションの成功例や失敗例を積み重ねていく。それらが社内で「見える化」され、活動が認知されることで組織に変化をもたらす。それがSECIプロセスを回し、イノベーションにとって重要なもう一つの要素であるコアコンピタンスが蓄積される（図表3）。

以上のプロセスを継続することで、日本の大企業から続々とイノベーションが生まれることを期待したい。

あとがき――ナレッジ・フォーラムとJ・iroとの一〇年

竹内弘高（ハーバード大学経営大学院教授／一橋大学名誉教授）

◆なぜ「わがまま」を受け入れたのか

「まえがき」で本人が語ったとおり、ナレッジ・フォーラムは野中の「わがまま」から始まった。当時、一橋大学の新しいビジネススクール（国際企業戦略研究科：ICS）の責任者であった私が、なぜそのわがままをすんなり受け入れたのか。私が野中と初めて出会ったバークレー校時代からの彼の呼び名であるJ・iroを使って振り返ってみたい。それには、三つの理由が挙がる。

まず第一に、それはJ・iroからの頼みであったからである。J・iroはICSにとって、不可欠の存在だからである。日本のビジネススクールがハーバード・ビジネススクール（HBS）のようなグローバルに認知される大学院になるには、Jiro Nonakaという世界が認める研究者が必要だ。学界だけでなく、財界からも尊敬されているリーダーが必要だ。カリフォルニア大学バークレー校にオリバー・ウィリアムソンがいるように、HBSにマイケル・ポーターがいるように、ICSにも彼らに匹敵する第一人者が必要だ。その思いの実現は、すでに一橋大学を定年退職していたJ・iroを一橋大学に引き戻すところから始まった。

そこには、今まで外部には知られていないドラマが待っていた。すでに時効ということで、その内容の一部をここで紹介しよう。「まえがき」にもあるように、J・iroは一橋大学を定年退職後、北陸先端科学技術大学院大学に移っていた。退職した教官を一橋大学に戻すことは、当時、一〇〇年を超える大学の歴史において一度もないことだった。それは「タブー」であり、「一度でもそれを許したら、長老支配につながるから絶対ダメだ」と言われた。

しかし、Never take "no" for an answerを信条の一つにしている私は諦めず、土下座まがいのことをして、七つの研究科を回り、六人の研究科長から「そこまで言うなら、特例を認めよう」というところまで漕ぎ着けた。残るは、本家本元の商学部であった。ここで勃発したのが「IT戦争」と囁かれた正統派のI教授とならず者の私との、教授会での対決である。後に商学部からICSに移籍した若手教官(楠木建、大上慎吾、阿久津聡)などの賛同を得て、辛くもJiro at ICSが実現した。「特例中の特例で、これを前例としない」という主旨の覚書にサインして一件落着した。

第二の理由としては、Jiroのアドバイスに従っていれば間違いないという個人的な経験知があったからである。Jiroのバークレー校での博士課程の最終年度と私のMBAの初年度が偶然に重なった。一九七〇年に最初に受けたアドバイスが「博士課程に進め」であった。この一言で私の人生は、一八〇度方向転換した。

次に、日本へ帰ってくることを決めた一九八三年に、どこに就職すべきか相談するため横須賀にある防衛大学校にいたJiroを訪れた。いくつかのオプションを示した際に受けたアドバイスが「一に一橋、二に一橋、三、四がなくて、五に一橋」であった。世間的に見るとより有利なオプションがあったのだが、それらを差し置いて一橋大学を薦めた。Jiroは、自身がそのときすでに一橋大学へ移ることが内定していたのだが、日本の大学の慣例で、正式発表前に他言できなかったことが後でわかった。一橋大学に行ったおかげで、*The Knowledge-Creating Company*(邦題『知識創造企業』)を共同出版することができた。

また、Jiroから受けたアドバイスに「思いを言葉に、言葉を行動に」がある。それを聞いたのは、一橋大学に入ってから何年も経った頃、ある学長選をめぐって一部学生の理不尽な動きに対して、Jiroが取った行動からだった。リーダー格のJiroの提案で教官四人(われわれ二人と榊原清則、米倉誠一郎)が全学生に対してビラを配ったのだ。前代未聞の行動だったらしく、次の日には「四教官は一橋を去れ」「月夜の夜だけではないぞ」と書かれた立看板が立った。リベンジの思いを行動で示したJiroの姿は、昔から一貫している。

第三に、Ｊｉｒｏのわがままが日本の大学を変えるキッカケになればという思いがあったからである。バークレー校の場合は知らないが、ＨＢＳの収入は、エグゼクティブ教育（ＥｘＥｄ）、出版事業、それに受講生からの学費の三つから成り立っている。しかし、当時ＥｘＥｄを本格的に実施している日本の大学はほとんどなく、「産学協同」がどちらかというと、まだネガティブに受け止められていた時代であった。

それなら、新設のＩＣＳが本腰を入れてＥｘＥｄに取り組もう。その思いを胸に文部省のトップの方々に非公式にお伺いを立てると、「自助努力で収入を得て、産学協同を進めることは大賛成」というお墨付きを得た。結果として、現在の野中インスティテュート・オブ・ナレッジ（ＮＩＫ）を設立し、ナレッジ・フォーラムを含めたＥｘＥｄプログラムにより、年間二億円を超える寄付金がＮＩＫからＩＣＳにわたる仕組みをつくった。

また、産学協同を通じて日本のビジネススクールを変えるという二人のビジョン（どのような未来をつくりたいか）があったからこそ、ナレッジ・フォーラムを開講し、その成果物として、本書が出来上がったのではないだろうか。

われわれのことをあまり知らない人々から、「ＪｉｒｏとＨｉｒｏは水と油のように対照的だ」と言われることが多いが、表面上はそう見えても、実は三つの共通点がある。一つ目は、二人ともサラリーマン生活を経験しているということ。二つ目は、二人とも日本をいかにしたら良くできるかを常に考えていること。そして、三つ目は二人とも結構こだわるタイプで粘り強いことである。

TAKEUCHI Hirotaka

1946年東京都生まれ。69年国際基督教大学教養学部卒業。71年カリフォルニア大学バークレー校にてMBA取得、77年同校にて博士号取得。ハーバード大学経営大学院（ビジネススクール）助教授、一橋大学商学部教授を経て、98年より同大学大学院国際企業戦略研究科設立に参画。同教授・研究科長を経て、2010年より現職。主な著作：『ベスト・プラクティス革命――成功企業に学べ』（ダイヤモンド社）、*The Knoeledge-Creating Company*（共著、Oxford University Press）、『日本の競争戦略』（共著、ダイヤモンド社）など。

◆一〇年を経て思うこと

ナレッジ・フォーラムが開講してから一〇年が経ち、ここで当時抱いていた思いが今でも当てはまるか再考してみたい。

第一に、Ｊｉｒｏの名声とブランドは段違いに高まったと言える。二〇一七年一一月にＪｉｒｏがバークレー校でLifetime Achievement Awardを受賞された式典に参加した。初の外国人、そして、初の研究者の受賞に胸が熱くなったことを覚えている。

また、Ｊｉｒｏのリベラルアーツに対しての造詣はより深まったといえる。あるエピソードがそれを如実に表している。南カリフォルニアにあるピーター・ドラッカー邸をナレッジ・フォーラムの二期生と訪れたときのことである。当時まだご存命であったドリス・ドラッカー夫人の案内で、「これが亡き主人が座っていた椅子で、これが使っていたタイプライターで、……」などの説明を昔のまま残されていた書斎で受けていたが、そこにはＪｉｒｏの姿がなかった。

彼は、応接間にある本棚の前で、ポストイット片手に、ずっとメモを取っていた。帰りのバスの中で興奮気味にこう話してくれた。「どのジャンルの本が多かったと思う？　経済学や経営学よりも、哲学、歴史、文学、美術などが多かったのには驚いた。文学では、ジェーン・オースティンが好きだったようだ。もう一度、彼女の本を読み返さないといけないな」。“Management is a liberal art”と言い放ったピーター・ドラッカーの域にＪｉｒｏはすでに達しているのかもしれない。

第二に、Ｊｉｒｏのアドバイスは今でも本質を突いている。私が一橋大学を定年退職した後の進路について相談すると、「ハーバードへ行け。知識創造という学問分野の旗揚げをするのはそこしかない」と言われた。もっと条件が良く、そして娘が住んでいたバークレーを諦めたが、あのアドバイスのおかげで、やりがいのある日々を送っている。

最近では、近著のタイトルを*The Knowledge-Creating Company*の第二弾という意味で*The Knowledge-Practicing Company*と付けたにもかかわらず、*The Wise Company*に変えようと言い出した。その理由が冴えていた。KnowledgeからWisdomへの転換かと思いきや、「セクシーじゃないんだよ、前のタイトルは」と言われて唖然とした。最初の本が出版以来二十年以上売れ続けているように、確かにこのタイトルのほうがロングテールになりそうだ。

第三の思いは、残念ながら道半ばである。人的交流という視点からいえば、この一〇年間で産学協同は確かに前進した。著名な財界人が大学のトップになりつつある。日本ＩＢＭの北城恪太郎氏が国際基督教大学の理事長に、最近では日本電産の永守重信氏が京都学園大学の理事長に、そしてライフネット生命創業者の出口治明氏が立命館アジア太平洋大学の学長に就いている、などである。

しかし、文部科学省の運営費交付金を当てにせず自助努力で大学を設立・運営している話は、アメリカにいるせいか、聞こえてこない。中学・高校レベルでは、International School of Asia, Karuizawa（ＩＳＡＫ、昨年からUWC ISAK Japan）の例があるのにである。当時三十代であった小林りん氏と谷家衛氏が個人ファウンダー七〇人から一人一〇〇〇万円の寄付を募ってスタートしたＩＳＡＫは、初期ファンドとして七億円を確保し、最近ではふるさと納税から三億五〇〇〇万円の収入を一年間で得ている。

大学もさることながら、アメリカから日本のビジネススクールを見ると、大学院でありながら、ほとんどが専門学校のように映ってしまう。なぜなら、研究者を育成しておらず、研究の成果を発表していないからである。Publish or Perish……これが大学院の掟である。その掟を肝に銘じて日夜努力している教授陣がどれだけいるのか。それが問われている。

自信を持って言えるのは、Ｊｉｒｏがその一人であるということだ。そのＪｉｒｏの名前を題名に冠したこの本は、彼のライフワークを凝縮したものである。次の英文で締めくくらせていただく。

"This is a book by Jiro, for Jiro, and of Jiro. I hope you enjoyed reading it."

◆参加企業一覧

株式会社ACCESS
株式会社朝日ネット
味の素株式会社
インテグラル株式会社
エーザイ株式会社
NTTコミュニケーションズ株式会社
大塚製薬株式会社
オムロン株式会社
オリックス株式会社
キヤノン株式会社
株式会社公文教育研究会
株式会社小松製作所
サントリーホールディングス株式会社
GCAサヴィアン株式会社
株式会社新生銀行
新日鉄住金エンジニアリング株式会社
新日本製鐵株式会社
新三菱キャタピラー株式会社
スルガ銀行株式会社
株式会社セブン＆アイ・ホールディングス
全日本空輸株式会社
ソニー株式会社
株式会社大和証券グループ本社
帝人株式会社
テルモ株式会社
株式会社デンソー
株式会社電通
東京エレクトロン株式会社
東洋エンジニアリング株式会社
トレンドマイクロ株式会社
日本マイクロソフト株式会社
パナソニック株式会社
株式会社バンダイナムコホールディングス
株式会社ファーストリテイリング
富士ゼロックス株式会社
富士通株式会社
株式会社本田技術研究所
マブチモーター株式会社
丸紅株式会社
三井製糖株式会社
三井物産株式会社
三菱地所株式会社
ヤマハ株式会社
ユニゾン・キャピタル株式会社
株式会社リコー
株式会社りそなホールディングス

※ 企業名は参加当時のもの。

◆企画・運営

一般社団法人野中インスティテュート・
オブ・ナレッジ

◆編集協力

野際法子、佐波奈緒子、
荻野進介、相澤 摂、渡部典子

柴田　徹
柴田雄司
下村直人
白井建太郎
白石宏司
白土敬之
城　尚志
新庄克彦
神保拓也
末松浩之
鈴木禎久
鈴木　隆
鈴木哲夫
須田昌樹
砂田敬之
関　重樹
関口都弘
関口　一
高田康平
高藤悦弘
高萩久裕
高橋明子
高橋　正
高橋　規
高橋祐子
高山英雄
武石洋明
竹内貴司
竹川隆司
武田忠昌
竹中博司
竹部幸夫
田島　穣
多田新吾
田中　大
田中弘樹
田中三教
谷口　渡
谷屋政尚
塚越大介
津田琢哉
堤　秀介
寺山民夫
土井好広
戸沢正人
冨田光欧
内藤えり子
直江　大
直木敬陽
長尾景文
長久保達也
中路　歩
中嶋修一
中島徹郎
中島俊朗
中田卓也
永田勝美
永田浩治
中野真治
中村徹太郎
中村浩之
夏目暠輔
鍋島昭久
新妻信介
西垣寿彦
西宮一雄
西森靖記
野崎元靖
信原正樹
野水泰之
野村淳一
野村　眞
野村欣滋
橋本克己
橋本玉己
長谷川昭彦
長谷川常雄
果瀬　聡
八郷隆弘
馬鳥秀彰
濱崎洋一郎
林　拓二
林部幸一
早瀬真紀子
葉山浩太郎
原　宏
東　和浩
土方次郎
百武彰吾
平子裕志
平澤寿一
福田　剛
福谷尚久
福本正史
藤田　玲
藤本茂樹
藤原哲哉
藤原弘達
古塚正幸
辺見芳弘
星野正紀
堀　哲朗
本坊吉博
馬島英治
松井　靖
松尾　歩
松岡一衛
松田清人
松本雅義
松本好仙
丸尾浩一
丸山好道
水谷謙作
三田野好伸
光澤利幸
皆川邦仁
南田泰子
峯尾隆史
三部敏宏
宮川　明
三宅誠一
宮下佳之
宮田裕久
宮地信幸
宮本厳恭
向井　康
村上　裕
村田真之助
村野　一
村山久夫
村山浩之
妻鹿企邦
望月　篤
森川悦明
森下清市
八木　健
安井俊哉
安武　彰
谷田部俊明
山内和海
柳沢昇昭
矢野哲也
山口静一
山口千秋
山崎治郎
山崎　壯
山中雅恵
山中行彦
山根　章
山本　修
山本一広
幸重孝典
吉川美樹
吉崎圭一
吉野直人
依田直輝
米倉誠人
米山明広
米山俊治
若田部丈夫
若菜佳子
若林降広
若林宏之
渡辺俊隆
渡辺美砂子
渡邊裕見子
渡部一徳

ナレッジ・フォーラム(2008年〜)

◆受講生一覧

合場直人
赤井雄一
秋田達也
浅井　哲
麻生修司
足達則史
安部浩文
新井一人
荒井　隆
荒牧秀知
有国三知男
有田　崇
安部愼太郎
飯島彰己
飯泉　香
飯田　寿
飯田雅明
飯塚伸司
飯塚弘衛
池上秀徳
池田一義
池田(楊)世崇
池田博之
石島　尚
石田吉浩
石倭行人
泉　征彦
板井二郎
板井義春
伊谷以知郎
伊東　晃
伊藤公保
伊藤健一郎
伊奈博之
乾　秀桂
伊能正浩
井上勝夫
井上　保
井上豊信
井上　眞
伊豫田忠人
入佐孝宏
岩崎章夫
岩下　幹
岩田一男
岩田研一
岩田直樹
岩槻昭彦
岩渕洋一
上野靖明
宇佐美潤祐
内川哲茂
内田親司朗
打出邦彦
梅澤忠徳
梅谷博之
浦和世志雄
海老沼隆一
海老原次郎
遠藤幸範
大池真人
大草　透
大越博雄
大澤博史
太田克彦
大瀧浩雅
大竹伸明
大塚尚次
大笘直樹
大西基文
大場章弘
大林俊夫
大三川彰彦
大村寛子
大森正樹
岡　敦子
岡澤　耕
岡田　晃
岡田太郎
岡本　明
岡本　武
小川　厚
小川立夫
小川啓之
奥地弘章
小澤秋義
押木正人
小田　成
尾道一哉
香川進吾
柿﨑茂人
錺本　巧
梶村啓吾
梶原ゆみ子
片岡健一郎
片倉康就
片山直子
片山寛太郎
加藤　薫
加藤　譲
加藤峰央
加藤良文
金澤一郎
金澤栄次
金澤純子
金澤昭兵
金澤祥雄
鎌野　篤
上谷内祐二
亀井克信
亀井　高
亀本由高
鴨志田義信
河合利樹
川上進次
川上博矛
川桐洋一
川口　勝
河﨑邦和
川﨑　寛
川田　学
河野靖彦
川端一彦
川原一夫
河村謙史
菅　哲哉
菊池鉄穂
貴志俊法
岸田勇次郎
北橋昭彦
北山博文
木村彰良
清沢光司
楠澤秀樹
楠田公明
楠元俊彦
沓澤克郎
國井圭浩
久保和孝
榑谷典洋
黒尾　毅
黒崎裕之
桑村信吾
幸村秀生
小座野喜景
小塩茂樹
児島宏之
小塚智広
小寺勇輝
後藤英恒
小林和徳
小林　強
小堀信吾
小松俊一
小松　大
近藤喜一郎
近藤昌夫
齋藤邦彰
斉藤政彦
酒入和男
榊原　章
坂田誠二
坂本龍平
佐々木達哉
佐々田法男
佐藤崇史
佐藤裕之
塩田　哲
重見聡史
篠田明久

【編著者紹介】

野中郁次郎（のなか　いくじろう）

1935年東京都生まれ。58年早稲田大学政治経済学部卒業。富士電機製造勤務の後、カリフォルニア大学バークレー校経営大学院にてPh.D.取得。南山大学経営学部、防衛大学校、北陸先端科学技術大学院大学各教授、カリフォルニア大学バークレー校経営大学院ゼロックス知識学特別名誉教授を経て、現在、一橋大学名誉教授、早稲田大学特任教授、日本学士院会員。知識創造理論を世界に広めたナレッジマネジメントの権威。2017年カリフォルニア大学バークレー校ハース・ビジネススクールより「Lifetime Achievement Award（生涯功労賞）」を受賞（史上5人目、学者で初）。主な著書に『組織と市場——組織の環境適合理論』（千倉書房）、『失敗の本質——日本軍の組織論的研究』（共著、ダイヤモンド社）、『知識創造経営のプリンシプル』（共著、東洋経済新報社）、『知的機動力の本質』（中央公論新社）、*The Knowledge-Creating Company*（共著、Oxford University Press）、*Managing Flow*（共著、Palgrave Macmillan）などがある。

野中郁次郎　ナレッジ・フォーラム講義録

2018年7月5日発行

編著者——野中郁次郎
発行者——駒橋憲一
発行所——東洋経済新報社
〒103-8345　東京都中央区日本橋本石町1-2-1
電話＝東洋経済コールセンター　03(5605)7021
https://toyokeizai.net/

装　丁……………………橋爪朋世
本文デザイン・DTP……米谷　豪（orange_noiz）
印　刷……………………丸井工文社
編集担当…………………佐藤　敬

Printed in Japan　ISBN 978-4-492-52223-3